再制造升级

姚巨坤　朱　胜　著

机 械 工 业 出 版 社

再制造升级是再制造工程的重要内容，是废旧产品再制造的重要发展方向，对于实现功能落后产品的升级改造具有重要意义，可以促进产品由机械化向信息化的发展。本书详细介绍了再制造升级的概念内涵、技术体系、实施模式、设计方法、资源优化、效益评价及工程应用等内容，丰富和发展了再制造工程理论体系，填补了再制造升级领域的研究空白。

本书内容丰富，逻辑严谨，体系完备，图文并茂，理论与实践相结合，对再制造升级理论技术研究和工程实践应用具有较强的指导价值，可供从事机械产品设计、再制造、维修、资源化、设备改造等领域的工程技术人员、管理人员、研究人员参考，也可作为再制造、维修、设备管理等专业的学习培训教材。

图书在版编目（CIP）数据

再制造升级 / 姚巨坤，朱胜著．—北京：机械工业出版社，2016.12
ISBN 978-7-111-55523-0

Ⅰ．①再…　Ⅱ．①姚…　②朱…　Ⅲ．①制造工业-工业企业-企业升级-研究-中国　Ⅳ．①F426.4

中国版本图书馆 CIP 数据核字（2016）第 287362 号

机械工业出版社（北京市百万庄大街 22 号　邮政编码 100037）
策划编辑：吕德齐　责任编辑：吕德齐　雷云辉
责任校对：张玉琴　封面设计：马精明
责任印制：李　洋
北京振兴源印务有限公司印刷
2017 年 1 月第 1 版 • 第 1 次印刷
184mm×260mm • 11.5 印张 • 276 千字
0001－2000 册
标准书号：ISBN 978-7-111-55523-0
定价：69.00 元

凡购本书，如有缺页、倒页、脱页，由本社发行部调换

电话服务
服务咨询热线：010-88361066
读者购书热线：010-68326294
010-88379203

网络服务
机 工 官 网：www.cmpbook.com
机 工 官 博：weibo.com/cmp1952
教育服务网：www.cmpedu.com
金 书 网：www.golden-book.com

前　言

再制造可使废旧产品中蕴含的价值得到最大限度的再利用，是废旧产品资源化的最佳形式和首选途径，是实现循环经济、资源节约和环境保护的重要手段。传统的再制造以恢复产品的性能作为主要目标，但随着科技的快速发展，越来越多的产品由于技术功能的落后而退役，仅仅恢复产品的性能已无法适应产品的使用要求。因此，以提升产品性能和功能的再制造升级应运而生，成为再制造工程的重要发展方向和应用领域。

再制造升级是以需要提升性能或功能的老旧产品作为对象，以产品再制造为手段，以先进技术应用、功能模块嵌入和产品结构改造为方法，以全面的再制造生产质量要求为保证，来实现老旧产品性能恢复和功能提升，促进机电产品自身的可持续发展和多寿命周期升级使用。再制造升级是再制造的重要内容，是产品改造的重要方式，是高效益提升旧品性能和功能的最佳途径，涉及在升级过程中应用的技术、方法、组织、管理等内容。

随着再制造升级在再制造工程中受到的重视日益增加和应用的拓展，迫切需要建立再制造升级的理论技术体系及设计、实施、评价等方法，来指导再制造升级过程的工程实践，满足大量功能退役产品的再制造需求。在此背景下，作者作为装备再制造技术国防科技重点实验室的核心研究人员，充分利用本单位在再制造领域的研究成果，结合多年来在再制造升级领域的研究成果和工程实践，并结合其他相关经验，总结撰写了本书。

全书共7章，详细介绍了再制造升级的概念内涵、技术体系、实施模式、设计方法、资源优化、效益评价及工程应用等内容，具体内容包括再制造升级理论与技术体系，再制造升级实施模式，再制造升级设计与评价方法，再制造升级资源分析与优化确定，再制造升级效益评价方法，典型再制造升级的实践与分析等，详细阐述了再制造升级领域各方面的具体内容，对开展再制造升级的工程实践和技术研究都具有积极的参考作用。全书由装备再制造技术国防科技重点实验室姚巨坤副教授与朱胜教授撰写并统稿，王晓明博士、崔培枝博士、殷凤良博士参与了部分章节内容的撰写，研究生韩国峰、刘玉项、周超极、杨绪啟、江宏亮等参与了文献收集整理及书稿校对工作，在此一并表示感谢。

本书在编写过程中，既考虑到再制造升级的理论性，提出了相关技术理论及评价方法，也考虑到实践性，给出了具体的应用案例，对生产实践具有较强的指导意义。本书可供从事机械产品设计、再制造、维修、资源化、设备改造等领域的工程技术人员、管理人员、研究人员参考，也可作为再制造、维修、设备管理等专业的学习培训教材。

特别感谢装备再制造技术国防科技重点实验室等单位给予的大力支持，并衷心感谢军队“2110工程”重点建设学科和军内科研项目的支持。本书部分内容参考了同行的著作及研究报告，在此谨向各位作者致以诚挚的谢意。

由于作者水平有限，且再制造升级涉及内容丰富、发展迅速，不足之处在所难免，衷心希望得到读者的指正。

作　者

2016年6月

目　录

第 1 章

绪　论

进入 21 世纪以来，保护地球环境、构建循环经济、保持社会可持续发展已成为世界各国共同关注的话题。再制造作为废旧产品再利用的最佳模式，可使废旧资源中蕴含的价值得到最大限度的开发和利用，缓解资源短缺与资源浪费的矛盾，减少产品对环境的危害，是实现循环经济和资源节约的重要技术手段。再制造工程高度契合了国家构建循环经济的战略需求，并为其提供了关键技术支撑，大力开展绿色再制造工程是废旧机电产品资源化的最佳途径和首选模式，是促进节能减排、发展碳经济的重要技术手段，也是实现循环经济和可持续发展的主要途径。

1.1　再制造及其发展

1.1.1　再制造概念

再制造是指以废旧产品作为生产毛坯，通过专业化修复或升级改造的方法来使其质量特性不低于原有新品水平的制造过程，属于先进制造和绿色制造。再制造产品成本为新品的 50%，节能 60%，对环境的不良影响与制造新品相比降低 70%，为资源节约型、环境友好型社会的建设提供了技术支持[1]。再制造工程包括以下两个主要部分：

1）再制造加工。主要针对达到物理寿命和经济寿命而报废的产品，在失效分析和寿命评估的基础上，把有剩余寿命的废旧零部件作为再制造毛坯，采用表面工程等先进技术进行加工，使其性能恢复到新品。

2）过时产品的性能升级。主要针对已达到技术寿命的产品，或是不符合可持续发展要求的产品，通过技术改造、局部更新，特别是通过使用新材料、新技术、新工艺等，改善产品的技术性能、延长产品的使用寿命、减少环境污染。性能过时的机电产品往往只是某几项关键指标落后，并非所有的零部件都不能再使用，采用新技术镶嵌的方式进行局部改造，就可以使原产品的性能跟上时代的要求。

其中，过时产品的性能升级即为产品的再制造升级（Remanufacturing Upgrade，RMU），随着产品技术更新的加快，再制造升级将会成为再制造中越来越重要的生产模式。

1.1.2　国内外再制造模式对比

1. 外国的主要再制造模式及特点

以美国为代表的欧美国家的机械产品再制造，主要以“换件修理法和尺寸修理法”为技术理念来恢复零部件的配合公差，即对损伤程度较重或修复难度较大的零件直接更换新件，对损伤程度较轻的零件，以新品在设计制造时就预留的尺寸余量为基础，利用车、磨、镗等冷加工技术，以减小零件尺寸为代价达到恢复零件表面精度的目的，再与大尺寸的新品零件重新配副。如英国 Lister Petter 公司，他们每年为英、美军方再制造 3000 多台废旧发动机，再制造时，对于磨损超差的缸套、凸轮轴等关键零件都予以更换新件，并不修复[2]。美国最大的发动机再制造企业康明斯（Cummins）公司，以及中国与欧美合资的再制造企业，如东风康明斯发动机公司、上海大众瑞贝德动力总成有限公司等，均采用的是这种技术理念。

换件修理法和尺寸修理法的工艺流程包含：旧件拆解清洗、分类检测、机械加工（或换件）、再装配和台架试验等，其主要的优点是方法成熟，技术较简单，易为起步阶段的企业采用，有利于企业快速形成再制造能力。但其不足也非常明显，首先是更换新件浪费很大；其次是尺寸修理破坏了零件的互换性，且削弱了零件再一次再制造的能力，降低了产品使役中的维修保障能力；第三是只能对表面轻度损伤零件进行再制造，无法对表面重度损伤零件以及三维体积损伤零件（如掉块、“缺肉”）进行再制造。上述不足导致大量零件报废。目前在欧美国家最成熟的汽车发动机再制造领域，其旧件利用率尚无法达到 70%，在其他不太成熟的再制造领域，旧件利用率更低。对于中国这样一个资源能源极度短缺的国家，要实现深度的节能减排，必须从再制造的技术理念源头实现原始创新。

2. 中国的再制造模式与特点

我国的再制造产业通过把先进的无损检测理论与技术、表面工程理论与技术和熔覆成形理论与技术引入再制造，最终将“尺寸恢复和性能提升”定位为中国自主创新的再制造理念，形成了以高新技术为支撑、产学研相结合、既循环又经济的自主创新的中国特色再制造模式。

中国特色的再制造工程可以简单概括为废旧产品高技术修复、改造的产业化。中国特色再制造模式的核心是：利用特征信号（磁、电、声等）确定废旧零件的损伤阈值，评判其是否具有足够的剩余疲劳寿命、磨损寿命及腐蚀寿命，即是否值得再制造。对于可再制造的零件，利用表面工程技术完成其表面的磨损与腐蚀损伤修复，利用熔覆成形技术完成其体积损伤修复及疲劳损伤修复。修复层材料均为通过特殊选择的优质材料，因而再制造零件比原型新品零件具有更为优异的耐磨、耐腐蚀和抗疲劳性能。

中国特色的再制造工程是在维修工程、表面工程基础上发展起来的，主要基于复合表面工程技术、纳米表面技术和自动化表面技术，这些先进的表面技术是国外再制造时所不曾采用的。

中国特色再制造模式注重基础研究与工程实践结合，创新发展了中国特色的再制造关键技术，构建了废旧产品的再制造质量控制体系，保证了再制造产品的性能质量和可靠性；注重企业需求与学科建设融合，提升了企业与实验室的核心竞争力；注重社会效益与经济效益兼顾，促进了国家循环经济建设。

中国特色的再制造模式主要具有四个特色：一是可以显著提升旧件利用率，对于用机械加工方法不能再恢复的旧件损伤，可以通过表面技术实现性能的恢复，显著提升旧件再制造率；二是利用表面技术可实现零件原几何参数精度的恢复，保证零件的互换性；三是利用表面技术，可以根据产品使役工况要求，改善零件表面质量，提升再制造产品质量性能，例如通过提高零件的耐磨、耐腐蚀、抗疲劳等性能，来保证再制造产品零部件的性能质量超过原型新品；四是通过大量的毛坯件剩余寿命评估技术，可以科学判定毛坯件的质量，确保再制造产品质量的可靠。

十余年的实践证明，利用中国自主创新的再制造技术理念，不仅能对表面轻度损伤零件进行再制造，还能对表面重度损伤及三维体积损伤的零件进行再制造；不仅可恢复零件损伤部位的尺寸超差，而且可明显提升零件的整体性能；不仅再制造产品的质量达到甚至超过了原型新品，而且旧件利用率提高到了90%以上，节能减排效果显著提升。目前，基于本项目提出的再制造技术理念的再制造产业在中国已得到蓬勃发展。据初步统计，起步仅仅十余年的中国再制造产业的年产值已超过了100亿元。

1.1.3 国内外再制造的发展

1. 国外再制造的发展

20世纪30年代的经济萧条导致的资源匮乏极大刺激了再制造业的发展，尤其第二次世界大战的巨大战争消耗，导致钢铁等原材料严重不足，需要重新利用诸如报废产品及汽车上耐用零部件来迅速再制造出新的产品，促进了再制造的发展。至20世纪80年代初，美国正式提出“再制造”。此后，欧美各国开始大力发展再制造产业。

在过去的几十年里，生产技术和制造工艺的快速进步也大大扩充了再制造工业的范围，汽车、医学设备、电气设备、电子设备以及办公家具等领域都开展了较大规模的再制造工作，已经形成了规模庞大的再制造产业群。1996年，美国发布了再制造产业调查报告《再制造业：潜在的巨人》。报告显示，1996年美国专业化再制造公司达73000家，年销售额530亿美元，直接雇员48万人，见表1-1[3]。同年美国再制造产业的产值与制药业、计算机制造业和钢铁业基本相当，但就业人数明显多于后者，说明再制造产业不仅能够创造巨大财富，而且能够显著解决就业问题。2003年和2008年，美国发布了再制造产业调查报告《再制造产业：巨人的剖析》和《再制造：运行实践及策略》，对再制造产业的发展及其存在的问题及应对策略进一步做了跟踪分析[4,5]。2003年，美国Ron Giuntini等撰文将再制造作为振兴美国制造生产力的机遇，阐述了再制造发展中的利益及问题，推动了再制造产业的发展[6]。2005年全球再制造产业产值已超过1000亿美元，美国的再制造产业规模最大，达到750亿美元，其中汽车和工程机械再制造占2/3以上，约500亿美元[2]。

表1-1 1996年美国再制造产业基本情况评估

领 域	公司总数	销售额/百万美元	雇 员
汽车	50538	36546	337571
压缩机	155	249	2878
电子仪器	13231	4633	47280
机械	120	434	3155
办公用具	720	1663	12148
轮胎	1390	4308	27907
墨盒	6501	2475	31872
阀门	410	589	4577
其他	250	2009	14372
总 计	73315	52906	481760

英国的 Oakdene Hollins 和英国的再制造与再利用中心分别于 2004 年、2009 年对英国的再制造行业发展情况进行了调研分析，并对英国促进再制造发展的相关政策措施进行了分析[7-9]。

在德国，至 2004 年，大众汽车公司已再制造汽车发动机 748 万台，变速器 240 万台，公司销售的再制造发动机及其配件和新机的比例达到了 9 : 1[2]。

2. 国内再制造的发展

我国的再制造产业发展至今已经近 20 年。最初，我国仅有的几个再制造企业面临重重困难、各项工作难以开展，发展到目前已得到国家政府机关、行业领域和社会各界的广泛认可与大力支持。由于再制造是落实国家节约资源、节省能源和发展循环经济政策的重要举措，而且再制造在落实可持续发展战略方面发挥了重要作用，因此前景广阔。

1999 年，我国徐滨士院士率先在国内倡导并积极推动再制造工程的发展，并先后在 1999 年 6 月西安“先进制造技术国际会议”和 2000 年 3 月瑞典“第 15 届欧洲维修国际会议”上，提出在中国发展再制造工程的思想。随着资源枯竭、环境污染日益紧迫，在徐滨士院士等知名专家学者的呼吁推动下，中国再制造得到了快速发展。再制造工程领域的研究受到了政府部门、科研单位、企业界的共同重视，中国工程院、国家自然科学基金委员会、国家政府机关、军队总部机关都先后支持开展再制造理论、技术及实践的研究和活动。

2000 年至 2006 年，中国工程院开展的咨询项目《绿色再制造工程及其在我国的应用前景》《废旧机电产品资源化》和《建设节约型社会战略研究》，对再制造的内涵、意义、关键技术、国内外情况、未来发展前景以及政策建议等进行了深刻的论述，将“机电产品的回收利用与再制造工程”列为支撑建设节约型社会的 17 项重大工程之一。时任中国工程院院长徐匡迪在上海“世界工程师大会”上做报告时指出，我国构建循环经济应以“4R”原则（Reduce 减量化，Reuse 再利用，Recycle 再循环，Remanufacture 再制造）为指导，随后又撰文阐述了 4R 原则。国家自然科学基金委员会将“再制造工程技术及理论研究”列为机械学科发展前沿与优先资助领域，并先后批准将《再制造基础理论与关键技术》《机电产品可持续性设计与复合再制造的基础研究》列为国家自然科学基金重点项目，支持对再制造设计和再制造过程中的多项基础理论与关键技术进行了深入细致的研究。

我国政府同时也积极在国家政策及法律层面支持开展再制造活动。2003 年，再制造作为制造领域的优先发展主题和关键技术被列入《国家中长期科学和技术发展规划纲要（2006 ~ 2020 年）》。2005 年，国务院颁布的 21、22 号文件中均指出，国家将支持废旧机电产品再制造，并把绿色再制造技术列为国务院有关部门和地方各级人民政府要加大经费支持力度的关键、共性项目之一。2009 年 1 月实施的《中华人民共和国循环经济促进法》指出，国家支持企业开展机动车零部件、工程机械、机床等产品的再制造，这标志着再制造已进入国家法律。2010 年 10 月，国务院发布《国务院关于加快培育和发展战略性新兴产业的决定》，在节能环保产业中提出，要提高资源综合利用水平和再制造产业化水平。2011 年 3 月，国家发布的《国民经济和社会发展第十二个五年规划纲要》提出，加快完善再制造旧件回收体系，推进再制造产业发展；开发应用再制造等关键技术，推广循环经济典型模式。

2005 年 11 月，国家发改委等 6 部委联合颁布的《关于组织开展循环经济试点（第一批）工作的通知》中，将再制造列为四个重点领域之一。2006 年，科技部将《汽车零部件再制造关键技术与应用》纳入“十一五”国家科技支撑计划。2008 年，发改委启动了由 14

家企业组成的全国第一批汽车零部件再制造产业试点工作。2009 年 11 月，工业与信息化部启动了 8 大领域 35 家企业参加的再制造试点工作。2010 年，国家发改委和工信部先后发布了《汽车零部件再制造试点管理办法》和《再制造产品认定实施指南》，规范了再制造业管理。2011 年 8 月，工信部公布 2011 年第一批再制造产品目录。2011 年 9 月，国家发改委发布《关于深化再制造试点工作的通知》，扩大再制造试点的产品种类和范围。2010 年 5 月，国家发改委、科技部、工信部、公安部、财政部、商务部等 11 个部委联合下发《关于推进再制造产业发展的意见》，明确了我国未来一段时期再制造产业发展的指导思想、重点领域和主要任务，指导加快我国的再制造产业发展，并将再制造产业作为国家新的经济增长点予以培育。

在国家积极倡导、全力推进再制造产业发展的同时，学术研究与学术交流也相继开展。2003 年建成了我国第一个从事再制造领域研究的国家级重点实验室"装备再制造技术国防科技重点实验室"，目前该实验室已在再制造理论及关键技术研究方面取得了一批重要成果，先后出版了《再制造工程基础及其应用》《再制造与循环经济》《装备再制造工程的理论与技术》《再制造设计理论及应用》和《再制造技术与工艺》等再制造领域专著，形成了具有中国特色的再制造模式。中国机械工程学会成立了再制造分会，中国设备管理协会成立了再制造技术委员会等。清华大学、合肥工业大学、重庆大学等也针对不同机电产品开展了再制造理论技术与实践应用研究。

在大众认识层面，再制造作为一个新的理念还没有被人们广泛认识，消费者没有真正认识到使用再制造产品的好处，不少制造企业对发展再制造产业积极性不高，没有看到再制造对企业可持续发展的深远影响；在物流回收层面，目前我国仍然规定报废汽车五大总成必须材料循环，这些政策切断了再制造企业旧件的来源，是当前制约再制造产业发展的瓶颈；在关键技术层面，当前以发动机再制造为主要应用对象的关键技术无法完全满足短期内迅速扩展的各个再制造行业（如工程机械、机床等再制造）对再制造关键技术的多层次需求；在再制造模式层面，国内还有相当多的再制造企业，因引进国外再制造生产线，仍简单地套用着国外的尺寸修理模式和换件修理模式，对具有中国特色的尺寸恢复和性能提升模式认识不足；在中试平台层面，由于缺乏中间转换环节，如国家工程中心、再制造中试基地等，实验室里研发的再制造关键技术未经中试，直接应用于再制造工厂的生产线，影响了生产效率和可靠性；在监管方面，还没有相应的市场准入制度来对再制造企业进行管理，尚未全面实行再制造企业认证、产品标识、产品信息备案等制度。未来的几年中，必须迎难而上，应对挑战，突破瓶颈，牢牢抓住再制造发展难得的大好机遇，实现再制造的重大突破。

机遇与挑战并存。在国家宏观政策为再制造的发展提供重大机遇的同时，今后的任务仍很繁重。

1.2 再制造升级的内涵

1.2.1 再制造升级的发展背景

随着技术更新的日益加快，大量尚未达到物理寿命的产品面临着因技术原因而退役的境况，这不但造成了大量的资源浪费和环境污染，还增加了企业的经济负担，并影响了企业的生产能力。传统的再制造方式能够恢复产品原来的性能，但无法实现因功能而废弃产品的重新再制造利用，即因功能而废弃的产品在采用传统的性能恢复的方式进行再制造后，虽然能够得到性能恢复，但无法满足用户对产品更高性能的需求，因此，越来越多产品因功能废弃的现状，对传统性能恢复的再制造方式提出了巨大的挑战。再制造升级因为要在再制造中使用大量的新技术，其实施模式、设计要求、保障资源及工程应用，都具有一定的独特性，复杂于传统的再制造模式，因此，需要进一步针对这些问题进行研究，探索科学的再制造升级内涵体系及其在实施应用中的问题，来提高再制造升级研究与应用水平。

通过在产品再制造中进行性能或功能升级的再制造方式，即进行功能废弃产品的再制造升级，可使旧品的性能得到快速提升，实现旧品中蕴含的资源和价值得到最大限度的再利用，缓解资源短缺与资源浪费的矛盾，减少大量的失效、报废产品对环境的危害，并因再制造升级产品的费用较低，可以高效益满足人们生活和企业生产的需求。以欧美等国为代表的发达国家已经实现了对汽车、工程机械、铁路机车、国防产品、医疗设备、复印机等机电产品的再制造升级。

徐滨士院士在1999年的中国工程院咨询报告中就将再制造升级作为再制造的一种重要模式提出，但当前再制造升级并未得到应有的重视，大多仍然是以产品性能恢复为目的开展再制造生产。我国也可以重点在老旧机床再制造及其数控化升级、汽车及其零部件、重大技术产品、工程机械、农用机械、矿山机械及典型军用产品中开展再制造升级，来实现工业化向信息化的跨越式转变，支持发展节能环保的战略型新兴产业。

1.2.2 基本概念

产品再制造升级是指以功能或性能退役的老旧产品作为加工对象，通过专业化升级改造的方法来使其性能超过原有新品水平的制造过程。其生产对象主要是功能或性能退役的老旧产品，其专业化升级改造方法主要包括先进技术应用、功能模块嵌入或更换、产品结构改造等，其升级后的性能要求优于原产品的性能，最终可以实现产品自身的可持续发展和多寿命周期升级使用，再制造升级包括在升级过程中所涉及的所有技术、方法、组织、管理等内容。产品再制造升级是产品改造的重要高品质组成部分，是高效益提升旧品性能的最佳途径。

再制造升级是再制造的重要技术模式，是提升再制造产品质量和市场适应性的主要技术手段。其是以需提升性能或功能的老旧机电产品作为对象，以产品再制造为手段，以先进技术应用、功能模块嵌入和产品结构改造为方法，以全面的机电产品再制造生产质量要求为保证，来实现老旧机电产品性能的恢复或功能的提升，最终实现机电产品自身的可持续发展和多寿命周期升级使用。

再制造升级是人们对提升旧品性能所共同认知基础上的实现方法论，主要强调的是基于产品再制造过程基础上的产品性能提升。由于再制造升级本身是一种旧品的高品质再制造生产过程系统，对它的描述可以参考相应的系统论的分析原理，归纳出产品再制造升级具有以下主要特征：

1）再制造升级是实现产品性能升级的一种有效方式，通过过时产品的再制造过程来实现产品性能增长。

2）再制造升级具有工程的完整性、复制性和可操作性。

3）再制造升级具有毛坯性能的个体性和数量与质量的不确定性。

4）再制造升级具有性能可认知性和升级目标多样性。

5）再制造升级具有市场需求性和产品自身发展的规律性。

6）再制造升级可视为一种认识产品生长的广义模型或框架。

1.2.3 本质属性

对再制造升级基本概念的分析和认识，可以给出再制造升级的本质属性：

1）再制造升级是实现产品自身生长的方法论，是在较少资源消耗情况下高效益满足用户、企业与社会功能需求的重要手段。

2）再制造升级是科技快速发展时代，产品功能急剧更新环境条件下，减少原生资源消耗的重要手段，它采用制造与再制造系统的组织结构、规模化的生产方式、规范化的工作流程管理、系统化的运作机制、可量化的目标评价方法、先进的技术工艺手段和系统再设计的现代设计思想，持续提升产品性能，实现产品满足用户和生产需求情况下的产品功能先进化、资源消耗减量化、环境污染最小化、综合效益最大化。

3）再制造升级的核心观念是源于对事物循环发展观和可持续生长观的认识，核心手段是再制造优化设计、模块的可替换性、技术的可更新性，其过程需要应用到多种领域的科学知识，是制造、机械、材料、环境、信息和管理等多学科的综合，要实现多学科知识在产品再制造升级工作中的有效融合和有序协调发展。

4）再制造升级的实施应用，可以有效应对快速科技发展对产品功能需求的快速变化所带来产品淘汰速度加快的挑战，在满足人类生活和生产要求的情况下，避免产品大量生产所带来资源匮乏加剧、环境污染恶化等问题。

实施再制造升级，是一个系统性和综合性都很强的问题，与再制造技术、企业管理、公共管理、社会学、环境学、法律学以及社会伦理等科学知识密切相关，需要解决多维度、多层次诸多问题的优化协调。从维度上看，再制造升级要解决产品从原材料、设计、制造、销售、使用以及旧品的回收、拆解及再制造升级等环节的长时间维度、广空间维度的优化运行问题；从层次上看，要解决较高层次的再制造升级战略问题，其次要解决实施再制造升级的目标问题和技术策略问题。因此，需要从系统工程角度，深入研究再制造升级的理论体系、运行模式、实施方法和设计保障等，建立再制造升级实施的实用模型和方法，探讨建立再制造升级的运行模式、实施方法、技术选择等的方法，为实施再制造升级提供直接支持。

1.2.4 概念辨析

1. 与再制造的关系

从再制造概念内涵可知，再制造包括两个主要部分：一是再制造恢复，二是再制造升级。因此，再制造升级是再制造工程的重要组成部分，是实现旧品高品质再制造利用的最佳模式，尤其随着技术的快速发展，产品因功能落后而退役的情况越来越多，再制造升级也必将在再制造实施中发挥越来越重要的作用。

作为再制造的重要技术方法，再制造升级在逆向物流、实施工艺等方面都和恢复性的再制造具有相同之处，即回收的物流都具备时间、品质、数量的不确定性，都需要进行拆解、清洗、检测、加工、装配、涂装等步骤，其与恢复性再制造主要的不同之处为：

1）在旧品要求上更严格，即既要能够拥有足够的剩余寿命，又要能够进行模块的替换、结构的改造等，满足新品功能的需求。

2）在工艺设计方面一般要求恢复原来的性能，所以工序设计内容较少，而再制造升级要求更高，是要在原来的约束基础上，进行相应的对结构或模块的重新配置或改造，设计内容相对复杂。

3）在加工阶段，传统的再制造要求进行零件尺寸或性能的恢复，而再制造升级除了性能恢复外，许多还要求进行功能提升、结构改造、模块替换，要求标准更高。

总的来说，除了拥有全部的再制造工艺技术外，再制造升级还需要新增加许多特殊的技术要求，在产品设计、生产加工、销售等步骤都具有一定的特殊性，对其进行深入研究，可以丰富再制造工程理论，为再制造升级的实施提供支撑。

2. 与产品改造的关系

产品升级改造可有三种模式，一是通过直接在原产品上加装或改装新模块来增加功能，一般增加功能后并不延长原产品的剩余使用寿命；二是通过改变产品结构来改变产品用途；三是在改造中对原产品通过全面的拆解、清洗、加工、装配等类似再制造的工艺步骤，使改造后产品使役寿命等于或超过原新产品的使役寿命，同时在此改造过程中通过增加新模块和利用新技术来提升产品的性能和功能。我们将第三种升级改造方法称为再制造升级。与前两种产品改造方法相比，再制造升级有以下特点：一是更加规范的操作要求，即再制造升级需要按照标准的产品再制造工艺来进行操作，需对产品全面拆解，将所有零件都恢复到或超过新件质量要求并按新品质量进行装配，更利于保证产品升级后的质量；二是更高的质量要求，即产品再制造升级是一种对产品全面的性能恢复和功能的升级，再制造升级后产品使役寿命要求达到或超过新产品的使役寿命，属于全新产品的重新使用[10]。

因此，产品再制造升级是产品再制造和改造的重要组成部分和实施手段，在产品质量上标准更高，是废旧产品再制造和改造发展的高品质选择。

1.3 再制造及再制造升级的研究

1.3.1 再制造升级内涵及其实施模式研究

再制造升级作为再制造的重要模式，已经得到了一定的关注，并在不同的领域进行了基础研究。Jacobsson Nicholas 在其学位论文《兴起的产品策略——再制造产品的功能销售》中，对再制造的概念、工艺、影响因素、实施模式等方面进行了分析，并论述了再制造升级在再制造过程中的地位作用及提升产品性能的重要性，论述了再制造升级的相关因素，明确了再制造升级是实现产品具有市场竞争力的重要再制造手段[12]。Gray Casper 和 Charter Martin 在《再制造和产品设计》报告中，对再制造升级进行了描述，指出了再制造升级设计的重要作用及实施方法[13]。

徐滨士院士将再制造升级作为再制造的重要模式，初步给出了其应用内容。装备再制造技术国防科技重点实验室学者还对再制造升级的相关内涵进行了探讨，给出了再制造升级的概念特征及主要模式，研究了再制造升级在维修中的地位作用、实施方法，明确了信息化是实现再制造升级的重要途径，建立了再制造升级的理论技术体系[10]。机床数控化再制造作为再制造升级的重要内容，重庆大学刘飞教授和曹华军教授等研究阐述了机床数控化再制造的定义、内涵及其与零部件再制造、机床维修改造等概念的区别和联系，并提出了机床再制造与综合提升的运作流程和技术框架[14]。中国人民解放军装甲兵工程学院时小军等人也研究介绍了老旧机床再制造的过程和表面工程技术在机床再制造中的应用[15]。

以上是国内外学者对再制造升级内涵进行的初步探讨，并将之作为再制造的未来重要发展方向，同时以具体案例分析为基础，进行了部分产品的再制造升级模式应用分析，对于再制造升级的理论研究具有重要的启示作用。但总体上来看，研究内容还比较浅，没有深入揭示再制造升级的本质，更没有建立系统的再制造升级理论与技术体系，尚未提出再制造升级通用实施模式的基本理论。

1.3.2 再制造升级设计研究

产品能否再制造，如何提高再制造的实施效益，产品再制造设计（Design for Remanufacturing）是一个很重要的环节。产品再制造性设计（Design for Remanufacturability）是实现再制造设计的重要指标[16]，而产品的再制造升级设计（Design for Remanufacturing Upgrade）与产品的再制造升级性设计（Design for Remanufacturing Upgradability）是再制造设计与再制造性设计的重要内容。

1. 再制造设计领域的国内外研究

国外在再制造设计领域开展了不同方向的研究。瑞典 Erik Sundin 在其学位论文《易于再制造的产品和工艺设计》中，将再制造设计作为生态设计的一部分，对易于产品再制造的拆解、清洗、分类、检测等再制造工艺过程进行了分析，提出了易于再制造的改进方法[17]。Hatcher 综述了再制造设计领域的研究成果，并指出再制造设计的目标是提高再制造性[18]。Bras Bert 和 McIntosh Mark W 对再制造设计中的产品、工艺、组织等领域的研究成果进行了综述，指出了再制造设计中的热点研究领域[19]。其他一些文献也对再制造设计给予了相关研究。

我国也在再制造设计领域取得了一些显著的成果。装备再制造技术国防科技重点实验室最早在再制造设计领域开展了研究，完成了我国再制造领域的首个国家自然科学基金项目《再制造设计理论与方法》，研究总结了再制造设计的分析因素及其设计方法，系统构建了再制造设计的理论体系，并出版了专著《再制造设计理论及应用》。合肥工业大学、重庆大学、清华大学也都在再制造设计领域开展了卓有成效的工作，合肥工业大学的刘志峰教授采用质量功能展开（Quality Function Deployment，QFD）法，对变速箱再制造设计中的要素进行了分析；刘涛研究提出了面向主动再制造的可持续设计概念，对主动再制造设计参数到再制造特征的映射机制、约束条件下不同再制造设计目标冲突协调和转化等关键问题进行了探讨；杨继荣等研究探讨了面向再制造的模块化设计方法[20,21]；李娟等分析了再制造设计过程中的质量信息传递，建立了以 QFD 和故障模式与效应分析（Failure Mode and Effect Analysis，FMEA）为质量设计工具，以物料清单为质量信息管理支持的再制造产品设计系统模型[22]。

2. 再制造性设计领域的国内外研究

国外部分学者也从定性和定量的角度对该领域进行了研究分析。Lund Robot T 对适合再制造的产品的标准进行了总结，提出了易于再制造的七项标准：耐用产品；功能性报废产品；按标准化要求生产的产品；残余附加值高的产品；获得报废产品成本较低；技术寿命持久的产品；消费者认同再制造产品，对再制造性进行了定性描述[23]。Bras B 等从产品设计的角度考虑产品的再制造性，他们从再制造的工艺过程，即拆解、清洗、检测、修复或更换、再装配和测试等方面提出了对再制造性定量的评价方法，以此衡量评价和指导产品再制造性设计，其评价模型框图如图 1-1 所示[24]。Amezquita Tony 等人对工程系统再制造性特征开展研究，辨识易于再制造的设计特征，如拆解、清洗、检测、更换、修复等，并以汽车车门为例，给出了提高再制造性的设计改进方案[25]。其他一些学者还对拆解性等再制造性领域的内容进行了研究。

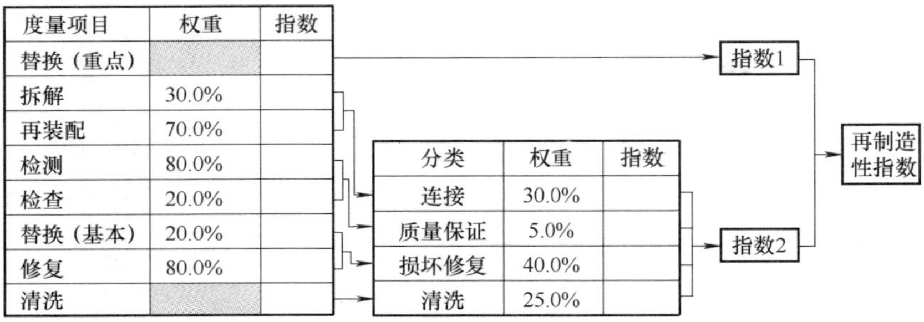

图 1-1　Bras B 构建的再制造性指数评价模型框图[26]

我国也对产品的再制造性设计及评价进行了研究，最早徐滨士院士提出了废旧产品的再制造性要立足于技术性、经济性、环境性三个方面进行评价；装备再制造技术国防科技重点实验室研究建立了基于三者的废旧产品再制造性评价方法，并提出了再制造性工程的概念及体系。储伟俊等提出了再制造工程中产品的可回收性设计准则[26,27]；钟俊杰等对 Bras B 的再制造性评价模型进行了改进，建立了再制造性的综合指标评价方式[28]；张国庆等也基于该模型建立了一种基于技术、经济、环境三因素的再制造性评价方法，并对桑塔纳汽车发动机的再制造性进行了评价[29,30]。刘涛等人提出了一种基于模糊综合评价的系统再制造性分配方法，通过综合考虑多重评价指标，建立了系统再制造性分配模型[31]。曾寿金等人通过对影响废旧机电产品再制造的技术、经济、质量、资源、能源、时间、环境和使役性等因素进行分析，建立了废旧机电产品绿色再制造的微观评价模型、宏观评价模型和综合评价模型[32]。毛果平等人从产品再制造的资源利用可行性、环境可行性、经济可行性和技术可行性等四个方面进行了分析考虑，提出了一种机电产品可再制造性的评价模型[33]。刘韶光以物元评价模型为基础，确定了曲轴可再制造性评价指标体系，并将物元评价方法应用于汽车曲轴可再制造性评价[34]。张宗翔等人基于产品自身特性，提出了产品可再制造性指标体系，确定了各指标之间的层次和结构，建立了各指标量化计算公式和产品可再制造性评价体系[35]。侯贞贞采用层次分析法，提出了一种可再制造性分析评价模型，并据此得出了最优的设计方案[36]。

3. 再制造升级设计与再制造升级性设计领域

在再制造升级设计和再制造升级性评价方面，也有部分文献对其开展了研究。英国的 Gray Casper 和 Charter Martin 在其研究报告《再制造和产品设计》中，详细给出了再制造的内涵与发展，描述了再制造设计的内容，研究了再制造设计中的可拆解性设计、可修复性设计、多寿命周期设计等内容，并提出了面向再制造升级的设计，指出模块化和最佳寿命周期设计的概念，对于指导再制造升级设计具有一定意义[13]。英国再制造和再利用中心的报告中描述了手机类产品再制造升级设计的障碍，提出了再制造升级性设计的重要性及其在寿命要求、技术要求方面的基本准则[37]。Yan Xiutian 等研究提出了一种面向再制造升级和再利用的集成模块化设计方法[38]。Akira Matsuda 等提出了一种再制造升级规划和升级方案变更的评价方法，并开发了应用工具[39]。Xing Ke 等提出了产品技术因子的概念，并基于模糊集理论建立了一种产品升级性的数学模型，以产品更替的兼容性，拓展胜任的适应性，寿命周期导向的模块性三项性能作为揭示和评估产品全面升级潜力的主要指标[40]。

以上再制造设计及再制造性设计与评价为再制造升级设计和再制造升级性评价提供了很好的借鉴参考，但目前对再制造升级设计的研究大多还停留在概念阶段，部分给出了定性的再制造升级设计要求，并对再制造升级性评价进行了初步探讨，尚没有形成系统的再制造升级设计与再制造升级性设计与评价方法体系，无法对再制造升级应用提供工程实践指导。

1.3.3 再制造升级保障资源研究

目前还鲜见在再制造升级保障资源及效益评价方面的论述，但国内外已经在再制造过程的保障资源规划与再制造效益评价等相关领域展开了卓有成效的工作，这些工作对再制造升级保障资源规划和效益评价具有重要的指导作用。

在再制造保障资源研究领域，V Daniel R Guide Jr 综述了再制造过程中的物流、时间等各种资源的不确定性对再制造生产的影响方面的研究成果[41]。Jiang Z H 等人分析研究了再制造过程中备件的需求供应率，提供了变量条件下再制造备件的可靠性分析设计方法[42]。Imre 和 Knut 研究了生产/再制造系统中，可以建立满足生产新品和再制造产品的两种不同模型，并证明了其线性成本环境假设下混合策略是最优的[43]。Shah Purvin 等从物料管理角度研究了再制造生产中物料最优利用的问题，针对可循环利用的物料，解决在用户订单达到之后如何确定再制造零部件和新购零部件两种材料的需求量确定问题，引入了 RL 算法，借助仿真模型，实现了面向决策目标的再制造零部件和新购零部件两种材料的需求量求解[44]。Heileman Mark David 等学者对目前常用的生产控制和调度方法进行了比较研究，研究表明 DBR 控制策略的实施效果优于 MRP、JIT 以及 MRP/JIT 混合策略[45-47]。另外，Clegg 等研究了绿色再制造的综合计划问题，Guide 等研究了绿色再制造的能力规划问题，Rolf Steinhilper 等对汽车电子部件再制造的评价进行了研究[48-51]。

针对再制造物流的不确定性，如供给的不确定性，表现为产品回收的不确定性；需求的不确定性，表现为再制造产品在循环资源市场的需求量不确定性；再制造生产过程的不确定性，表现为再制造工艺路线、再制造加工时间以及再制造率的不确定性等，上述三个方面的不确定性进而引发了再制造成本的不确定性。德国学者 Inderfurth Karl 等考虑到回收的不确定性与逆向物流系统的模式和现有模式的整合困难性，将再制造的提前期作为决策变量进行优化随机库存控制，取得了明显的效果[52]。荷兰学者 Fleischmann Moritz 从一个基本模型出发对随机回收的废旧电子产品库存控制进行了研究，但是模型中假设回收和需求是服从泊松分布的[53]。Behret Hulya 等人研究了废旧产品回收质量不确定性对于再制造生产的影响，文章以制造/再制造混合系统为研究对象，首先定性地描述了废旧产品回收的时间不确定性、质量不确定性和地点不确定性对于再制造企业采购计划、生产控制和库存带来的影响，并运用 ARENA 仿真工具，建立了制造/再制造混合系统仿真模型，分析了回收质量不确定对于系统性能的影响[54]。

Johan 在其学位论文中，对再制造系统进行了详细而又深入的研究，基于案例研究，建立了再制造系统的理论框架，并对再制造的驱动力、再制造中的供应与需求平衡、再制造的闭环供应链、再制造工艺、材料流和生产规划、材料控制等关键内容进行了深入研究，能够提升再制造企业的运作效益[55]。针对再制造系统特点的研究，V Daniel R Guide Jr 等综述了主要研究论点和解决方法，见表 1-2[56]。

表 1-2 再制造系统特点的研究论点和解决方法

再制造系统特点	文献主要研究论点和解决方法
1. 回收时间和质量不确定性	①降低回收和数量不确定性的方式（如租用、押用）；②预测回收率和回收量的预测模型；③较好预测具有多寿命的产品寿命用期的可信度模型；④明确回收产品批量的库存控制模型；⑤基于回收率的衔接库存产品模型；⑥影响产品回收的技术发展变化的研究
2. 平衡回收与需求	①同步回收与需求利益控制的方式；②多重市场的产品位置策略；③考虑回收产品的集成规划模型；④采购与库存管理者的计划管理和控制回收率之间的协调
3. 回收产品的拆解	①分配件安装顺序的辅助计划模型；②检测拆解与再装配间协调性的模型和方式
4. 材料回收的不确定性	①主要材料回收计划和预报的模型，包括可靠性模型；②传统与再制造采购（包括批量采购）的关键不同检测点研究；③能够预计基于产品年代和使用率材料的回收量模型；④MRP 应用的研究，包括更改/适应性
5. 逆向物流	①突出材料与产品再利用物流的不同点的研究；②核心产品回收特点的管理、策略系统和模型；③建立产品可召回战略和使产品破损最小化；④再制造商最佳渠道选择（机构、直销或第三方渠道）
6. 物料匹配制约因素	①帮助追踪材料的信息系统；②提供所需材料可视性的模型和系统；③生产车间控制协调模型和系统；④明确物料匹配的限制和规定的批量化再制造
7. 随机安排和多次加工	①组织系统与不必要的加工延迟间平衡的再制造批量模型；②协调拆解与重装配间计划的模型；③快速改变再制造加工中心工作量的规则方法；④拆解清洗工序进度计划瓶颈研究

1.3.4 再制造升级评价研究

我国在再制造资源保障及效益评价方面也开展了大量研究。装备再制造技术国防科技重点实验室学者在再制造管理、工艺、费用、效益等方面都开展了研究。学者李菲与沈虹以故障树模型为基础，引入分层多级递阶表示方法，构建了产品再制造故障分析元模型，并在此基础上构建了再制造工艺方案的模糊评价模型，采用模糊偏好评价方法对再制造设计过程中零部件是选择修复或替换方案进行了模糊评价[57]。基于质量功能配置方法将产品再制造质量特性与用户满意度相结合，构建了产品再制造质量特性评价质量屋，在此基础上计算出了产品再制造质量特性的重要度，并按其大小对产品再制造质量特性进行了排序，以此评价出相对重要的质量特性，在满足用户需求的基础上为确定再制造产品“质量突破特性”和提高再制造产品质量提供了数据参考[58]。学者江宁通过对再制造行业工艺过程解剖和与新发动机制造行业的对比，提出了针对发动机再制造行业特殊性的 ERP 解决方案[59]。杨红飞和饶锡新对再制造工艺知识进行了分类，介绍了利用动态服务器网页技术，基于浏览器/服务器三层网络体系结构的产品再制造工艺知识管理系统的体系结构、功能、特点以及实现技术[60]。

在再制造生产系统方面，陈翔宇等人总结提出了再制造的生产方式与原始制造的七个主要不同特征：制造对象的不同、生产流程的不同、物流管理的不同、生产技术的不同、质量控制的不同、生产组织的不同、生产控制的不同，认为这七项特征组成了“再制造生产模式”的核心内容[61]。陈翔宇等人还提出基于“广义 PLC”“生态质量环”处理多寿命周期的思路，对企业关注的问题进行理论分析，提出了持续质量改进的方法，分析了质量信息割裂问题并提出了解决方案[62]。江志刚和张华分析了绿色再制造战略实施的影响因素和控制要素，提出了一种集成绿色再制造各个环节的层次网络分析模型[63]。刘宝全等构建了高端市场和低端市场之间存在需求的线性替代关系时，再制造品和新产品的定价问题，并在优化计算的基础上得到了成本结构对于最优利润、最优价格、最优回收率和不同再制造方式比重的影响[64]。

总体上来看，该部分文献涉及再制造物流的较多，涉及再制造管理、质量等的较少，并且不够系统。还没有发现明确分析再制造升级系统特点的相关文献，所以借鉴再制造系统保障的相关文献资料，结合对再制造升级系统特点的剖析，对再制造升级系统的相关关键问题进行研究，提出再制造升级系统的相关资源保障和系统评价的方法，对促进再制造升级科学发展具有重要意义。

1.4 再制造升级的应用与发展

1.4.1 再制造升级的应用

国外在再制造升级领域开展了大量的应用工作。德国 Steinhilper 教授对废旧自动售货机的再制造升级的意义及实施方法给予了具体的描述。Kerr Wendy 分析了复印机再制造中的升级活动，并进行了复印机再制造的效益分析[68]。Franke C 描述了手机再制造中的升级活动[69]。美国机床再制造业者认为，未来的出路是机床再制造的专业化及其零部件的标准化和合理化。美国已有 200 多家专门从事机床再制造的企业及公司，如 DeVlieg-Bullard Inc.、Machine Tool Rebuilding Inc.、DOC Machine Tool Services 等。此外许多机床生产企业也非常重视机床数控化再制造工作，如美国机床有限公司（United States Machine Inc.）、美国辛辛那提机床有限公司（Cincinnati Machine Ltd.）等机床企业[65]。据统计，1998 年德国二手机床销售额达到约 25 亿马克，已成为世界上最大的二手机床市场。德国政府对机床改造及再制造升级非常重视，联邦政府和州政府专门拨款支持该领域的研究工作。德国席士公司（Schiess）成立了机床改造服务部，德国吉特迈公司（DMG）提供机床的再制造升级服务[66]。日本从事机床再制造并具有一定规模的企业约有 20 家，如大限公司、三宝精机工业公司等[67]。

发达国家军队在现役装备中，大都开展了大量的再制造升级改造研究及活动，显著提高了其服役性能和寿命，使得升级后装备的战术技术性能可以达到同时期同类武器装备的先进水平。外军对武器装备进行了大量的升级改造，降低了产品保障费用。如外军爱国者导弹服役后，原型为拦截作战飞机的中高空地空导弹，后为对付中近程战术弹道导弹进行了重大改进，随后又对爱国者 PAC-3 进行了重大改进，采用直接碰撞杀伤战斗部，增加了数据链路，使其成为能够有效拦截战术弹道导弹，并且未来能够很好适应网络中心战的末段低层导弹防御系统[70]。

美军 B-52 轰炸机于 1948 年开始设计，1955 年开始装备部队，在 1980 年、1996 年两次进行了再制造升级，至 1997 年平均物理寿命尚有 13000 飞行小时，预计可服役到 2030 年，较一般飞机 20 ~ 30 年服役期约增长了 1 倍以上[71]。美军于 1984 年生产服役的“阿帕奇” AH-64 武装直升机先后经过了多次再制造升级，其中在升级为 AH-64D 时，改进了探测装置、火控系统、武器系统、座舱内航电及观瞄系统，升级后具有了全天候和夜战能力[72]。美国陆军 20 世纪 80 年代生产的 M1 主战坦克、M3 步兵战车和“帕拉丁”火炮等除对火控、夜视、防护、弹药等关键系统进行了重大改进外，重点进行了数字化的升级改造，使其成为美国陆军 21 世纪初信息一体化作战的主要装备，是世界陆军机械化武器平台再制造升级改造为信息化武器平台的典范[73]。

1.4.2 再制造升级发展需求

1. 理清再制造升级思路

一是将再制造升级纳入产品发展和建设的总体规划之中，提供经费保证；二是要严格论证，突出重点，有选择性地对重点产品实施升级改造，利用有限的资金，选择那些尚未达到最高使役年限并有可能完全恢复寿命的系统进行再制造升级；三是要采取由再制造基地和工业部门合作完成的模式，即实现需求方与工业部门联合进行方案论证，并联合实施的再制造升级模式。

2. 完善再制造升级管理

一是要完善产品再制造升级工作有关的法规政策，明确产品再制造升级工作的重要地位、主要目标和重点方向；二是要完善产品再制造升级的管理制度，建立和完善产品再制造升级的竞争机制、评价机制、监督机制和激励机制，提高产品再制造升级的实施效益和决策的科学性；三是要完善产品再制造升级的管理，形成集中领导、有机协调、运行高效的管理体系，实现产品再制造升级的组织实施与管理。

3. 发展再制造升级技术

一是坚持性能升级与功能升级相结合的方式，即在增加产品信息化新功能的同时，还要坚持通过传统的再制造或表面强化等技术手段，来提高产品本体的可靠性、保障性等使用性能，实现产品的最大化效益利用；二是要坚持通过产品的全寿命周期管理，提高产品末端时的再制造升级能力。将产品的可再制造升级性在产品设计时进行考虑，进行模块化、通用化设计，提前规划升级改造的时间、内容、功能以及效能等问题；三是加强产品再制造升级所需高新技术的开发和储备。加强加快升级所需高新技术的开发工作，开展信息技术等产品再制造升级通用性核心技术和关键技术的研究，为升级工作长期、持续、顺利地进行奠定良好的技术基础。

参考文献

[1] 徐滨士，等．装备再制造工程的理论与技术［M］．北京：国防工业出版社，2007.

[2] 徐滨士，等．再制造技术与应用［M］．北京：化学工业出版社，2015.

[3] Lund Robot. The Remanufacturing Industry-Hidden Giant［R］. Boston：Boston University，1996.

[4] Hauser William，Robert Lund. The remanufacturing industry：anatomy of giant［R］. Boston：Boston University，2003.

[5] Lund Robert，Hauser William. Remanufacturing：operating practices & strategies［R］. Boston：Boston University，2008.

[6] Giutini Ron，Gaudette Kevin. Remanufacturing：the next great opportunity for improving U S Productivity［J］. Business Horizon，2003，46（6）：41-48.

[7] Parker D. Remanufacturing in the UK：a significant contributor to sustainable development?［R］. Aylesbury：Oakdene Hollins，2003.

[8] Chapman Adrian，Bartlett Caroline，McGill Ian，et al. Remanufacturing in the UK—a snapshot of the remanufacturing industry in the UK in 2009［R］. Resource Recovery Forum，2009.

[9] A review of policy options for promoting remanufacturing in the UK［R］. The Centre for Remanufacturing and Reuse，2008.

[10] 朱胜，姚巨坤．装备再制造升级及其工程技术体系［J］．装甲兵工程学院学报，2011，25（6）：67-70.

[11] 栗琳，任武能，王华，等．浅析外军武器装备升级改造［J］．装备，2009（4）：60-62.

[12] Jacobsson Nicholas. Emerging product strategies：selling services of remanufactured products［D］. Lund：Lund University，2000.

[13] Gray Casper，Charter Martin. Remanufacturing and product design：designing for the 7th generation［R］. Farnham：The Centre for Sustainable Design University for the Creative Arts，UK：2006.

[14] 刘飞，曹华军，杜彦斌．机床再制造技术框架及产业化策略研究［J］．中国表面工程，2006，19（Z1）：25-28.

[15] 时小军，胡仲翔，张甲英，等．老旧机床数控化再制造技术研究与应用［J］．中国表面工程，2006，19（Z1）：82-85.

[16] 朱胜，姚巨坤，时小军．装备再制造性工程及其发展建议［J］．装甲兵工程学院学报，2008，22（3）：67-69.

[17] Sundin Erik. Product and process design for successful remanufacturing［D］. Sweden：Lindköpings University，2004.

[18] Hatcher G D.，Ijomah W L，Windmill J F C. Design for remanufacture：a literature review and future research needs［J］. Journal of Cleaner Production. 2011，19（17-18）：2004-2014.

[19] Bras Bert，Mcintosh Mark. W Product，process，and organizational design for remanufacture—an overview of research［J］. Robotics and Computer Integrated Manufacturing. 1999，15（3）：167-178.

[20] 刘志峰，阳斌，刘涛，等．基于QFD的变速箱再制造设计要素分析［J］．组合机床与自动化加工技术，2010（6）：1-4.

[21] 刘涛，刘光复，宋守许，等．面向主动再制造的产品可持续设计框架［J］．计算机集成制造系统，2011，17（11）：2317-2323.

[22] 李娟，梁工谦．质量驱动再制造产品设计研究［J］．航空制造技术，2012（5）：66-69.

[23] Hauser William, Lund Robot T. Remanufacturing: an American resource [C]// Proceedings of the Fifth International Congress Environmentally Conscious Design and Manufacturing. Rochester: Rochester Institute of Technology, 1998.

[24] Bras B, Hammond R. Towards design for remanufacturing - metrics for assessing remanufacturability [C]// Proceedings of the 1st International. Eindhoven, 1996: 5-22.

[25] Amezquita Tony, Hammond Rick, Salazar Marc, et al. Characterizing the remanufacturability of engineering [C]//Proceedings ASME Advances in Design Automation Conference. Boston, 1995: 271-278.

[26] 朱胜，徐滨士，姚巨坤．再制造设计基础及方法 [J]．中国表面工程，2003，16 (3)：27-31.

[27] 朱胜，姚巨坤．装备再制造性工程的内涵研究 [J]．中国表面工程，2006，19 (Z1)：61-63.

[28] 钟骏杰，范世东，姚玉南，等．再制造性综合评估研究 [J]．中国机械工程，2003，14 (24)：2110-2113.

[29] 张国庆，荆学东，浦耿强，等．汽车发动机可再制造性评价 [J]．中国机械工程，2005，16 (8)：739-742.

[30] 刘赟，徐滨士，史佩京，等．废旧产品再制造性评估指标 [J]．中国表面工程，2011，24 (5)：94-99.

[31] 刘涛，刘光复，李园．基于模糊综合评价的系统再制造性分配方法 [J]．机械设计与制造，2011 (10)：99-101.

[32] 曾寿金，江吉彬，许明三．机电产品再制造特性评价模型研究 [J]．福建工程学院学报，2009，7 (3)：271-274.

[33] 毛果平，朱有为，吴超．废旧机电产品再制造性评估模型研究 [J]．现代制造工程，2009 (6)：114-118.

[34] 刘韶光．基于物元模型的汽车曲轴可再制造性评价研究 [J]．公路与汽运，2010 (1)：1-4.

[35] 张宗翔，肖素梅，石宇强，等．基于产品特性的可再制造性评价研究 [J]．机械制造与自动化，2010，39 (1)：74-76.

[36] 侯贞贞．机电产品的再制造设计方案评价 [J]．机电产品开发与创新，2009，22 (2)：20-22.

[37] The Centre for Remanufacturing and Reuse. Investigation of commercial remanufacturing business models and complementary product design for a Mobile Broadband handset [R/OL]. http://www.remanufacturing.org.uk/pdf/story/1p291.pdf? -session = RemanSession: 42F94758187d50167FSNr43BF4EA.

[38] Yan Xiutian, Wang Wendan. Applying and validating an integrated modular design methodology toward product upgrading and re-use [R/OL]. http://www.remanufacturing.org.uk/pdf/story/1p289.pdf.

[39] Akira Matsuda, Yoshiki Shimomura Shinsuke Kondoh, et al. Upgrade planning for upgradeable product design [C] //Proceedings of Ecodesign 2003: Third International Symposium on Environmentally Conscious Design and lnverse Manufacturing. Tokyo, 2003: 231-234.

[40] Xing Ke, Belusko M, Luong L, et al. An evaluation model of product upgradeability for remanufacture [C] //The International Journal of Advanced Manufacturing Technology, 2007, 35 (1-2): 1-14.

[41] V Daniel R Guide Jr, Vaidyanathan Jayaraman, Rajesh Srivastava. Production planning and control for remanufacturing: a state-of-the-art survey [J]. Robotics and Computer-Integrated Manufacturing, 1999, 15 (3): 221-230.

[42] Jiang Z H, Shu L H, Benhabib B. Reliability analysis of non-constant-size part populations in design for remanufacture [J]. Journal of Mechanical Design, 2000, 122 (2): 172-178.

[43] Dobos I, Richter K. An extended production/recycling model with stationary demand and return rates [J]. Internal Journal of Production Economics, 2004, 90 (3): 311-323.

[44] Shah Purvin. Optimizing usage of recycled material in a remanufacturing environment [D]. New York: The

State University of New York, 2005.
[45] Heileman Mark David. A comparison of production monitoring and control strategies in a remanufacturing job shop [D]. Florida: University of Central Florida Orlando, 1997.
[46] Bechte W. Theory and practice of load-oriented manufacturing control [J]. International Journal of Production Research, 1988, 26 (3): 375-395.
[47] Zhou Feng. Study on the production schedule and control mechanism in DBR [J]. Chinese Journal of Management Science, 2000, 8 (1): 17-21.
[48] Clegg A, Williams W, Uzoy R. Production planning and control for companies with remanufacturing capability [C] //Proceedings of the 1995 IEEE International Symposium on Electronics and the Environment. Orlando, 1995: 186-191.
[49] V D R Guide Jr. Scheduling using drum-buffer-rope in a remanufacturing environment [J]. International Journal of Production Research. 1996, 34 (4): 1081 ~1091.
[50] V D R Guide Jr, Kraus M E, Srivastava R. Scheduling policies for remanufacturing [J]. International Journal of Production Economics. 1997, 48 (2): 187 ~204.
[51] Steinhilper Rolf, Rosemann Bernd, Freiberger Stefan. Product and process assessment for remanufacturing of computer controlled automotive components [C] //The 13th CIRP International Conference on Life Cycle Engineering. 2006: 441-446.
[52] Inderfurth Karl, Laan Erwin van der. Lead time effects and policy improvement for stochastic inventory control with remanufacturing [J]. International Journal of Production Economics, 2001, 71 (1-3): 381-390.
[53] Fleischmann Moritz, Kuik Roelof, Dekker Rommert. Controlling inventories with stochastic item returns: A Basic Model [J]. European Journal of Operational Research, 2002, 138 (1): 63-75.
[54] Behret Hulya, Korugan Aybek. Performance analysis of a hybrid system under quality improvement of returns [J]. Computer&Industrial Engineering, 2009, 56 (2): 507-520.
[55] Östlin Johan. On remanufacturing systems: analysing and managing material flows and remanufacturing processes [D]. Sweden: Linköpings university, 2008.
[56] V Daniel R Guide Jr. Production planning and control for remanufacturing: industry practice and research needs [J]. Journal of Operations Management, 2000, 18 (4) : 467-483.
[57] 李菲，沈虹．产品再制造设计中的工艺方案模糊综合评价方法研究 [J]. 机床与液压，2010，38 (3): 129-132.
[58] 李菲，沈虹．面向再制造的产品质量特性评价方法 [J]. 现代制造工程，2008 (11): 99-102.
[59] 江宁．发动机再制造行业的 ERP 解决方案 [J]. 物流技术，2008，27 (8): 177-179.
[60] 杨红飞，饶锡新．再制造工艺知识分类与管理 [J]. 装备制造技术，2008 (3): 70-71.
[61] 陈翔宇，梁工谦．美国再制造业与我国的研究评述 [J]. 世界科技研究与发展，2006，28 (3): 80-87.
[62] 陈翔宇，梁工谦，马世宁．基于 PMLC 再制造产品的持续质量改进 [J]. 中国机械工程，2007，18 (2): 170-174.
[63] 江志刚，张华．绿色再制造管理层次网络分析模型及应用 [J]. 系统工程与电子技术，2008，30 (12): 2417-2420.
[64] 刘宝全，季建华，张弦．废旧产品再制造环境下的产品定价和再制造方式分配 [J]. 管理工程学报，2008，22 (3): 74-78.
[65] 林体侠．国外机床改造概览 [J]. 广西机械，1995 (1): 19-22.
[66] 孙玉华，张曙．德国机床数控化改造的实践与研究 [J]. 制造业自动化，2000，22 (11): 50-53.
[67] 箐田．日本机床改装业的现状 [J]. 世界制造技术与装备市场，1997 (4): 39-41.

[68] Kerr Wendy, Ryan Chris. Eco-efficiency gains from remanufacturing : A case study of photocopier remanufacturing at Fuji Xerox Australia [J]. Journal of Cleaner Production, 2001, 9 (1): 75 - 81.

[69] Franke C, Basdere B, Ciupek M, et al. Remanufacturing of mobile phones—capacity, program and facility adaptation planning [J]. The International Journal of Management Science, 2006, 34 (6): 562-570.

[70] 陈萱，张瑞萍，李浩悦．外军导弹武器装备升级改造技术途径与重点 [J]. 中国航天，2010 (5): 37-42.

[71] 贾凤山，赵恒志．美军“B-52”宝刀不老的启示 [N]. 解放军报，2002-12-10 (6) .

[72] 张雪萍，郭朝蕾．老装备改造是推进装备建设的重要途径 [J]. 国防科技工业，2007 (3): 61-63.

[73] 张更宇．美国老装备改造启示录 [J]. 外军炮兵，2005 (8): 37-39.

第2章

再制造升级理论与技术体系

再制造升级是再制造的重要技术途径，是一种高品质的再制造方式，既具有再制造的基本特征，也具有显著区别于再制造的更高要求，因此，需要进一步认识再制造升级的基础内涵，建立再制造升级的理论与技术体系，为再制造升级发展提供支撑。

2.1 再制造升级基础

2.1.1 再制造升级发展的必然性

再制造升级的产生是由于当前社会对产品产生了前所未有的思想变革和新变化，而进一步对产品再制造升级产生背景的深刻理解和阐释，是满足新形势下老旧产品再制造升级创新、跨越发展的重要认识基础。

1. 产品需求本质上的新变化

加强新产品的生产是提高消费者生活水平的必要保证，但目前产品的大规模生产和技术的飞速进步，导致了巨大的资源、能源和费用的消耗及环境污染，巨量产品的生产、使用及废弃处理已经成为世界各国的不可承受之重。而产品发展的本质目标是满足用户的产品功能需求，而不是产品本身。因此，新形势下的产品发展思想，需要从生产新产品改变为在消耗最少的资源和费用的情况下来满足消费需求，而实现产品再制造升级，则可以在满足用户对产品功能需求的情况下，尽量减少新产品的生产和废弃产品的环保处理量，具有多重效益。

2. 全寿命周期管理中的新位置

传统的产品全寿命周期包括产品设计、制造、使用、维修、报废等过程，而新形势下，产品再制造升级活动不断前伸和后延，并正成为覆盖产品全寿命周期各个阶段的重要内容（见图2-1）[1]。例如，在产品论证设计阶段，需要进行产品的再制造升级性论证设计；在产品制造中，要保证再制造升级性指标落实；产品退役时可以通过再制造或升级来实现产品性能恢复或升级延寿。

3. 产品进化规律上的新发展

产品进化发展存在着两个必然特点，一是产品性能随使用时间的延长会不断劣化；二是产品功能随时间的发展对产品功能的要求会不断提高，尤其是随着产品进化速度的加快，因产品功能落后而导致退役的数量正逐渐增多。这种产品发展的自身内部矛盾导致了产品维修要从传统的以性能恢复为主的再制造方式，变革为性能和功能升级为主的再制造方式，适应新形势下产品功能可持续生长的需求（见图2-2）。

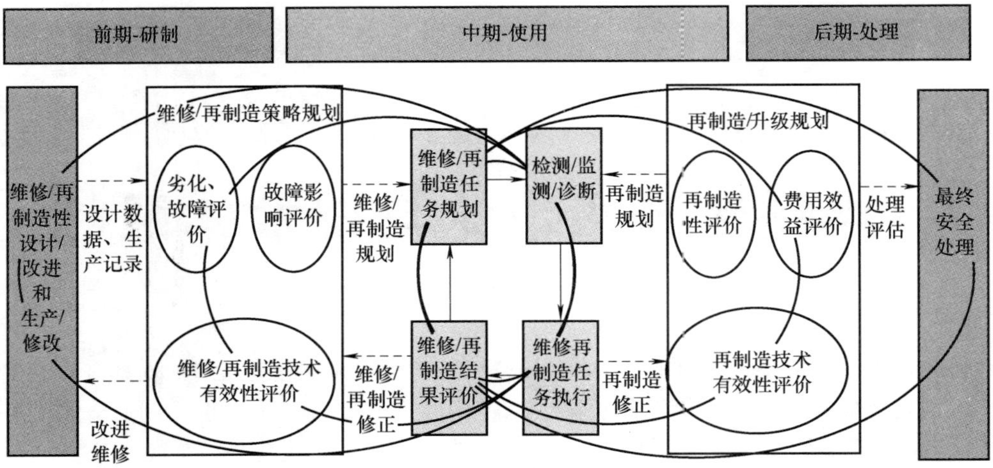

图 2-1 再制造升级在产品全寿命周期管理中的位置

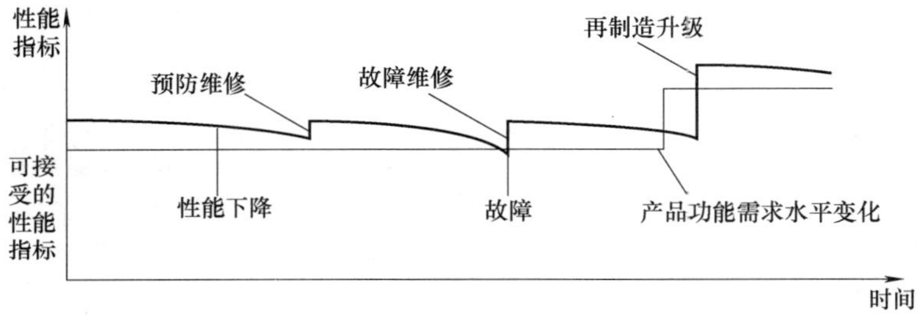

图 2-2 产品再制造升级时机描述

4. 资源环境危机中的新使命

在产品全寿命周期管理中，产品使用末期可选择多种处理方式，图 2-3 中的产品使用、产品维修、产品再制造、材料再循环和环保处理等，每个圆轨都符合产品寿命周期管理抉择，都能延长材料本体的再利用。但圆轨越在内部，实现产品恢复使用所消耗的资源、费用及产生的环境污染越小。因此，产品再制造升级是实现产品高品质持续应用的最佳手段，可以以最小化的资源投入来实现最大化的产品功能发挥，是产品全寿命周期中具有最大效益比的重要活动。

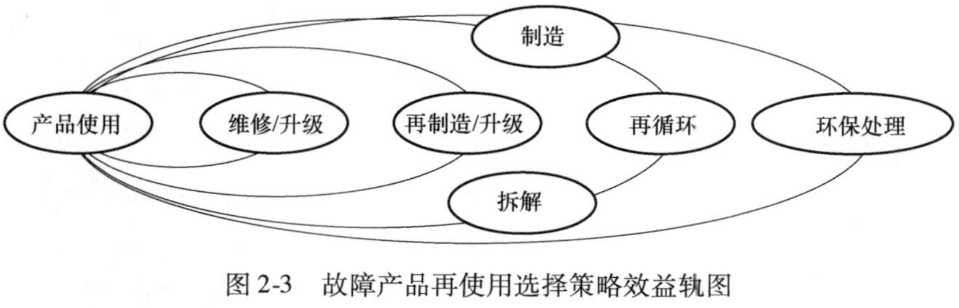

图 2-3 故障产品再使用选择策略效益轨图

新形势、新需求以及新技术的进化，促进了产品再制造升级的新发展，而不断认识这些新变化，深刻把握新内涵，将能够更好地实现产品再制造升级理论和思想的创新，科学规划产品再制造升级活动，推动再制造升级发展重点方向，实现产品再制造升级能力的跨越式发展。

2.1.2　再制造升级的发展基础

1. 物质基础：产品零部件寿命的不平衡性和分散性

再制造升级需要使用大量原毛坯中的旧件，原产品零部件寿命的不平衡性和分散性是旧品为再制造升级提供可用零件的物质基础。虽然产品设计时要求采用等寿命设计，但实际制造后的产品零件寿命有两个特点，即异名零件寿命的不平衡性和同名零件寿命的分散性，这导致老旧产品中的大部分零件都可以继续使用。例如，通常老旧设备中固定结构件的使用寿命长（如箱体、支架、轴承座等），而运转件的使用寿命短（如活塞环、轴瓦等）。在运转件中，承担转矩传递的主体部分使用寿命长，而摩擦表面使用寿命短。这种退役产品因结构或失效模式不同而导致各零部件或其工作表面的不等寿命性，造成了产品中因部分零件以及零件上局部表面失效而使整个产品性能劣化。通过再制造升级，可对达到寿命极限或剩余寿命不足的零部件进行再制造，恢复或升级产品零部件性能。

2. 理论基础：产品性能劣化的木桶理论

木桶理论是指木桶能盛多少水，取决于木桶最低一块板的高度。产品的性能劣化是导致旧品报废的主要原因，而产品性能的劣化符合木桶理论，即退役产品并不是所有零件的性能都劣化，而往往是关键零部件的磨损等失效原因导致了产品总体性能的下降，或者关键功能的缺失导致无法满足使用要求而退役。这些关键零部件或关键功能就成为影响产品性能的最短板，那么只要将影响产品使用的关键短板修复或升级，就可能提高产品的整体性能。再制造升级就是基于这样的理念，着力于升级老旧产品中的核心关键零部件或功能，通过升级其性能或功能来升级产品的综合性能。

3. 技术基础：技术的后发优势

再制造升级时间滞后于制造时间的客观特性决定了在再制造升级生产中，能不断吸纳最先进的技术或功能模块，提升再制造产品性能或增加功能，在低成本、低消耗、低污染的情况下，快速高效地满足用户的使用需求。通常产品设计定型以后，制造技术工艺则相对固定，很少吸纳新材料、新技术、新工艺等方面的成果，生产的产品要经过使役周期后退役报废，而这期间科学技术的迅速发展，新材料、新技术、新工艺的不断涌现，使得在对其进行再制造升级时可以吸纳最新的技术成果，既可以提高零件的性能和使用寿命，又可以解决产品使用过程中暴露出的问题，对原产品进行技术改造升级，提升产品整体性能。

4. 经济基础：产品蕴含的高附加值

产品及其零部件制造时的成本由原材料成本、制造活动中的劳动力成本、能源消耗成本和设备工具损耗成本等构成。其中，后三项成本为相对于原材料成本的产品附加值，如图 2-4 所示，通常产品的附加值都远远高于原材料的成本。例如，汽车发动机原材料的价值只占 15%，而成品附加值却高达 85%。发动机再制造过程中由于充分利用了旧品中的附加值，因而能源消耗不到新品制造的 50%，劳动力消耗只是新品制造的 67%，原材料消耗只是新品制造的 11% ~20%[2]。

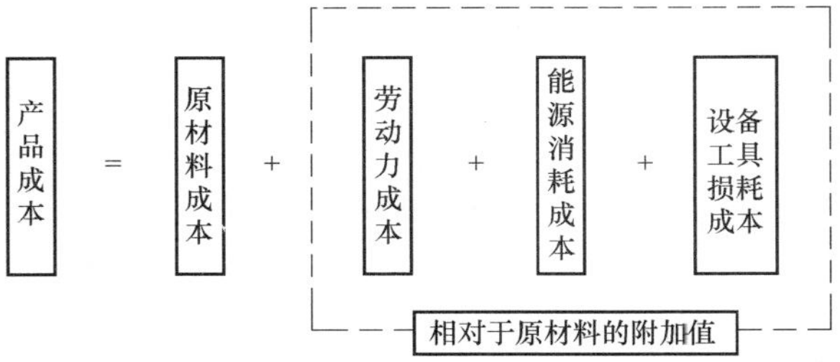

图 2-4　制造后产品成本分析

5. 市场基础：产品需求的多样性

任何地区都存在着区域经济发展水平的不平衡性，这种地区经济发展的不平衡性造成了区域间人们不同的经济购买力和对产品性能的不同需求，这赋予了产品需求的多样性和阶梯性。再制造升级产品在性能超过新品的情况下，其价格一般约为同功能产品的一半左右，再制造升级产品为市场提供了巨大的销售空间。而且在某地因性能而淘汰的产品，经过再制造升级后完全可以到另外一地继续销售使用。即使在同一地区，人们消费能力的不同，也为价廉物美的再制造升级产品提供了广阔的市场空间。从市场趋势发展来看，人们更愿意花更少的费用来享用同样的产品性能，更支持绿色产品的生产销售。这些现状和发展趋势，为再制造升级产品的营销提供了市场基础。

6. 社会基础：巨大的资源和环保效益

再制造升级过程能够显著地回收资源，在同样满足社会需求的情况下消耗较少的资源，大量减少了“三废”的排放量，降低了环境污染，并能够增加社会就业机会和经济收入。又因为再制造升级产品相对于同功能的新品具有价格低的特点。所以能够适应更多人的购买力，从而提高再制造产品使用者的生活水平和生活质量，增加社会的可持续发展，具有重大的社会效益，是支撑建设和谐社会的有效技术手段。

2.1.3　再制造升级的影响要素

再制造升级着眼于优化再制造升级的整个过程，获得低成本、高性能、生态环保的再制造升级产品，实现产品的可持续生长。再制造升级要素的分析，必然作用于再制造升级的全阶段过程，须面向全域来认识并明确各因素对再制造升级的影响（见表 2-1），具体产品再制造升级过程的影响因素还须根据某一类或多类产品的再制造升级实施步骤来针对性地对产品再制造升级域进行考虑分析。

表 2-1　再制造升级影响因素

阶　段		主要构成要素
新产品设计	再制造升级性设计	再制造升级性标准的确定、分配、验证等
旧品回收	旧品收购	旧品品质、数量、地域、时间及收购成本等
	旧品运输	产品的形状、大小，运输的安全性、经济性、方便性等
	旧品贮存	产品的老化、体积、环境性、存储要求等
	相关法律法规	产品回收体系、相关约束及支持力度等

（续）

阶　段		主要构成要素
再制造升级生产	再制造升级生产设计	生产过程中的生产模式、生产资源等的设计与优化
	再制造升级预处理	产品的易拆解性、易清洗性及分类、结构、材料、故障模式等
	再制造升级加工	产品失效形式、再制造升级技术、经济性、环境性等
	再制造升级产品性能测试	再制造升级产品性能特征、零件品质、试验设备等
再制造升级产品使役	再制造升级产品销售	再制造升级产品的成本、价格、市场区域、客户心理等
	再制造升级产品使用	售后服务、易用性、环境性、工况等
	再制造升级产品信息	升级产品的性能、零件信息等

2.1.4　再制造升级的基本观点

采用全系统、全寿命、全费用、绿色化的观点来进行再制造升级的实施管理，是再制造升级的基本观点，也是再制造升级建设与发展中的重要要求。

（1）全系统观点　全系统的观点就是要在再制造升级分析中，把使用产品和再制造升级保障设备作为一个整体系统来加以研究，弄清它们之间的相互联系和外界的约束条件，通过综合权衡，使它们互相匹配，同步、协调发展，谋求产品及其再制造系统的整体优化。

（2）全寿命观点　全寿命观点就是要统筹把握产品的全寿命过程，使其各个阶段互相衔接，密切配合，相辅相成，以达到产品资源“优生、优育、优用”的目的。再制造升级的发展拓展了产品的寿命周期阶段，将原来的退役报废改变为高品质的升级利用。特别要求在论证、研制中要充分考虑全域因素。同时，在再制造升级中要充分利用研制生产中形成的特性和数据，合理、正确地再制造升级，并在使用保障中积累有关数据和反馈信息，为再制造升级过程提供信息支撑。

（3）全费用观点　除产品使用性能外，还应当重视经济性，即产品的购买、使用及由再制造升级所实现的多寿命周期应当是经济上可承受的，这就要考虑产品的多寿命费用。再制造升级是产品多寿命中新的阶段，其投入费用小，但可以达到与新品相同的功能。因此，旧品再制造升级要采用全费用的观点，将再制造升级作为产品全寿命周期费用的重要内容，对不同方案的再制造升级周期费用及再制造升级产品的新寿命周期费用进行估算、比较，提高产品整体的效能-费用比。

（4）绿色化观点　绿色化指产品进行绿色设计、清洁生产、绿色使用和退役后高品质的再制造，减少全寿命周期的资源消耗和环境污染。产品绿色化的观点在材料选用、资源消耗、产品设计、清洁生产、污染排放等方面提出了具体的要求和限制，是贯穿于产品全寿命周期的重要内容。再制造升级也须始终将绿色化贯穿于整个系统过程，最大化地采用清洁生产和绿色技术，减少生产过程的环境污染，使再制造升级后的产品属于绿色产品。

2.2　再制造升级技术体系及其内容

2.2.1　再制造升级技术体系

经过十余年的发展，已经形成了比较系统完善的再制造工程理论及技术体系，具有了一系列完全自主知识产权的再制造技术，尤其是近年来以信息化为代表的大量高新技术的出现，以及完善的再制造技术工艺，这为再制造升级提供了技术保障。再制造升级是在传统的再制造工程基础上发展起来的，所以其工程技术体系是以再制造工程技术为基础，涉及多门学科的交叉融合，如图 2-5 所示，主要包括再制造升级设计基础、再制造升级工艺技术、再制造升级管理技术、再制造升级支撑技术等内容，其中再制造升级设计基础是实现高效益再制造升级的前提条件，再制造升级工艺技术是实现再制造升级的工程基础，再制造升级管理技术是提高再制造升级效益的有效方式，而再制造升级支撑技术是实现再制造升级的科技支撑，尤其是信息技术的发展进步，可以为产品的信息化再制造升级提供核心支持。

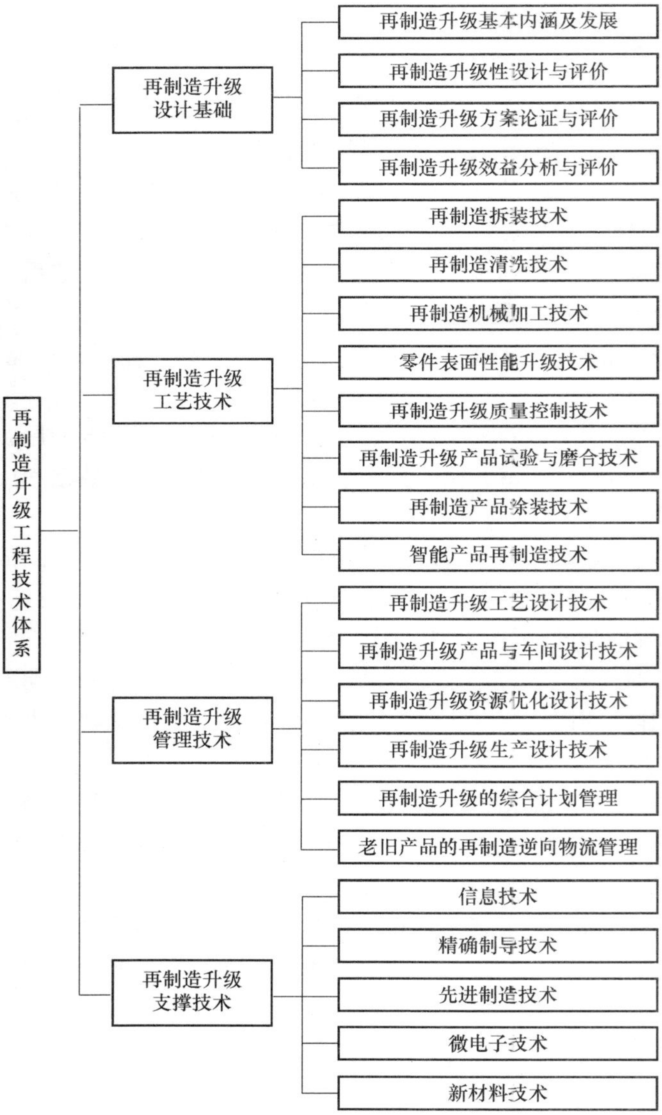

图 2-5 再制造升级工程技术体系[3]

2.2.2　再制造升级全域技术层

根据再制造升级全域的工作内容，为更了解不同技术内容在再制造升级过程中的地位和作用，可以面向产品多寿命周期过程中涉及的再制造升级全域工作内容，构建一个由里向外三层次结构的产品再制造升级全域技术内容框架，如图 2-6 所示，包括再制造升级工程技术层、再制造升级评估监控技术层、再制造升级支撑技术层，其中工程技术层处于再制造升级的最中心层次，是升级的直接实现手段；评估监控技术层是质量保障的控制手段，服务于工程技术层，属于过渡层次；支撑技术层体现了升级实现的技术基础，处于最外围层次，起辅助支撑作用；由此形成了技术的核心层、过渡层、外围层的三层次结构框架。

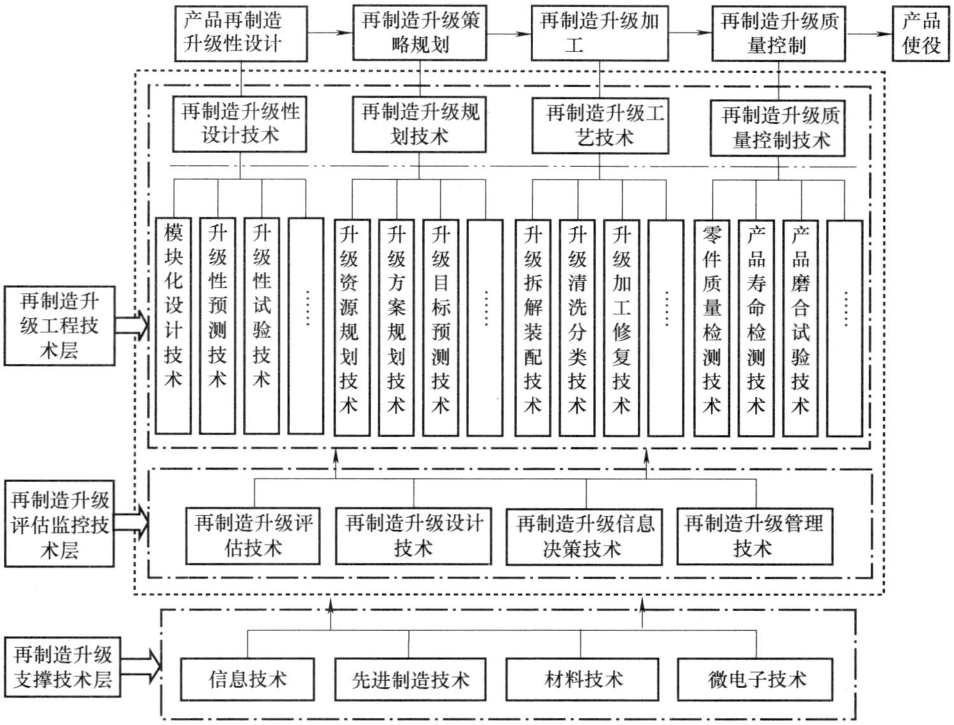

图 2-6　再制造升级全域技术层[4]

根据面向再制造升级周期的全域过程，再制造升级工程技术层是再制造技术的核心内容和直接实现手段，可以进一步划分为面向产品研制设计阶段的再制造升级性设计技术、面向再制造升级开展前的再制造升级规划技术，面向再制造升级加工过程的再制造升级工艺技术及面向再制造升级产品质量保证的再制造升级质量控制技术等四大类关键技术。这四大类关键技术分布在产品再制造升级全域的不同阶段，并各具特点，需要根据其实施的应用特征进一步划分。因此根据各项关键技术的工程应用特点，将产品再制造升级周期技术层进一步细分，便可构成产品再制造升级工程应用技术层。

2.2.3　再制造升级性设计技术

再制造升级性设计技术主要是指在产品设计时如何通过设计来赋予产品较高的可升级

性，以便在产品使役过程中能够便于对其进行再制造升级。

产品的再制造升级性决定着再制造升级的便利性和效益，并在很大程度上决定着再制造升级的成败。尤其是产品的可再制造升级性设计与升级实现居于产品寿命周期的不同过程，期间存在着较大的时间差，并且由于技术发展预测的模糊性，导致了产品可升级性设计存在着较大的难度。产品的再制造升级性设计技术方法主要包括产品的模块化设计、标准化设计、材料可修复性设计、结构可变性设计、可拆解性设计、易分类性设计、可清洗性设计、易运输性设计、功能预测性设计、绿色设计等，具体内容见表2-2。

表2-2　产品的再制造升级性设计技术方法和内容

技术方法	内容
模块化设计	增加功能化的模块分割，便于在升级时通过增加新的功能模块或者替换老模块来快速提升产品性能
标准化设计	增加产品的标准化零部件使用率，便于在再制造升级时可以直接采购标准件对损坏零件进行替换，减少再制造升级费用
材料可修复性设计	要根据产品的使役环境和条件，预测产品材料表面或结构可能出现的损伤，提前设计可行的修复方案，对于无法进行修复的，要通过材料更换或结构改变来达到可修复的目的，提升再制造升级时的旧件利用率
结构可变性设计	提前预测产品的未来功能需求，在结构中预留可拆改接口，为未来的功能变换预留结构位置空间
可拆解性设计	科学设计产品的连接方式、接头数量、拆解序列，减少拆解过程中的零部件破损，增加零部件的可利用率
易分类性设计	增强零件或材料的分类标识，使得易于在产品升级前功能预检及拆解后易于对其零部件实现分类，包括进行易于分类的材料设计、颜色设计、形状设计等
可清洗性设计	科学设计零件的结构和表面，减少不易清洗的表面，避免采用清洗液可以造成损伤的材料，提高清洗的效益和环保性
易运输性设计	减少产品运输过程中的存贮空间，避免出现运输过程中不可拆解的易损突出部位，降低运输过程中产品的碰撞损伤概率及运输费用
功能预测性设计	科学预测产品的功能发展趋势，预置未来的功能配属区位，增强产品的未来功能可预测性设计，提前预留功能发展空间
绿色设计	升级性设计是绿色设计的重要组成部分，因此还要考虑绿色设计中的材料环保性设计、材料节约性设计、环境友好性设计等
……	……

2.2.4　再制造升级规划技术

再制造升级规划技术主要是指在旧品实施再制造升级前，根据产品的实际物理属性、产品功能需求、技术发展环境，来综合评价并规划采用的可行的最优再制造升级实施策略，并对其生产过程中的保障资源、岗位需求、生产目标等进行规划，以便达到效益最大化。

再制造升级规划技术是科学再制造升级实施的前提，直接决定着再制造升级的工艺过程、再制造升级产品性能及再制造升级综合效益。再制造升级规划技术方法主要包括再制造升级实施方案规划、再制造升级保障资源规划、再制造升级实现目标预测、再制造升级实施岗位规划、再制造升级影响要素分析等内容，具体内容见表2-3。

表 2-3 产品再制造升级规划技术方法和内容

技术方法	内容
升级实施方案规划	明确再制造升级具体实施方案中的技术途径及工艺过程，制订可行的工艺生产过程文件，并确定相关的质量检测控制标准
升级保障资源规划	明确再制造生产过程中的再制造保障设备需求与配置规划，制订备件保障策略和科学的生产物流供应体系，提高升级执行效率
升级目标预测	根据产品功能、技术发展、生产设备及经费使用等情况，来综合制订产品通过再制造升级达到的可实现目标，科学指导再制造生产
升级实施岗位规划	根据升级实施工艺规范和实现目标，科学规划再制造升级的人员岗位需求，为升级方案提供决策依据
升级影响要素分析	分析再制造升级过程中的环境因素、人员因素、设备因素、工具因素、时间因素、经济因素等
……	……

2.2.5 再制造升级工艺技术

再制造升级工艺技术主要是实施完成产品的再制造升级加工过程所采用的所有工艺和技术方法，它是实现产品再制造升级的本质过程，包括在旧品再制造生产中的拆解、清洗、加工及装配等工艺过程。

再制造升级工艺技术是实现再制造升级的具体过程保证，是直接决定再制造升级产品质量目标的最关键内容。其主要包括拆解技术、清洗技术、机械加工技术、表面工程技术、装配技术、涂装技术等，具体内容见表 2-4。

表 2-4 再制造升级工艺技术和内容

技术方法	内容
拆解技术	实现产品的最佳拆解路径及无损拆解方法，进而高质量获取产品零部件，为旧品再制造升级提供必要的基础和质量保证
清洗技术	采用机械、物理、化学和电化学等方法清除产品或零部件表面的各种污物（灰尘、油污、水垢、积炭、旧漆层和腐蚀层等）的技术方法。旧品及其零部件表面的清洗对零部件表面形状及性能鉴定的准确性、再制造产品质量和再制造产品使用寿命均具有重要影响
机械加工技术	恢复有再制造价值的损伤失效零件的几何参数和机械性能，采用的技术方法包括表面工程技术和机械加工，也包括对结构进行必要的改造加工，满足模块重组要求
表面工程技术	主要研究材料表面和界面的特征、性能及改性过程和相应的方法，主要是利用各种物理、化学或机械的工艺过程改变基体材料表面状态、化学成分、组织结构或形成特殊的表面覆层，优化材料表面，达到无须整体改变材质而能获得原基体材料所不具备的某些特殊性能，可在产品再制造升级中用于高性能恢复操作零件的尺寸精度，提高耐腐蚀性能，改善摩擦学性能，提高零件抗疲劳性能等，提升产品自身性能
装配技术	在再制造装配过程中，为保证再制造装配质量和装配精度而采取的技术措施。再制造装配中要通过调整来保证零部件的传动精度，如间隙、行程、接触面积等工作关系，通过校正来保证零部件的位置精度，如同轴度、垂直度、平行度、平面度、中心距等
涂装技术	对综合质量检测合格的再制造产品进行涂漆和包装的技术措施和方法，主要内容包括：一是将涂料涂敷于再制造产品裸露零部件表面形成具有防腐、装饰或其他特殊功能的涂层；二是为在流通过程中保护产品、方便储运、促进销售而按一定技术方法采用容器、材料及其他辅助物等对再制造产品进行的绿色包装；三是印刷再制造产品使用标志、使用说明书及质保单等产品附件，完善再制造产品的售后服务质量
……	……

2.2.6 再制造升级质量控制技术

再制造升级质量控制技术主要是指面向再制造升级全过程来保证并检测再制造升级产品质量的所有方法和技术。再制造升级质量控制技术面向于产品再制造升级的全过程，全面保证再制造升级产品的质量，其主要包括零件检测技术、寿命评估与预测技术、整机试验技术等，具体内容见表2-5。

表2-5 再制造升级质量控制技术方法和内容

技术方法	内容
零件检测技术	对零件几何参数和力学性能的鉴定以及零件缺陷和剩余寿命的无损检测与评估，直接影响产品的再制造质量、再制造成本、再制造时间以及再制造后产品的使用寿命。对拆解后的老旧零部件进行检测是为了准确地掌握零部件的技术状况，根据技术标准分出可直接利用件、可再制造恢复件和报废件
寿命评估与预测技术	对再制造旧件进行的剩余寿命评估和对再制造加工后零件的寿命预测。对老旧件的剩余寿命进行评估与预测是保证再制造产品高质量使役的重要基础。寿命评估与预测的任务是研究材料的性能退化、破坏与失效机理；研究检测材料失效的方法与评定材料失效的判据，估算结构的安全使役寿命；提出对产品零部件进行再制造维修、关键部件材料性能改良及延长寿命的可行方法
整机试验技术	重要机械产品经过再制造后，投入正常使用之前必须进行整机试验，保证能够及时发现再制造加工及装配中的缺陷，及时加以排除；改善配合零件的表面质量，使其能承受额定的载荷；减少初始阶段的磨损量，保证正常的配合关系，延长产品的使用寿命；在整机试验中调整各机构，使零部件之间相互协调工作。整机试验是提高再制造质量、避免早期故障、延长产品使用寿命的有效途径。例如，再制造发动机装配后，均要进行整机的磨合试验
……	……

2.2.7 再制造升级评估监控技术层

再制造升级评估监控技术层是面向再制造升级全域而进行的信息采集与评估，并进行再制造升级方案的评价与优化，提高再制造升级效率。其主要包括再制造升级评估技术、再制造升级设计技术、再制造升级信息决策技术、再制造升级管理技术等，具体内容见表2-6。

表2-6 再制造升级评估技术方法和内容

技术方法	内容
再制造升级评估技术	根据产品本身的性能现状和对产品的性能发展需求，在费用、结构、技术、政策等多约束条件下，通过多种论证评价方法和仿真等技术手段，来实现产品再制造方案和技术手段的科学决策。产品再制造升级论证与评价是科学开展产品再制造升级的前提，也是形成科学方案的基础，但目前在该领域尚没有开展系统的研究工作，将成为今后的重点发展技术
再制造升级设计技术	指面向再制造升级全过程，对再制造性、再制造保障资源、再制造方案、再制造物流、再制造管理及再制造信息等进行的综合系统设计，形成最优化的再制造升级系统工程
再制造升级信息决策技术	指面向再制造升级全域过程进行相关信息的搜集、整理、分析等，进行有效信息挖掘，对再制造升级的各项评估、预测、管理、决策提供直接的信息支持
再制造升级管理技术	以提升再制造升级过程效益为目标，面向再制造升级的所有过程内容要素进行经济、资源、物流相关分析管理，科学实施再制造升级工程
……	……

2.2.8　再制造升级支撑技术层

再制造升级支撑技术层主要是指对再制造升级完成实施提供的支撑技术保证，能够显著促进再制造升级效益。其主要包括信息技术、先进制造技术、材料技术、微电子技术等，具体内容见表2-7。

表2-7　再制造升级支撑技术方法和内容

技术方法	内容
信息技术	能够完成信息的获取、传递、处理、再生和应用等功能的各种技术的统称，是应用计算机科学和通信技术来设计、开发、安装和实施信息系统及应用软件，也常被称为信息和通信技术，主要包括传感技术、计算机技术和通信技术。信息技术是产品再制造升级其信息化作战能力的关键支撑技术，是一种具有革命意义的升级措施
先进制造技术	是当代信息技术、综合自动化技术、现代企业管理技术和制造技术的有机结合，是传统制造技术不断吸收机械、电子、信息、材料、能源以及现代管理等高技术成果，将其优化集成应用于制造全过程，从而实现优质、高效、低耗、清洁、精益、敏捷地生产产品，取得理想经济效益和社会效益的制造技术
材料技术	是按照人的意志，通过物理研究、材料设计、材料加工、试验评价等一系列研究过程，创造出能满足各种需要的新型材料的技术。产品的材料技术涉及功能材料、结构材料、含能材料以及新兴的纳米材料、生物材料、超导材料等领域，对促进产品再制造升级具有关键支撑作用。新材料技术在产品升级和发展上作用重大
微电子技术	是实现电子电路与系统超小型化和微型化过程中形成和逐步发展起来的一门综合性技术。它包括系统和电路设计、器件物理、材料制备、微精细加工、自动测试、封装和组装等一系列专门技术。其核心是集成电路技术。微电子技术是支持产品发展的基础技术和重要支柱，也是产品再制造升级中提升产品功能的重要技术支撑
……	……

2.3　面向产品多寿命周期的再制造升级体系理论

2.3.1　基于再制造的产品多寿命周期

多寿命周期的提出和研究始于20世纪80年代，随着可持续发展的提出而逐渐得到发展，但目前尚没有明确的概念。陈庄等人将产品多寿命周期描述为：从产品多寿命周期的时间范围内来综合考虑环境影响、资源综合利用和产品寿命问题的有关理论和工程技术的总称，其目标为在产品多寿命周期时间范围内，使产品使役时间最长，对环境的负影响最小，资源综合利用率最高[5,6]。

基于再制造的产品多寿命周期的理解是：制造使役的产品达到物理或技术寿命后，通过再制造或升级生成性能不低于原品的再制造品，实现再制造产品或其零部件的高阶循环使役使用，直至达到完全的物理报废为止所经历的全部时间。产品多寿命周期既包括对产品整体的多寿命周期使用，也包括对其零部件的多周期使用。多寿命周期中的再制造产品要求含有原产品零件的比率不低于2/3。基于再制造的产品多寿命周期使役时间为[7]

$$L = T + \sum_{i=1}^{n} T_i$$

式中　L——多寿命周期总时间；

T——制造后产品的第一次寿命时间；

n——可再制造的次数；

T_i——第 i 个再制造产品的使用时间。

产品的多寿命周期不是简单的原性能产品的重复制造，而是要不断地提升产品的性能，实现产品寿命和性能的"新生"，使得通过再制造形成的产品既来源于原产品，也在性能上优于原产品，只有如此，才能满足产品在不同时间、空间中的可持续发展使用要求，因此，再制造升级是实现产品高品质多寿命周期使用的最佳途径和方法。

2.3.2 产品多寿命周期的再制造升级内容

产品再制造升级贯穿于产品多寿命周期的各个过程，具有重要的地位和作用，并在各个阶段都具有可操作的工作内容。根据产品多寿命周期过程，并综合考虑再制造升级的作用任务，可以列出在产品多寿命周期过程中的再制造升级工作，如图 2-7 所示。由图可知，从产品第 1 次寿命周期的论证阶段、方案阶段、研制阶段、生产阶段、使用阶段到退役阶段，都包含着再制造升级的工作内容，也正是这些再制造升级内容的考虑和使用，才实现了产品的第 2 次、…、第 n 次的多寿命周期使用。在面向产品全寿命周期的全域阶段，开展不同阶段的再制造升级活动时，均采用不同的技术内容及理论与工程支撑，且各个寿命周期内所采用的技术内容方法和工程实现思想基本相同。因此，构建基于多次寿命周期的产品再制造升级的技术内容及理论体系，明确其不同的支撑、保障与实现技术内容，建立相应的实施工具手段，对于开展产品的再制造升级工作具有重要意义。

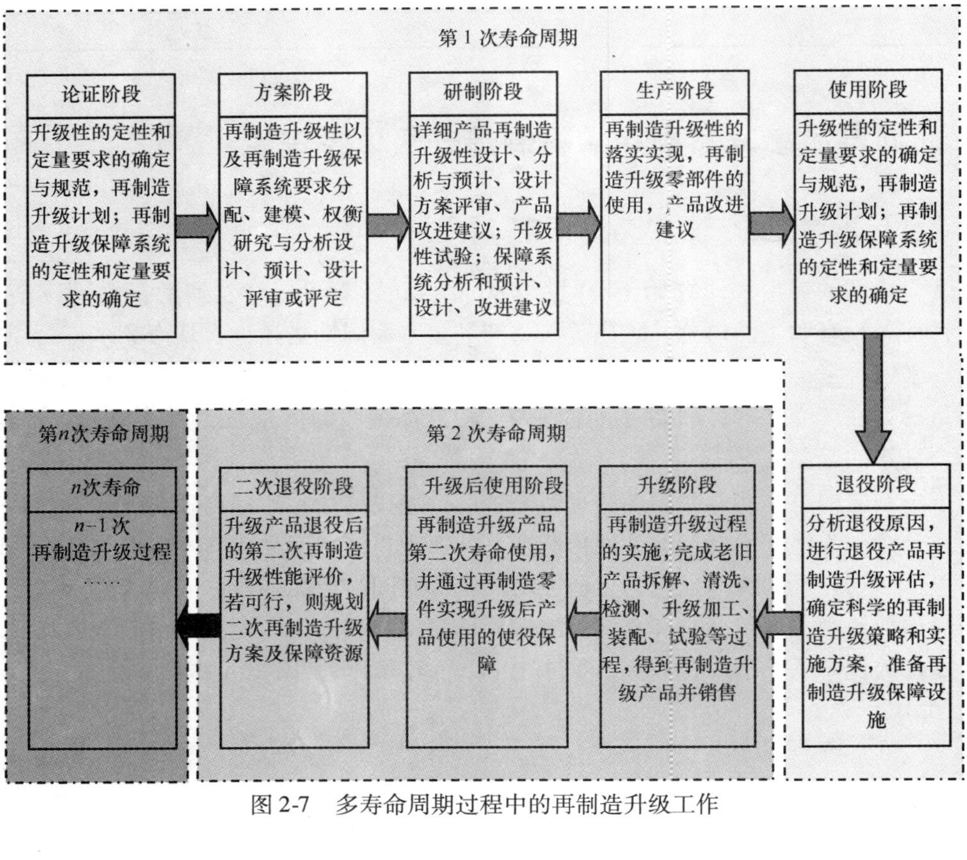

图 2-7　多寿命周期过程中的再制造升级工作

由图 2-7 可知，再制造升级工作可以实现产品的多寿命周期，而且其工作内容遍及多寿命周期的各个过程。例如，在其第一次寿命周期中，在论证设计阶段，要考虑其在功能落后时的升级性，进行相应的模块化、标准化或结构设计，提升其升级时的便利性；在生产制造时，要根据其升级性设计要求进行生产落实，保证其升级性能；在使用过程中，要进行升级性的维持与巩固，并根据技术发展和功能需求，实时进行再制造升级实施建议，并进行再制造升级方案的初步确定及保障资源的论证；在退役阶段，进行再制造升级性评价，科学确定再制造升级方案，正确配置再制造升级资源，开展再制造升级工作，生成性能显著提升的再制造升级产品，进入产品的第二个寿命周期。如此循环，将可以实现产品的多寿命升级循环，不断满足不同时期对产品功能的新需要。

2.3.3　面向多寿命周期的再制造升级体系理论

根据产品再制造升级的全域工作内容和再制造升级技术内容，参考再制造升级的工程实施，可进一步构建再制造升级工程的理论与技术系统框图，如图 2-8 所示。再制造升级的理论系统框架包括基础理论模块、工程技术模块和应用工具模块。

如图 2-8 所示，再制造升级的理论与技术系统包括基础理论层、工程技术层和应用工具层，其中理论是升级的基础，工程技术是升级的实现方式，应用工具是支持手段，三部分以第二部分所描述的工程技术内容为升级实现的核心，向基础部分拓展为基础理论模块，向工程部分拓展表现为升级的应用工具模块，同时三者又相互补充、完善、支撑。

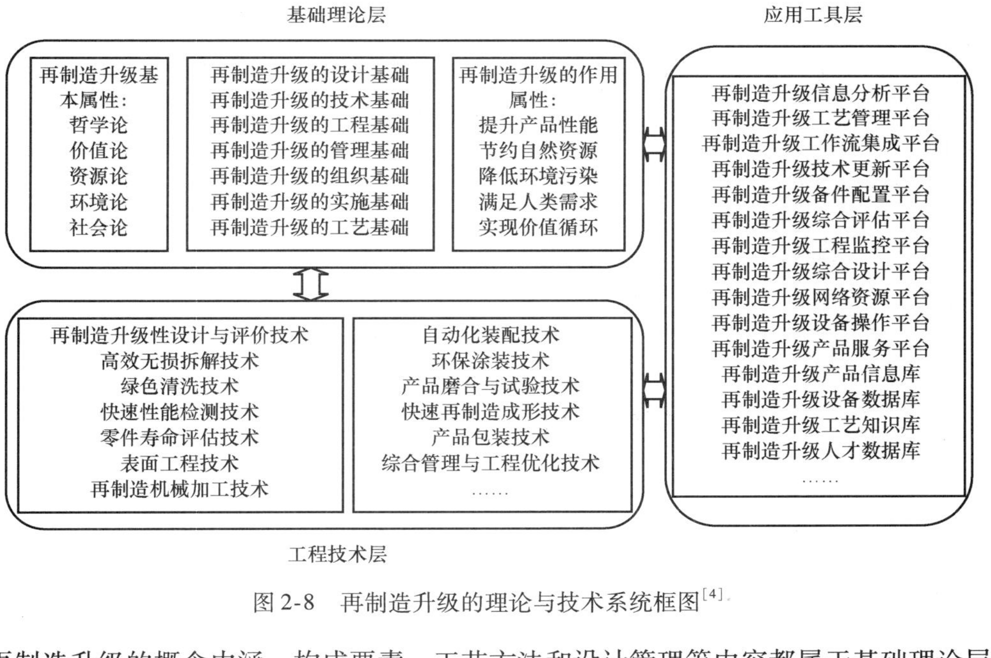

图 2-8　再制造升级的理论与技术系统框图[4]

再制造升级的概念内涵、构成要素、工艺方法和设计管理等内容都属于基础理论层，它为工程技术层和应用工具层提供再制造升级的发展观和属性支持。

工程技术层主要研究再制造升级的支撑技术，这些技术大致可分为三类：支持再制造升级性设计的再制造升级性设计与评价技术、支持再制造工艺流程的再制造升级加工技术、支持再制造升级优化应用的综合评价管理技术。第一类以新产品再制造升级性的设计与验证为研究内容，包括再制造升级性的设计方案论证、指标分配、指标拆解、试验应用等相关内容；第二类以再制造升级的具体工程加工应用实现为研究内容，包括拆解、清洗、分类、加工、装配、涂装、试验、质量控制等相关内容；第三类是面向再制造升级全域的再制造升级管理与评估技术，以实现再制造升级的全域优化为目标，主要包括再制造升级保障资源优化、信息管理、售后服务、物流管理等相关内容。

应用工具层包括了实施再制造升级所需要的支持工具，其核心是各种资源平台、软件平台和数据信息库，包括再制造升级信息分析平台、工艺管理平台、工作流集成平台、技术更新平台、备件配置平台、综合评估平台、工程监控平台、综合设计平台、网络资源平台、设备操作平台、产品服务平台、产品信息库、设备数据库、工艺知识库、人才数据库等内容。这些平台和数据库是再制造升级理论与工程技术实际应用的有机结合，是提高再制造升级效益的有效措施。

目前在再制造技术及其应用方面开展了一定的研究，并在工程实践中开展了多类产品的再制造升级实践。但作为一个工程系统，再制造升级在发展特有技术体系的同时，还必须融合先进的信息科学、管理科学和社会科学的内容，来进一步推动再制造升级的系统化、科学化和实用化发展，提升再制造升级效益。

参考文献

[1] 朱胜，姚巨坤，王晓明. 面向装备全寿命周期的维修发展新特点及技术体系 [J]. 装甲兵工程学院学报，2012，26 (6)：1-5.

[2] 徐滨士，等. 再制造技术与应用 [M]. 北京：化学工业出版社，2015.

[3] 朱胜，姚巨坤. 装备再制造升级及其工程技术体系 [J]. 装甲兵工程学院学报，2011，25 (6)：67-70.

[4] 姚巨坤，朱胜，崔培枝，等. 面向多寿命周期的全域再制造升级系统 [J]. 中国表面工程，2015，28 (5)：129-135.

[5] 陈庄，刘飞，陈晓慧. 基于绿色制造的产品多生命周期工程 [J]. 中国机械工程，1999，10 (2)：233-235.

[6] 陈庄，刘永梅. 产品多生命周期工程——背景、现状和展望 [J]. 重庆工学院学报，2000，14 (1)：1-6.

[7] 朱胜，姚巨坤. 基于再制造的装备多寿命周期工程 [J]. 装甲兵工程学院学报，2009，23 (4)：1-5.

第3章

再制造升级实施模式

在正确认识再制造升级体系理论的基础上，需要进一步按照系统论的观点提出再制造升级系统的实施内容、工作模式、方案决策等内容，分析建立再制造升级系统的实施策略，支持再制造升级的实施开展。

3.1 再制造升级系统实施分析

3.1.1 再制造升级系统及其类型

1. 再制造升级系统

再制造升级系统是指在各种内外部环境约束下，再制造升级过程所涉及的人力、毛坯、物料、能源、设备、费用等各种资源，以及对这些资源的科学管理、优化决策和工程实施中所涉及的各种要素结合而成、具有特定功能的综合体。再制造升级系统能够满足旧品与部分新的材料和零部件的有机组合，及其在组合过程中的功能增加、替换、消减，直至生成新的再制造升级产品。再制造升级系统的概念涵盖了再制造升级需求论证、旧品获取、再制造升级实施、再制造升级产品使役的整个周期过程的所有活动资源。

从原理和方法视角，再制造升级系统在系统构成、管理、控制等方面均具有一般生产物流系统的一些共同特征，例如其生产过程都是以人、物、设备、资金、技术以及信息为资源，生产出具有实用价值的产品，提高产品附加价值的交换过程。所不同的是，再制造升级系统是加工和处理性能落后产品（可以是报废的、也可以是使用中无法满足新需求的使役产品），而产出优于原产品性能或功能的产品。

2. 再制造升级类型

根据再制造升级的特点，可以将再制造升级分为以下四种类型：

1）功能型再制造升级，即通过添加新模块或替换旧的模块，来增加升级后产品的功能，这是当前再制造升级的主要方式，是主要针对技术功能发展较快的产品采取的再制造方式，例如美军“阿帕奇”武装直升机的再制造升级，显著增强了攻击能力。

2）性能型再制造升级，即通过采用材料处理、结构改造等方式，来增强原产品可靠性，或者延长产品的寿命，增强产品的使用精度等，提高产品的使用性能，主要针对达到物理寿命的产品，例如通过先进表面技术在再制造中的综合运用，使再制造升级后的发动机寿命达到原来的2倍。

3）改造型再制造升级，即通过结构改造、模块增减等再制造升级技术手段，来实现再制造升级产品应用领域和功能的变化，主要针对性能或功能升级后市场需求欠缺的旧品，例如将汽油发动机通过再制造改为燃气发动机。

4）综合型再制造升级，即在再制造升级过程中，既包括了新模块的增加来提升功能，又包括了通过材料处理及结构改造来提升产品的使用性能（如可靠性等），此类型主要针对对功能和性能均有需求的旧品，如老旧机床的数控化再制造。

3.1.2 再制造升级作业方式

1. 再制造升级方式

因为产品再制造升级所加工的对象是具有固定结构的旧品，对其升级加工相对新产品研制来说具有更大的约束度，所以对技术要求更高。通常产品再制造升级所采用的方式主要有以下四类：

1）以采用最新功能模块替换旧模块为特点的替换法。主要是直接用最新产品上安装的信息化功能新模块替换旧品中的旧模块，用于提高再制造后产品的信息化功能，满足当前对产品的信息化功能要求。

2）以局部结构改造为特点的改造法。主要用于增加产品新的信息化功能以满足功能要求。

3）以直接增加新模块为特点的嵌入法。主要是通过嵌入新的功能模块来增加产品的新功能。

4）以重新设计为特点的重构法。主要是以最新产品的多种功能化要求和特点出发，重新设计出再制造后的产品结构及性能标准，综合优化产品再制造升级方案，使得再制造后产品的性能接近或超过当前新产品。

2. 再制造升级作业

再制造升级实施可以参考再制造的实施流程，主要在再制造的基础流程上增加了结构改造、功能升级、零件强化等具体升级工作内容。旧品在确定再制造升级方案并被送达升级场地后，一般可按图3-1所示步骤执行产品再制造升级任务，主要流程如下：

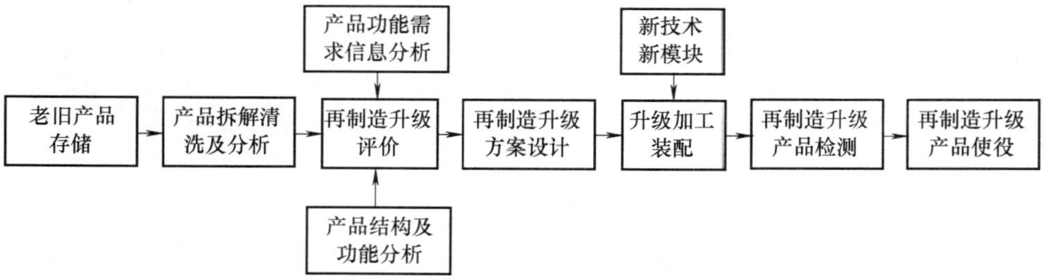

图3-1 再制造升级任务执行步骤[1,2]

1）首先需要进行产品的完全分解并对零部件工况进行分析。

2）综合新产品市场需求信息和新产品结构及信息化情况等信息，明确再制造后产品的性能要求，对本产品的信息化再制造升级可行性进行评估。

3）对适合信息化再制造升级的产品进行工艺方案设计，确定具体升级方案，明确需要增加的信息化功能模块。

4）依据方案，采用相关高新技术进行产品的再制造升级加工，包括对零部件强化、结构改造、模块替换，按设计方案增加新的功能，并对加工后的产品进行装配。

5）对再制造升级后的产品进行性能和功能的综合检测，保证产品质量。

6）再制造升级后的产品投入市场进行更高层次的使用。

3.1.3 再制造升级系统的循环流

再制造升级是一个将旧品变成再制造升级产品的过程，也是一个实现产品性能提升、投入资金增值、资源环境友好的过程，再制造升级系统全过程的循环流模式如图3-2所示。

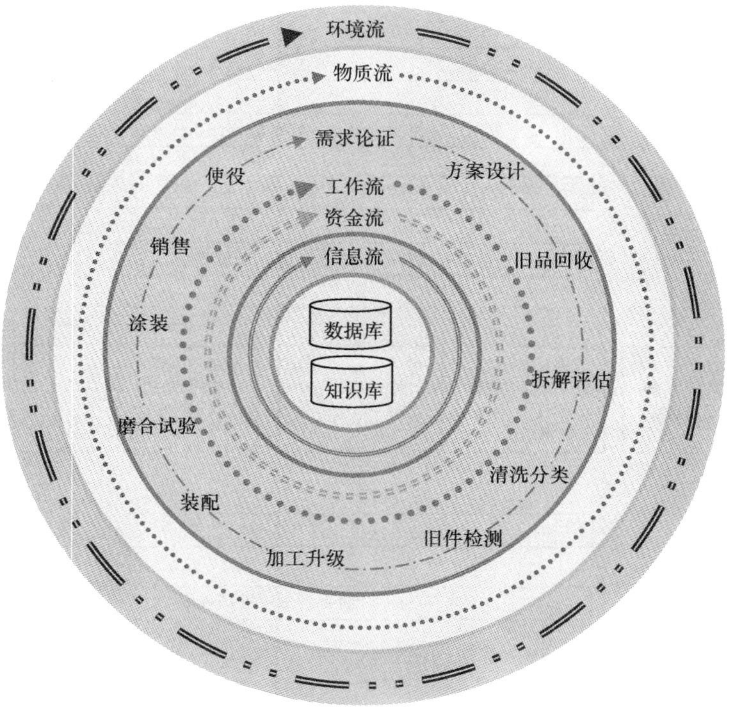

图3-2 再制造升级全过程的循环流模式

由图3-2可知，信息流是再制造升级系统生产决策的核心，信息流的通畅与否是再制造升级企业成功开展批量化再制造升级生产的关键，正确分析产品再制造升级工作流正是为了正确理解和管理各种再制造升级信息。除此之外，再制造升级系统在整个实施周期中不断与外界发生材料和能源的交互，利用各种资源，包括旧品、原材料、空气、水、土壤，同时不断向环境输出再制造升级产品、各种气体、液体和固体排放物。利用上述背景，可以进一步针对具体产品开展再制造升级系统需求分析，建立再制造升级的总体实施模型，并对再制造升级需求进行分析评价，完善再制造升级工作流模型，指导再制造升级工作的组织实施。

3.1.4 基于作业的再制造升级工作流

1. 再制造升级工作流分析规程

根据再制造升级的总流程，为了便于审查再制造升级工作流分析信息，可以建立图3-3

所示的再制造升级工作流分析规程。再制造升级的工作流分析规划相对传统再制造方式具有更复杂的特点，主要表现在对产品升级目标的确定，对产品升级功能模块的优化抉择，以及新模块与原结构或性能的协调融合设计等，需要在传统的恢复性再制造工艺上增加更多的工作规划。

按图 3-3 所示开展再制造升级工作流分析规划后，可以规划完成再制造升级工作所需的全部保障资源，包括人员、设备、备件类型和数量。通过累加各再制造工序所做的再制造升级工作时间和费用，分析确定出批量化退役产品再制造升级所需的时间和费用，优化每一工序上完成再制造升级工作所需的人员数量、技术水平、费用需求、保障设备。再制造升级工作流分析规划是确定并优化保障资源和要求的有效方法。

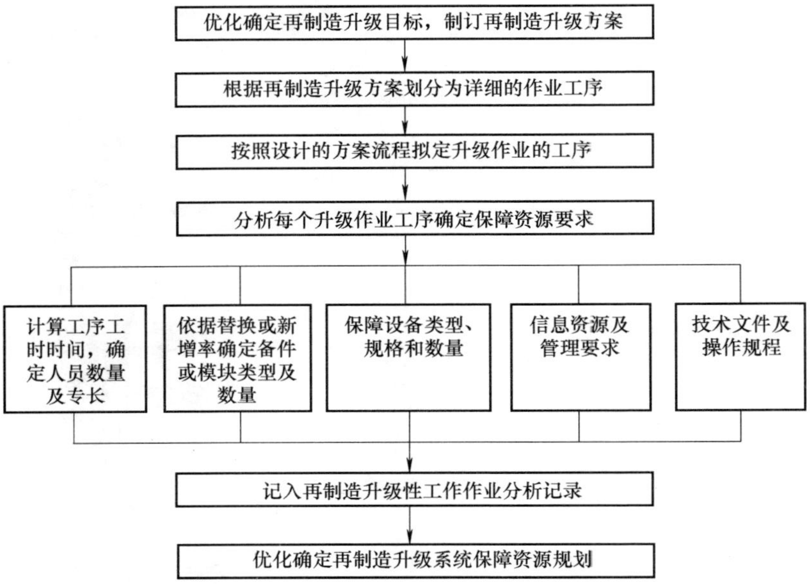

图 3-3　再制造升级工作流分析规程[3]

2. 基于作业的再制造升级工作流分析内容

产品再制造升级工作流分析是在产品再制造前，基于再制造作业步骤，对再制造工作内容进行科学确定优化，并详细分解确定各项再制造升级保障资源要求的过程。因此，产品再制造升级工作流分析是开展再制造升级及确定再制造升级系统资源的基础，也可以为再制造升级效益评估预测提供依据。

（1）再制造升级作业工作流　由于用于再制造升级的产品多数因时间、环境、地点等因素而具有非常明显的个体性，每批产品的使用条件都不相同，而且再制造升级的目的也存在差异，因此，需要对再制造升级的每项工作任务进行分析，制定相应的文件，协调多方面的工作，所以再制造升级工作流分析是一个繁琐而复杂的过程。产品再制造升级工作流分析，需要在确定再制造升级目标的基础上，将再制造升级工作划分为一系列的再制造作业，并进一步划分为可执行的再制造工序，图 3-4 所示是再制造升级所包含的工作流。

（2）再制造升级工作流内容　再制造升级是再制造的重要组成部分，其大部分工作是与再制造通用的部分，主要的不同是在处理的质量上要求更高，在新模块添加时需要进行系统结构或功能融合的重新设计，避免新增功能对产品的整体造成影响。总体上来看，再制造升级工作流应包含的内容有以下几个方面。

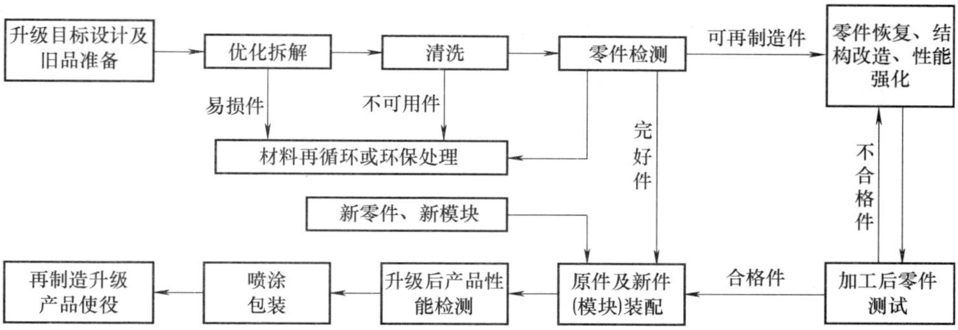

图 3-4 基于作业的再制造升级工作流

1）升级目标设计及旧品准备。根据旧品的个性进行升级目标的确定，并进行整体方案的设计及升级后系统性能的融合性评估，优化确定系统升级工艺方案；进行待升级产品的准备，保证旧品具备升级的基础品质。

2）优化拆解。根据升级目标要求，进行外观的清洗，并在拆解中优化拆解方法，对于易损件和功能落后件，必要时可以采用破坏性拆解。再制造升级拆解一般要求按照规定的拆解序列拆解到零件级水平，对于废弃的零件直接进入再循环或环保处理程序，并进行登记后为新备件储备提供规划。

3）零件清洗。将拆解后的零件根据其形状、材料、清洗要求等分类后，选择一定的清洗设备及方案，除去零件表面的油脂污垢，使工件表面达到要求的清洁度。对于清洗中进一步发现的具备不可修复缺陷的零件，直接进入材料再循环或环保处理。

4）零件检验。根据合格零部件质量标准，按需进行几何精度、表面质量、力学性能、内部缺陷、重量与平衡等方面的检测，达到合格件质量要求的进行储备待用，需进行再制造加工的进入再制造加工程序，并分为可直接利用、需要再制造加工或报废淘汰三类零件。

5）零件分类。指对检测后的零件进行整理，分别进行库存、再制造加工等分类。

6）零件的加工恢复或升级。指采用先进的工艺技术将零部件恢复或升级到规定质量标准的过程。常用的方法包括恢复尺寸法、尺寸修理法、附加零件法、改造升级法等，常采用表面技术、机械加工技术等。

7）结构的优化改造或模块替换。根据性能需求的再制造升级设计结果，进行必要的结构改造，或者用新功能模块替换旧模块。

8）零件测试。指对再制造升级加工后的零件进行测试，符合技术标准的可以用于再制造升级装配程序，否则需要重新进行再制造加工或者报废处理。

9）装配。指将达到标准的再制造件、直接利用件、替换件和新功能模块按照规定标准装配成再制造升级产品的过程。在选择零件进行装配时要保证零件间的相对运动精度、相互位置精度及密封性、清洁度和调整要求等，同时要提高配合表面间的配合质量和接触质量。

10）整机测试。指参照新品标准，对再制造升级产品进行整体性能测试，检查总装配的质量并局部调整。

11）涂装。指对产品本身的外观包装，如对外裸件进行喷漆，制订产品说明书、质保书，标示环保产品标志，制订包装盒等。

12）销售及售后服务。指使质量合格的再制造升级产品重新进入用户使用周期，并对再制造升级产品进行售后维护的过程。

（3）再制造升级工作流资源确定　针对基于作业的再制造升级工作流，因再制造升级的目标或者情况不同，所采用的再制造升级技术工艺和具体方法也不相同。要根据需要开展具体的再制造升级工作分析与设计，逐项确定以下内容：

1）设计确定再制造升级工作类型并明确再制造升级后产品的性能指标要求。

2）为实施再制造升级所需要的步骤以及相应的再制造升级要求。

3）确定再制造升级工作的完成顺序，并对技术细节加以详细说明。

4）完成每项工作所需要的人员数量、专长和技术等级。

5）完成每项再制造升级工作所需的信息资源。

6）按要求顺序完成再制造升级工作所需的材料、保障设备和测试设备及设施。

7）完成再制造升级工作所需要的新品件和消耗器材。

8）完成每项工作的时间预测和完成某系统再制造升级工作的总时间。

9）完成每项工作的费用预测和完成某系统再制造升级工作的总费用。

10）根据确定的再制造升级工作和人员的要求，确定培训要求和培训方式。

11）确定在节约再制造升级费用、最佳利用旧品资源及提高再制造升级产品性能等方面起优化和简化作用的工作，提出改进系统设计的建议并提供有效数据。

3.2　再制造升级系统实施建模及目标评价

3.2.1　再制造升级实施模式规划

1. 再制造升级实施的指导方针

再制造升级涉及面广，实施过程十分复杂，且相对投入也比较大，它的应用实施是一个多因素的系统工程。实施再制造升级可以采取“需求牵引，技术推动；总体规划，效益驱动；分步实施，重点突破”的指导方针。

“需求牵引，技术推动”指旧品的再制造升级需要有强的需求背景，既包括产品本身性能的提升需求，也包括社会上对产品的功能要求、资源要求和环境要求，例如减少因满足人类生活或生产而产生的资源消耗和环境污染的需求。在此基础上，还要考虑产品技术的推动作用，即要有实现产品再制造升级的技术，包括再制造技术和产品性能或功能的升级技术，使得再制造升级后的产品具有一定的先进性和前瞻性。

“总体规划，效益驱动”指根据再制造升级的产品功能需求，以及再制造升级技术或模块、资金保障、人员配置、实施的难易程度等制定出总体规划方案，明确实施的步骤顺序，设计再制造升级的保障环境。总体规划要以效益作为驱动力，既包括企业在再制造升级中所获得的效益，也包括用户所获得的效益和社会所获得的效益，以效益最大化为目标来进行再制造升级的规划。

“分步实施，重点突破”指在总体规划的基础上，再制造升级要根据产品不同功能的升级需求程度、升级资金能力和实现的难易程度，分步实施，稳妥地推进再制造升级的实施工作，例如可以先推进机床数控化再制造升级等成熟技术升级模块产品的再制造升级。在实施过程中，不断优化各工艺过程，重点突破对升级产品性能或效益具有重大影响的关键环节，来提高总体的再制造升级效益。

2. 实施模式的建立

再制造升级实施模式是在再制造升级运行模式总体框架的基础上，结合产品具体的工况属性和需求问题，制订的产品再制造升级实施方案。再制造升级实施模式重在解决具体产品的再制造升级生产问题，其构建的主要流程如图 3-5 所示。

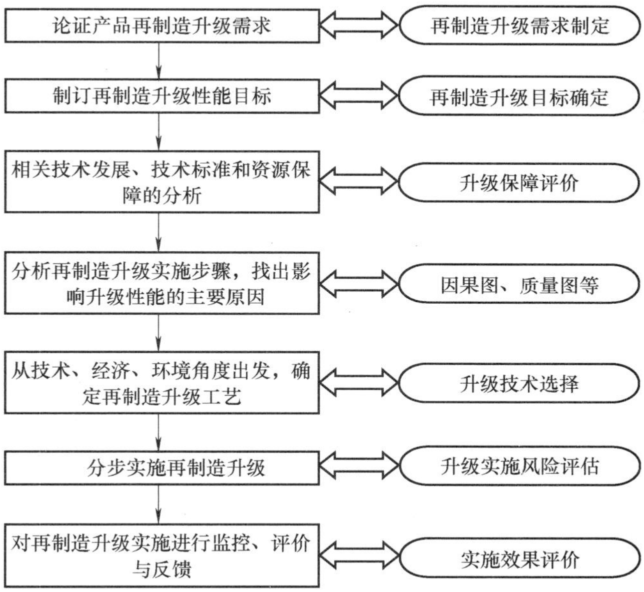

图 3-5　再制造升级实施模式构建的主要流程

1）论证产品再制造升级需求，一般指根据旧品退役特征及工况特点，论证对其进行技术发展的预测及需要，评估其升级的必要性，制定再制造升级需求。

2）制订再制造升级性能目标须结合产品需求、产品工况、技术发展特点、再制造升级保障情况及资源环境要求，制订切实可行的再制造升级产品所能达到的性能目标。

3）相关技术发展、技术标准和资源保障的分析，是指根据技术发展情况，研究制订技术实施方案的约束条件，从资源、人员、技术、设备、环境等方面综合评价再制造升级保障要素。

4）分析再制造升级实施步骤，找出影响升级性能的主要原因。可以从毛坯品质、模块性能、实施工艺、生产设备、人员水平和组织管理等方面入手分析。

5）从技术、经济、环境角度出发，确定再制造升级工艺。制订一系列再制造升级技术方案，并对再制造升级技术方案进行技术、经济和环境方面的分析，确定再制造升级方案的实施顺序。

6）分步实施再制造升级，逐步实现再制造升级产品的生成。

7）对再制造升级的实施进行监控、评价与反馈。

3.2.2 总体实施模型框架

在第2章所建立的再制造升级理论技术体系的基础上，借鉴李聪波、谷振宇等提出的绿色制造运行模式[4,5]，可以构建一种五层结构的再制造升级的总体实施模型框架，如图3-6所示。

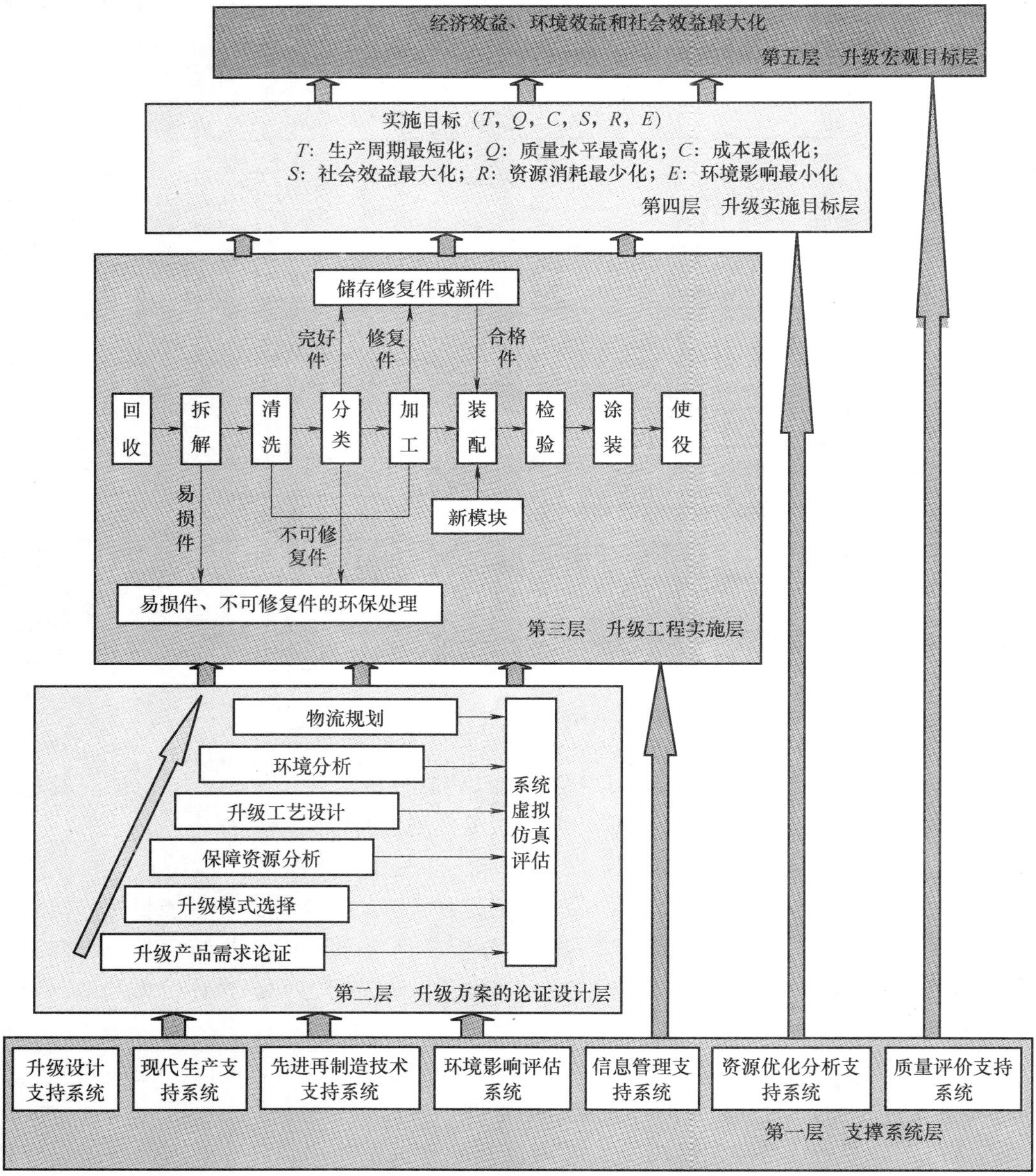

图3-6 再制造升级的总体实施模型框架

第一层是支撑系统层，包括再制造升级设计支持系统、现代生产支持系统、先进再制造技术支持系统、环境影响评估系统、信息管理支持系统、资源优化分析支持系统和质量评价支持系统等。

第二层是升级方案的论证设计层，主要包括再制造升级产品需求论证、升级模式选择、保障资源分析、升级工艺设计、环境分析、物流规划等。

第三层是升级工程实施层，主要包括原材料获取（含旧品毛坯、替换零部件和辅助材料等）、升级加工过程、产品装配、产品包装、产品使用等。实际上，产品升级性设计也是包含在产品寿命周期主线中的，产品整个再制造升级周期的绩效在很大程度上是由设计阶段决定的。

第四层是升级实施目标层，包括时间（Time，T）、质量（Quality，Q）、成本（Cost，C）、社会效益（Social benefit，S）、资源消耗（Resource consumption，R）和环境影响（Environmental impact，E）六大目标。实施再制造升级要实现生产周期最短化、产品质量最高化、升级成本最低化、社会效益最大化、产品资源消耗最少化、产品对环境的负影响最小化。

第五层是升级宏观目标层，即再制造升级活动的经济效益、环境效益和社会效益协调最大化。

五层结构之间的关系层层递进，形成一个有机的综合整体。实施再制造升级首先要确定升级的战略目标，明确实施再制造升级的动力来自于产品的经济效益、企业的资源环境责任以及民众的生活质量提高需求，从经济、责任、效益等领域来促进再制造升级的实施。因此第五层升级宏观目标层是制造企业追求的战略目标，是可持续发展战略的直接体现。第四层是第五层战略目标的解析，即战略目标要通过具体的六大实施过程目标来实现。对于生产中的这六大实施过程目标还可以进一步细分，形成更为具体的指标体系，并通过第三层的工程实施层来保证。第三层体现了产品再制造升级的工程过程，即需要从再制造升级的各个升级工艺环节来考虑第四层的各个具体细节目标，以实现其战略目标和过程目标。第二层再制造升级方案设计过程是科学实现再制造升级实施过程的保障，其面向实施的各类要求，科学决策所采用的升级性设计方法、升级工艺方案、升级目标、升级效益等。第一层支撑系统层为整个再制造升级的实施提供技术支撑。体现了从源头上解决资源环境问题（Source Reduction）的思想，同时设计过程也要考虑第二层的战略目标和六个过程目标。可以说，第一层是支撑，第二层是决策，第三层是实施，第四层是目标，第五层是动力，最重要的是第三层，它是整个实施模式的具体实现载体。

3.2.3 实施过程目标层评价

宏观目标层是从总体上明确了再制造升级的发展目标，它要求再制造升级从单纯追求经济效益转变为追求经济效益和可持续发展效益的协调优化；升级实施过程目标是通过对各实施环节中的具体情况和实际问题进行分析，提出具体的实施目标；实施决策目标，组成了再制造升级规划、设计、运行的目标函数，用于在再制造升级的决策过程中提供量化的分析结果，从而为决策提供辅助技术支持。

相对于美国麻省理工学院 Chryssolouris 教授曾于 1992 年提出的制造决策属性的时间（Time，T）、质量（Quality，Q）、成本（Cost，C）、柔性（Flexibility，F）四面体模型[4]，结合再制造升级的核心是产品升级性能需求来满足资源、环境和社会需求这一特点，可增加修改为时间（T）、质量（Q）、成本（C）、社会（Society，S）、资源（Resource，R）、环境

(Environment，E）六评价因素，如图 3-7 所示。因此，该过程目标主要由“T-Q-C-S-R-E”等决策指标组成。即在进行再制造升级决策时追求的目标是：产品再制造生产周期（T）应尽可能短，产品升级后的质量水平（Q）应尽可能高，产品升级的成本（C）应尽可能低，再制造升级产品的社会效益（S）应尽可能大，再制造升级的资源消耗（R）应尽可能少，再制造升级对环境的影响（E）应尽可能小。这里的决策目标是从再制造升级系统全局的角度提出的，而不是局部的优化目标。这些目标集合只有处于一种整体最优化的状态，才可达到经济效益和资源环境效益协调优化的战略目标。

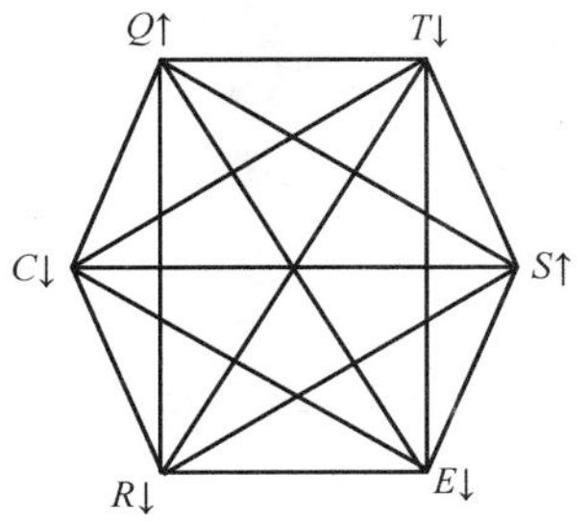

图 3-7　再制造升级实施的决策目标

为了便于根据实施决策目标对待决策的问题进行分析和决策，需建立决策问题、目标以及决策变量到决策目标映射关系的数学表达。参照文献[6]，基本分析过程如下。

1. 决策目标向量的构成

对前面所说的再制造升级的任一决策目标，一般情况下均包括复杂的组成部分，如质量问题包括可靠性 Q_1、信息化 Q_2、维修性 Q_3、…、安全性 Q_q 等。因此可将以上各目标看成是由各组成部分组成的向量，如 Q 可看成由 q 个 Q_i 组成即

$$\boldsymbol{Q}=(Q_1,Q_2,\cdots,Q_q) \tag{3-1}$$

同理，其他各目标可表示为

$$\boldsymbol{T}=(T_1,T_2,\cdots,T_t) \tag{3-2}$$

$$\boldsymbol{C}=(C_1,C_2,\cdots,C_c) \tag{3-3}$$

$$\boldsymbol{E}=(E_1,E_2,\cdots,E_e) \tag{3-4}$$

$$\boldsymbol{R}=(R_1,R_2,\cdots,R_r) \tag{3-5}$$

$$\boldsymbol{S}=(S_1,S_2,\cdots,S_s) \tag{3-6}$$

2. 决策问题向量的构成

一个决策问题可看作由若干类决策向量 $\boldsymbol{X}$、$\boldsymbol{Y}$、…组成；每一个决策向量 $\boldsymbol{X}$ 又包含若干个决策变量（$x_1,\cdots,x_k,\cdots,x_m$），于是整个决策问题的决策变量可用如下决策向量组描述

$$\begin{bmatrix}\boldsymbol{X}(x_1,x_2,\cdots,x_m)\\ \boldsymbol{Y}(y_1,y_2,\cdots,y_n)\\ \vdots\end{bmatrix} \tag{3-7}$$

3. 技术经济模型的构成

再制造升级决策问题中的决策变量大多与技术问题有关，而再制造升级中的决策目标 T、Q、C、E、R、S 主要与经济和资源问题有关。因此，可将联系决策变量和决策目标之间

的模型作为升级转换模型，即

$$\begin{bmatrix} T_i = T_i(\boldsymbol{X},\ \boldsymbol{Y},\ \cdots)\ i = 1 \sim t \\ Q_j = Q_j(\boldsymbol{X},\ \boldsymbol{Y},\ \cdots)\ j = 1 \sim q \\ C_k = C_k(\boldsymbol{X},\ \boldsymbol{Y},\ \cdots)\ k = 1 \sim c \\ E_l = E_l(\boldsymbol{X},\ \boldsymbol{Y},\ \cdots)\ l = 1 \sim e \\ R_m = R_m(\boldsymbol{X},\ \boldsymbol{Y},\ \cdots)\ m = 1 \sim r \\ S_n = S_n(\boldsymbol{X},\ \boldsymbol{Y},\ \cdots)\ n = 1 \sim s \end{bmatrix} \tag{3-8}$$

升级转换模型体现决策变量到决策目标的映射关系，如图3-8所示。

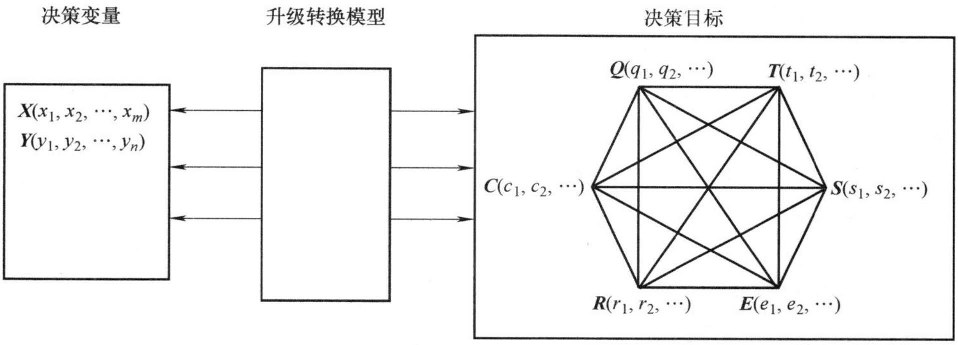

图3-8 再制造升级多目标决策模型

因此可建立再制造升级实施问题决策框架的数学表达如下

$$\text{已知：}\begin{bmatrix} \boldsymbol{T} = T_1,\ T_2,\ \cdots,\ T_t \\ \boldsymbol{Q} = Q_1,\ Q_2,\ \cdots,\ Q_q \\ \boldsymbol{C} = C_1,\ C_2,\ \cdots,\ C_c \\ \boldsymbol{R} = R_1,\ R_2,\ \cdots,\ R_r \\ \boldsymbol{E} = E_1,\ E_2,\ \cdots,\ E_e \\ \boldsymbol{S} = S_1,\ S_2,\ \cdots,\ S_k \end{bmatrix},\ \begin{bmatrix} T_i = T_i(\boldsymbol{X},\ \boldsymbol{Y},\ \cdots)\ i = 1 \sim t \\ Q_j = Q_j(\boldsymbol{X},\ \boldsymbol{Y},\ \cdots)\ j = 1 \sim q \\ C_k = C_k(\boldsymbol{X},\ \boldsymbol{Y},\ \cdots)\ k = 1 \sim c \\ E_l = E_l(\boldsymbol{X},\ \boldsymbol{Y},\ \cdots)\ l = 1 \sim e \\ R_m = R_m(\boldsymbol{X},\ \boldsymbol{Y},\ \cdots)\ m = 1 \sim r \\ S_n = S_n(\boldsymbol{X},\ \boldsymbol{Y},\ \cdots)\ n = 1 \sim s \end{bmatrix};$$

$$\text{求：}\begin{bmatrix} \boldsymbol{X}(x_1, x_2, \cdots, x_m) \\ \boldsymbol{Y}(y_1, y_2, \cdots, y_n) \\ \vdots \end{bmatrix}\quad \text{使得：}(\boldsymbol{T}, \boldsymbol{Q}, \boldsymbol{C}, \boldsymbol{E}, \boldsymbol{R}, \boldsymbol{S}) = \begin{bmatrix} \min \boldsymbol{T} = \boldsymbol{T}(\boldsymbol{X},\ \boldsymbol{Y},\ \cdots) \\ \max \boldsymbol{Q} = \boldsymbol{Q}(\boldsymbol{X},\ \boldsymbol{Y},\ \cdots) \\ \min \boldsymbol{C} = \boldsymbol{C}(\boldsymbol{X},\ \boldsymbol{Y},\ \cdots) \\ \min \boldsymbol{E} = \boldsymbol{E}(\boldsymbol{X},\ \boldsymbol{Y},\ \cdots) \\ \min \boldsymbol{R} = \boldsymbol{R}(\boldsymbol{X},\ \boldsymbol{Y},\ \cdots) \\ \max \boldsymbol{S} = \boldsymbol{S}(\boldsymbol{X},\ \boldsymbol{Y},\ \cdots) \end{bmatrix}$$

再制造升级实施问题决策框架组成了再制造升级规划、设计、运行的目标函数，由决策变量到决策目标映射的技术经济资源模型为再制造升级的科学化、系统化的评价和决策提供了依据和条件。六大决策目标既各自相互独立，又相互紧密联系，因此需要以系统的观点去看再制造升级的总体决策框架模型，从而把握再制造升级的主要特征和内在联系。再制造升级的总体决策框架模型可以在再制造升级的决策过程中提供量化的分析结果，从而为决策提供辅助技术支持。

对再制造升级中的实际决策问题而言，一般情况下均或多或少地涉及上述六大决策目标，但有时为了突出重点，某些具体决策问题也只考虑其中有特别要求的部分目标，其余目标只作定性参考，这样可使实际决策过程简化。

3.3 再制造升级系统实施方案决策

3.3.1 再制造升级需求论证确定

1. 再制造升级需求论证模式

旧品再制造升级需求论证是开展再制造升级的前提条件，直接决定着再制造升级的路线、产品升级后的性能、再制造升级周期等。所以进行再制造升级需求论证要求充分调查研究，听取用户和再制造升级部门的意见，提出再制造升级后满足用户使用需求的可行技术指标需求。

再制造升级需求论证的模式是对升级后产品使用需求论证活动的概括与抽象，但其需求分析的物质基础是旧品本身，受到了较大的物理约束，所以相对新产品的需求论证具有更高的难度。再制造升级需求论证模式内容如图 3-9 所示，主要包括：

1）老旧产品再制造升级需求提出。

2）旧品品质和用户需求分析。

3）形成升级后产品需求方案集。

4）再制造升级方案评价与优选。

5）形成再制造升级实施最优方案。

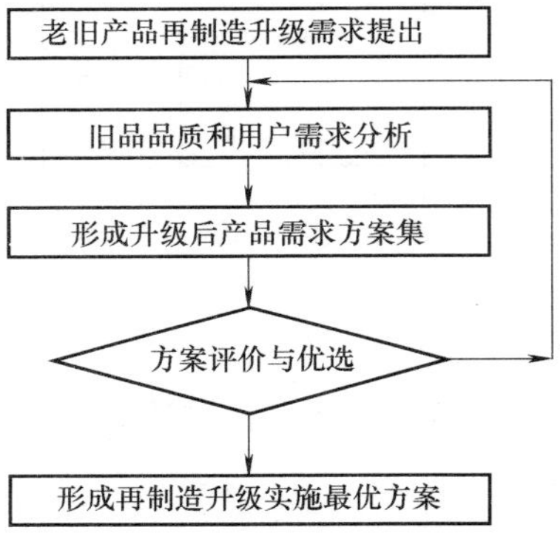

图 3-9　再制造升级需求论证模式

2. 基于主体的嵌套式分析——研讨法的再制造升级需求论证

基于主体的嵌套式分析——研讨法是一个以人为主的高度智能化的人-机结合系统，通过发挥整体优势来解决问题。应用该方法来进行再制造升级需求论证的流程结构如图 3-10 所示，具体包括以下三项内容。

1）按照系统分析的思路确立产品再制造升级需求论证的逻辑推理、分析主链条，并对链条的各个环节进行分析。

2）由用户、产品制造商、再制造升级商及决策者对再制造升级中的特定问题进行研究、讨论、争辩，逐步逼近到所关心或研究问题的本质。

3）建立基于 Agent 的升级后产品使用需求论证综合集成环境，根据需要实时提供信息、技术、资源、仿真、评估及综合管理，实现基于信息处理环境下的分析与研讨的有机结合集成。

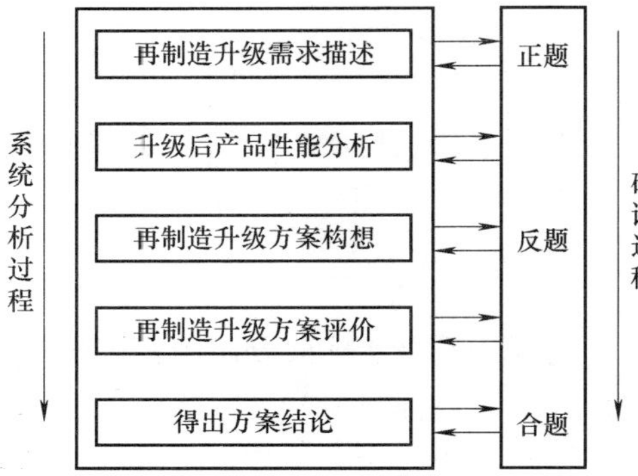

图 3-10　再制造升级需求研讨法的流程结构

基于主体的嵌套式分析——研讨法具有以下特点：

1）分析前的综合。首先要在分析前提出切实的需求问题，使得问题可以被讨论；其次要明确论证的目的，保证论证的顺利实施；最后明确问题达到的目标，形成需求方案集和评价方案。

2）嵌套式。由于论证问题具有明显的分形特性，如老旧机床升级后的需求可分为数控化能力、精度控制能力、寿命保持能力、节能减排能力、绿色加工能力等，对于各项还可以进一步分解细化。

3）基于主体。利用主体把方法、模型、算法等论证资源进行智能化封装，使其具有感知、学习、决策能力，还可根据论证的问题进行动态重组。

3.3.2　基于质量功能展开的再制造升级产品需求特性评价

1. 基于质量功能展开的再制造升级产品需求预测

QFD也就是质量屋（House Of Quality，HOQ）形式的信息模型，被用来将用户需求（Consumer Requirements，CRs）转化为设计需求（Design Requirements，DRs），于20世纪60年代起源于日本，并被三菱重工的神户造船厂成功地应用于船舶设计与制造中，之后被丰田等公司广泛采用，是一种定量地实现用户满意、取得竞争优势的强有力工具[7]。再制造升级产品需求预测可以借助QFD，及时收集“用户的声音”，明白用户对再制造升级产品的需求并将其转化为再制造升级产品所具有的工程特性，力求使再制造升级后的产品在市场上取得竞争优势。质量屋结构化方法，首先对产品工作环境、使役状况等进行综合分析，确定对旧品进行再制造升级的必要性；根据综合效益情况，从总体上把握再制造升级实施的基本思路；在此基础上，采用过程-功能映射、质量功能部署及仿真等论证方法，针对已获取的资料信息，从结构化、系统化的角度来归纳、总结、预测产品升级后的使用性能；以此进行决策，确定方案排序、性能之间的关系及性能指标。预测与决策过程如图3-11所示。

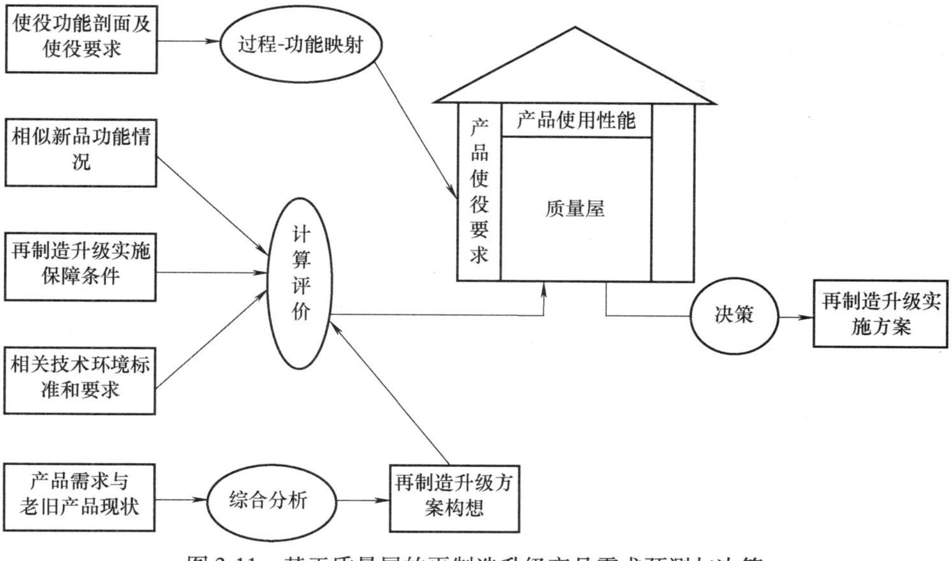

图3-11　基于质量屋的再制造升级产品需求预测与决策

（1）综合分析　根据旧品现况、使用需求、使役环境、工作条件、技术现状的综合分析，确定旧品再制造升级的基本思路。

（2）过程-功能映射　根据产品系统的使役性能需求，采用过程-功能映射技术获取产品的实际使用性能或功能指标，即分析产品使用将面临什么样的工作过程，在工作过程中，怎样才能保证完成使用要求。

（3）质量功能部署　QFD 的核心是质量屋的组建和分析。质量屋是一个结构化的交流工具，它领先质量关系矩阵，将产品使用需求用图形的形式表达出来并体系化，揭示它们与产品质量之间的关系。产品使用需求质量屋一般由以下七个部分组成。

1）升级后产品使役要求。该要求来自于对升级后产品任务剖面及使役使用的分析，它作为已知部分，是质量屋的输入。

2）产品使用性能。升级后产品使用性能由需求分析人员经分析得出，是满足产品使役要求的具体体现手段。

3）产品使役要求的重要性。这是指各种使用要求对于产品使役的重要程度，为产品的性能质量定性、定量要求指出了重点及重要程度排序。

4）评价矩阵。该矩阵通过对现有旧品的分析，来评价将要升级后的产品。矩阵中包括对于产品结构或模块所需的改进以及每个使役功能要求的得分。

5）使役要求与使用性能之间的关系。该矩阵中的数值表示产品使用性能对各个使役功能要求的贡献和影响程度。

6）使用性能中各性能之间的关系。该矩阵用来表示升级后产品使用性能之间的相互影响程度。

7）目标值。该矩阵用来表示需求分析的结论，它集中体现了质量屋中各因素对使用性能的影响结构。

QFD 结构化论证方法体现了多学科的综合，需要不同领域的人员共同完成，分别对再制造升级产品的升级参数及方案提出论证意见，并且根据再制造升级实施单位及用户的约束，将需求转化为升级后的性能参数，并进而映射出再制造实施过程。

2. 再制造升级产品需求性能特性评价质量屋构建

通常用户对旧品的再制造升级具有多重升级性能需求，但基于产品本身结构、工况、技术发展、费用、环境等外界情况，一般无法满足用户对产品升级的全部需求，因此，需要建立针对升级产品需求性能的重要度评价。根据 QFD 的应用方法及文献的内容，可以构建基于质量屋的产品升级需求性能重要度的评价方法，并按照重要程度对需求性能特性进行排序，明确升级性能的改进顺序，从而保证再制造升级产品需求性能特性最大程度满足用户要求。基于 QFD 的方法，按照一定的工作程序一步一步地实现“升级需求”和“评价指标”之间的映射，构建再制造升级产品需求性能特性评价质量屋，计算质量屋中诸如系统功能、可靠性、维修性、精度、寿命、成本、资源和环境等需求特性的重要度，指导实施再制造升级重点提升的需求特性，如图 3-12 所示。

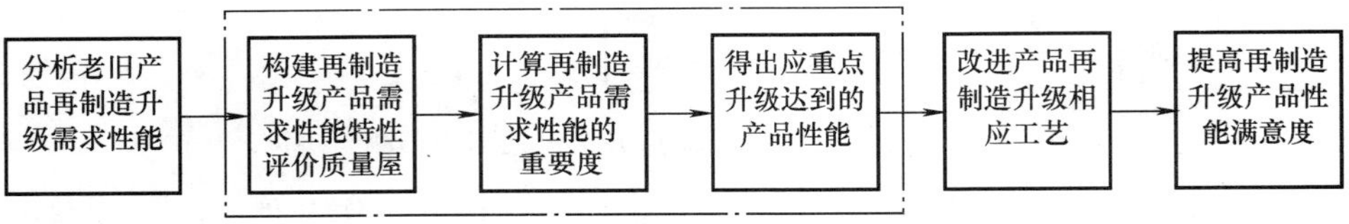

图 3-12　再制造升级产品需求性能重要度评价流程

构建再制造升级产品需求性能特性评价质量屋的步骤如下。

（1）获取用户对升级产品需求性能的重要度排序　通过市场调研，获得用户对再制造升级产品需求的性能，并对需求性能的重要度进行排序，大致划分为五层：非常高（VH）、高（H）、中等（M）、低（L）和非常低（VL）。不同的层次可以用一定的分数表示，如非常高为9分，高为7分，中等为5分，低为3分，非常低为1分，见表3-1。

表3-1　用户对升级产品需求性能的重要度

重　要　度	非常高（VH）	高（H）	中等（M）	低（L）	非常低（VL）
对应分数	9	7	5	3	1

（2）确定再制造升级产品的需求性能特性　一个升级后产品的需求性能可能对应几个性能特性，一个性能特性也可同时对应几项用户需求。

（3）表达再制造升级产品需求性能特性的相互关系　它们相互之间的关系可以有以下几种形式：正相关、不相关和负相关。当一个产品性能特性变化时，另一个性能特性也跟着同向变化，则称为正相关，反之为负相关。该关系可进一步细分为正强相关、正弱相关、负强相关和负弱相关。其对应分数及图形表示方法见表3-2。

表3-2　性能特性自相关矩阵

相互关系	负强相关（#）	负弱相关（×）	正弱相关（○）	正强相关（●）
对应分数	-0.3	-0.1	0.1	0.3

（4）表示产品需求性能特性和用户性能需求之间的相互关系　这种关系也可分为三种形式：强相关、中等相关和弱相关。其对应的分数及图形表示方法见表3-3。

表3-3　性能特性和性能需求相关矩阵

相互关系	弱相关（▽）	中等相关（▲）	强相关（☆）
对应分数	1	3	9

（5）计算各需求性能特性的相对权重和绝对权重　按照上述步骤，构建的再制造升级产品需求性能特性评价质量屋如图3-13所示。其中第①部分反映用户对升级产品性能的需求及其重要度 v_i（VH、H、M、L 和 VL）；第②部分反映再制造升级后产品的需求性能特性；第③部分反映各个需求性能特性间的相互关系，用表3-2中的相关符号表示；第④部分表示产品需求性能特性和用户性能需求之间的相互关系，用表3-3中的相关符号表示；第⑤部分表示计算出的各需求性能特性的绝对权重 ww_j 和相对权重 rw_j。

3. 再制造升级产品需求性能特性的重要度计算

根据用户对再制造升级产品需求性能的重要度、再制造升级产品需求性能特性与用户对性能需求的相关关系、再制造升级产品需求性能特性的自相关关系，需要计算再制造升级产品需求性能特性的绝对权重和相对权重，将绝对权重总和进行归一化，得到相对权重，即再制造升级产品需求性能特性重要度。计算步骤如下。

1）计算再制造升级产品需求性能特性的权重重要度 w_j。计算再制造升级产品需求性能特性与用户性能需求之间的相关程度 r_{ij} 和用户需求重要度 v_i 乘积的总和，即得到再制造升级

产品需求性能特性的权重重要度 w_j 为

$$w_j = \sum_{i=1}^{m} (r_{ij} v_i) \tag{3-9}$$

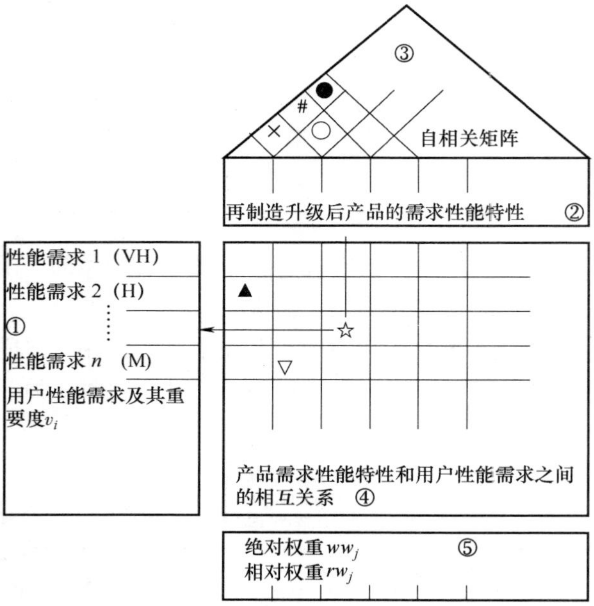

图 3-13 再制造升级产品需求性能特性评价质量屋

式中 w_j——再制造升级产品需求性能特性的权重重要度；

r_{ij}——再制造升级产品需求性能特性与用户性能需求之间的相关程度；

v_i——用户对升级产品需求性能的重要度；

m——用户需求的个数。

2）根据再制造升级产品需求性能特性的自相关关系，计算绝对权重。再制造升级产品需求性能特性的自相关关系在一定程度上反映其重要度，一个升级产品需求性能特性所影响的需求特性越多、越重要，其重要程度也就越大，相应的绝对权重也就越大。绝对权重 ww_j 为

$$ww_j = w_j + \sum_{i=1\ i \neq j}^{n} w_i \mid u_{ij} \mid \tag{3-10}$$

式中 ww_j——再制造升级产品需求性能特性的绝对权重；

w_i——需求性能特性的权重重要度；

u_{ij}——需求性能特性的自相互关系值；

n——需求性能特性的个数。

3）计算再制造升级产品需求性能特性相对权重，即需求特性的重要度。将需求特性的绝对权重进行归一化处理，即得到相对权重 rw_j 为：

$$rw_j = \frac{ww_j}{\sum_{j=1}^{n} ww_j} \tag{3-11}$$

4）对再制造升级产品的需求性能特性进行评价。按照计算出的重要度大小对需求性能特性进行排序，重要度越大，需求性能特性越重要，以此可得到相对重要的需求性能特性，为产品再制造升级设计及各个工艺的改进提供数据参考，保证再制造升级产品需求性能的提高。

4. 基于 QFD 的机床数控化再制造升级需求性能重要度评价

在老旧机床进行再制造升级前，首先需要评价其升级后性能的需求程度，通过制订科学的再制造升级方案，来满足需要度最高的项目。按照基于 QFD 的再制造升级产品需求性能特性评价方法，可以机床再制造升级为例计算各客户对待升级产品的各性能需求重要度。首先构建机床再制造升级需求性能特性评价质量屋。

1）获取用户需求性能的重要度排序。经过专家分析，质量屋中用户需求性能包括：数控化（VH）、精度高（VH）、噪声低（VH）、价格适中（H）、可靠度高（VH）、环境污染小（M）、维修方便（H）、振动小（H）、安全性能高（VH）。

2）列出再制造升级产品需求性能特性。根据用户需求调查，对应的再制造升级产品的需求性能特性包括：机床的数控性能、可靠性、机械振动、运动配合、耐磨性、售后服务、耐腐蚀性、噪声、能源消耗、成本、摩擦副间隙等，这些方面应达到或超过原型新机床。

经过分析，用户需求重要度、性能特性间的相互关系以及需求特性与用户需求间的关系如图 3-14 所示。

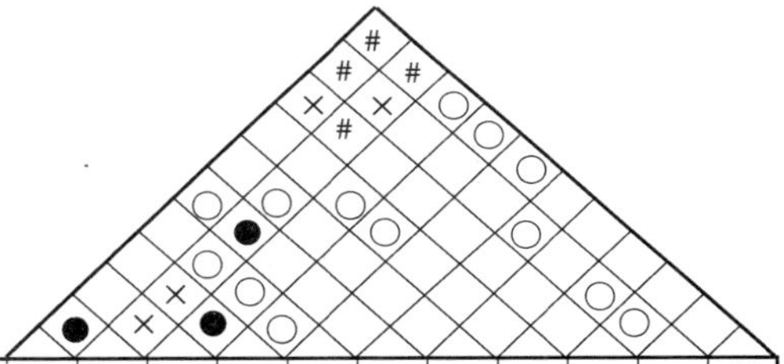

	数控性能	可靠性	机械振动	运动配合	耐磨性	售后服务	耐腐蚀性	噪声	能源消耗	成本	摩擦副间隙
数控化(VH)	☆	☆	▲	▲					▽	▲	
精度高(VH)	☆	▲		▲						☆	▽
噪声低(VH)	▽	▲	▲	▲	▲			☆			
价格适中(H)	☆									☆	
可靠度高(VH)		☆				▽	▽				▽
环境污染小(M)	▽							▲			
维修方便(H)		▲				▽					
振动小(H)			☆					▲			
安全性能高(VH)	☆	☆	▽	▽	▲		▲			▲	▲

图 3-14　机床数控化再制造升级需求性能特性评价质量屋

根据上述信息，计算各需求性能特性的绝对权重 ww_j 和相对权重 rw_j。

1）基于用户需求程度和需求性能特性之间的关系，根据式（3-9）计算升级产品各需求性能特性的权重重要度。

$w_1 = 9 \times 9 + 9 \times 9 + 9 \times 1 + 7 \times 9 + 5 \times 1 + 9 \times 9 = 320$

$w_2 = 9 \times 9 + 9 \times 3 + 9 \times 3 + 9 \times 9 + 7 \times 3 + 9 \times 9 = 318$

$w_3 = 9 \times 3 + 9 \times 3 + 7 \times 9 + 9 \times 1 = 126$

$w_4 = 9 \times 3 + 9 \times 3 + 9 \times 3 + 9 \times 1 = 90$

$w_5 = 9 \times 3 + 9 \times 3 = 54$

$w_6 = 9 \times 1 + 7 \times 1 = 16$

$w_7 = 9 \times 1 + 9 \times 3 = 36$

$w_8 = 9 \times 9 + 5 \times 3 + 7 \times 3 = 117$

$w_9 = 9 \times 1 = 9$

$w_{10} = 9 \times 3 + 9 \times 9 + 7 \times 9 + 9 \times 3 = 198$

$w_{11} = 9 \times 1 + 9 \times 1 + 9 \times 3 = 45$

2）结合各需求特性的自相关关系，根据式（3-10）分别计算其绝对权重 ww_j。

$ww_1 = 320 + 318 \times 0.3 + 16 \times 0.1 + 9 \times |-0.1| + 198 \times |-0.3| + 45 \times |-0.3| = 490.8$

$ww_2 = 318 + 320 \times 0.3 + 126 \times |-0.1| + 90 \times |-0.1| + 54 \times 0.1 + 16 \times 0.3 + 36 \times 0.1 + 9 \times |-0.3| + 198 \times |-0.1| + 45 \times |-0.3| = 318 + 96 + 12.6 + 9 + 5.4 + 4.8 + 3.6 + 2.7 + 19.8 + 13.5 = 485.4$

$ww_3 = 126 + 318 \times |-0.1| + 90 \times 0.3 + 54 \times 0.1 + 117 \times 0.1 + 45 \times 0.1 = 206.4$

$ww_4 = 90 + 318 \times |-0.1| + 126 \times 0.3 + 54 \times 0.1 + 117 \times 0.1 + 45 \times 0.1 = 181.2$

$ww_5 = 54 + 318 \times 0.1 + 126 \times 0.1 + 90 \times 0.1 + 45 \times 0.1 = 111.9$

$ww_6 = 16 + 320 \times 0.1 + 318 \times 0.3 + 198 \times 0.1 = 48 + 95.4 + 19.8 = 163.2$

$ww_7 = 36 + 318 \times 0.1 = 67.8$

$ww_8 = 117 + 126 \times 0.1 + 90 \times 0.1 + 198 \times 0.1 = 158.4$

$ww_9 = 9 + 320 \times |-0.1| + 318 \times |-0.3| + 198 \times 0.1 = 156.2$

$ww_{10} = 198 + 320 \times |-0.3| + 318 \times |-0.1| + 16 \times 0.1 + 117 \times 0.1 + 9 \times 0.1 = 340$

$ww_{11} = 45 + 320 \times |-0.3| + 318 \times |-0.3| + 126 \times 0.1 + 90 \times 0.1 + 54 \times 0.1 = 263.4$

$ww_0 = ww_1 + ww_2 + ww_3 + ww_4 + ww_5 + ww_6 + ww_7 + ww_8 + ww_9 + ww_{10} + ww_{11} = 2624.7$

3）根据式（3-11）计算各升级需求性能特性的相对权重 rw_j，即重要度。

$rw_1 = ww_1/ww_0 = 490.8/2622.6 = 0.1872 = 18.71\%$

$rw_2 = ww_2/ww_0 = 485.4/2622.6 = 0.1851 = 18.51\%$

$rw_3 = ww_3/ww_0 = 206.4/2622.6 = 0.0787 = 7.87\%$

$rw_4 = ww_4/ww_0 = 181.2/2622.6 = 0.0691 = 6.91\%$

$rw_5 = ww_5/ww_0 = 111.9/2622.6 = 0.0427 = 4.27\%$

$rw_6 = ww_6/ww_0 = 163.2/2622.6 = 0.0622 = 6.22\%$

$rw_7 = ww_7/ww_0 = 67.8/2622.6 = 0.0259 = 2.59\%$

$rw_8 = ww_8/ww_0 = 158.4/2622.6 = 0.0604 = 6.04\%$

$rw_9 = ww_9/ww_0 = 156.2/2622.6 = 0.0596 = 5.96\%$

$rw_{10} = ww_{10}/ww_0 = 340/2622.6 = 0.1296 = 12.96\%$

$rw_{11} = ww_{11}/ww_0 = 263.4/2622.6 = 0.1004 = 10.04\%$

4）评价机床数控化再制造产品重要的需求性能特性。将计算出的需求性能特性的重要度按照从大到小进行排序：$rw_1 > rw_2 > rw_{10} > rw_{11} > rw_3 > rw_4 > rw_6 > rw_8 > rw_9 > rw_5 > rw_7$。重要度越高，需求性能特性越重要，可得到相对重要的升级需求性能特性，即老旧机床在再制造升级中，需要按以下顺序考虑其升级的性能：数控性能 > 可靠性 > 成本 > 摩擦副间隙 > 机械振动 > 运动配合 > 售后服务 > 噪声 > 能源消耗 > 耐磨性 > 耐腐蚀性。

根据以上评价结果，可知老旧机床再制造升级要优先依次满足用户对机床数控性能、可靠性和升级成本的性能要求，并以此为依据进行再制造升级技术方案的制订。

3.3.3　基于态势分析法的再制造升级实施策略抉择

1. 态势分析法概述

态势分析法，即SWOT分析，最初是由美国旧金山大学的管理学教授在20世纪80年代初提出来的一种战略分析法，即优势（Strength，S）、劣势（Weakness，W）、机会（Opportunity，O）、威胁（Threat，T）。所谓SWOT分析，就是将与研究对象密切相关的各种主要内部优势、劣势、机会和威胁等，通过调查列举出来，并依照矩阵形式排列，然后用系统分析的思想，把各种因素相互匹配起来加以分析，从中得出一系列相应的结论。运用这种方法，可以对研究对象所处的情景进行全面、系统、准确的研究，从而根据研究结果制定出相应的对策[8-12]。

SWOT分析法可以被用于制定旧品采用哪些再制造升级策略的判断。从整体上看，SWOT可以分为两部分：第一部分为SW，主要用来分析内部因素；第二部分为OT，主要用来分析外部因素，如图3-15所示。利用这种方法可以从中找出有利的、值得发扬的因素，以及不利的、要改进的东西，发现存在的问题，找出解决办法，并明确以后的发展方向。根据这个分析，可以将问题按轻重缓急分类，明确哪些是目前升级急需解决的问题，哪些是可以以后解决的事情，哪些属于宏观目标上的障碍，哪些属于技术上的问题，并将这些研究对象列举出来，依照矩阵形式排列，然后用系统分析的思想，把各种因素相互匹配起来加以分析，从中得出一系列相应的结论，而结论通常带有一定的决策性，有利于领导者和管理者做出较正确的决策和规划。

		内部因素	
		优势S 列出优势	劣势W 列出劣势
外部因素	机会O 列出机会	SO战略 （发挥优势，利用机会） 利用这些	WO战略 （克服劣势，利用机会） 改进这些
外部因素	威胁T 列出威胁	ST战略 （发挥优势，回避威胁） 控制这些	WT战略 （减少劣势，回避威胁） 消除这些

图3-15　SWOT分析示意图

将SWOT分析法用于再制造升级实施策略的抉择分析，通过分析产品内部（SW）和外部（OT）因素，构造出再制造升级实施的SWOT矩阵，然后发挥再制造系统具备的内外优势，克服弱点，利用机会，实现升级。最后运用系统分析的综合分析方法，将排列与考虑的各种环境因素相互匹配起来加以组合，选择最适合该产品的再制造升级方案策略。

2. 再制造升级实施策略抉择的SWOT因素体系

再制造升级实施策略抉择的SWOT因素体系，如图3-16所示，具体如下。

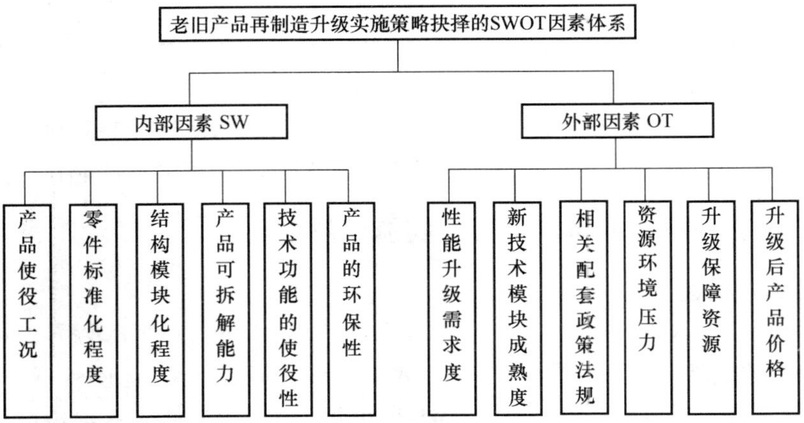

图 3-16　再制造升级实施策略抉择的 SWOT 因素体系

（1）内部因素　旧品再制造升级，应该从产品内部因素出发开展优势劣势 SW 分析，论证在每个因素下，产品是具有优势还是劣势。这些因素主要包括：

1）产品使役工况。产品经过的使役时间及使役情况，直接决定着产品升级前的性能状况，决定着产品升级能力的情况。

2）零件标准化程度。要成功实施再制造升级，产品零件必须具备一定的标准化程度。

3）结构模块化程度。升级可能主要是在传统再制造工艺的基础上，进行模块的替换，所以产品结构模块化程度直接影响着再制造升级的能力。

4）产品可拆解能力。产品的可拆解能力也决定着产品可再制造升级能力的高低。

5）技术功能的使役性。产品本身具备的技术或功能状态是否还可以支持产品进行继续使役，若处于产品寿命末期的产品则不具备再使役的条件。

6）产品的环保性。产品自身及其升级后是否适合环保要求，这也是决定产品可升级的重要因素。

（2）外部因素　机会威胁 OT 分析是从外部因素出发来分析旧品实施再制造升级的机会和威胁，这些外部因素具体包括：

1）性能升级需求度。产品性能升级的需求度越高代表着人们对其升级的要求越强烈，能促进其升级的执行。

2）新技术模块成熟度。建立在原旧品上的升级，主要是根据需求，将新的技术模块在其中进行应用，新技术模块成熟度高，则表明再制造升级能力强。

3）相关配套政策法规。再制造升级具备一定的资源和环境效益，是利用废旧资源进行的一种生产行为，要明确政府在废旧产品利用方面的相关政策法规对再制造升级策略的影响，例如在税收、补贴、产品认证等方面的规定。

4）资源环境压力。要分析主要资源消耗和环境排放，当前是否出现该资源市场供应紧张等问题。

5）升级保障资源。再制造升级实施过程中的保障资源，包括设备、工具、技术、人员等对再制造升级实施非常关键。

6）升级后产品价格。分析目前市场上对产品性能的要求，考虑升级后产品的价格如何等因素。

3. 层次分析法在 SWOT 分析中的应用

20 世纪 70 年代，美国运筹学家提出了层次分析法（Analytic Hierarchy Process，AHP）；1977 年发表了“无结构决策问题的建模——层次分析法”。这种方法是定量分析与定性分析结合的典范，整个过程体现了人在决策思维活动中分析、判断、综合等的基本特征。

AHP 基本思路：首先找出解决问题涉及的主要因素，将这些因素按照关联、隶属关系构成阶梯层次模型，通过对各层次中各因素两两比较的方式确定诸因素的相对重要性，然后进行综合判断，确定评价对象相对重要性的总排序。

AHP 的优点在于把定性分析和定量分析结合起来。在 SWOT 结构中运用 AHP 方法，目的在于系统评估 SWOT 要素，用同样标准来测量这些要素的优先权数。所以将 AHP 处理决策问题的系统步骤应用于 SWOT 分析中很有意义。通过将 SWOT 要素两两比较，并且应用特征值方法进行分析，可以增强 SWOT 分析在战略决策应用中的能力，经过这些比较，决策者会掌握一些新的关于决策环境的定量信息。

4. 基于 SWOT-AHP 的产品再制造升级实施策略抉择

根据相关文献[9-12]，可以采用 SWOT 与 AHP 结合的方法来进行再制造升级实施策略抉择的量化分析，步骤如下：

1）调查旧品具体情况，进行 SWOT 分析。从 SWOT 因素体系中选取确定与再制造升级相关的各种内部和外部因素。

2）构造 SWOT 矩阵。将调查得出的各种因素根据影响和需求程度等排序方式，构造 SWOT 矩阵。标准 AHP 方法的应用要求一个 SWOT 组内的要素最好不要超过十个，因为两两比较的次数随着要素数目增加而快速增加。旧机床数控化再制造升级的 SWOT 矩阵可见表 3-4。

表 3-4 SWOT 矩阵

内部因素 / 外部因素	优势-S 1. 产品模块化程度高 2. 产品拆解性比较好	劣势-W 1. 产品升级费用比较高 2. 产品标准化程度低 3. 产品工况比较差
机会-O 1. 用户产品性能升级需求高 2. 升级产品利润高	组合一：SO 主动型再制造升级实施策略	组合二：WO 适应型再制造升级实施策略
威胁-T 1. 资源环境压力大 2. 产品升级保障资源影响 3. 政府节能减排政策的引导	组合三：ST 防御型再制造升级实施策略	组合四：WT 消极型再制造升级实施策略

3）构建 SWOT 矩阵的 AHP 模型。根据 AHP 理论，构建四层结构的 SWOT 矩阵层次模型，包括目标层、一级指标层、二级指标层和方案层。表 3-4 中 SWOT 矩阵的 AHP 模型如图 3-17 所示。

4）进行 AHP 计算，得出最终结论。具体包括一级指标的两两比较、同一组二级指标间的两两比较和方案之间的两两比较。

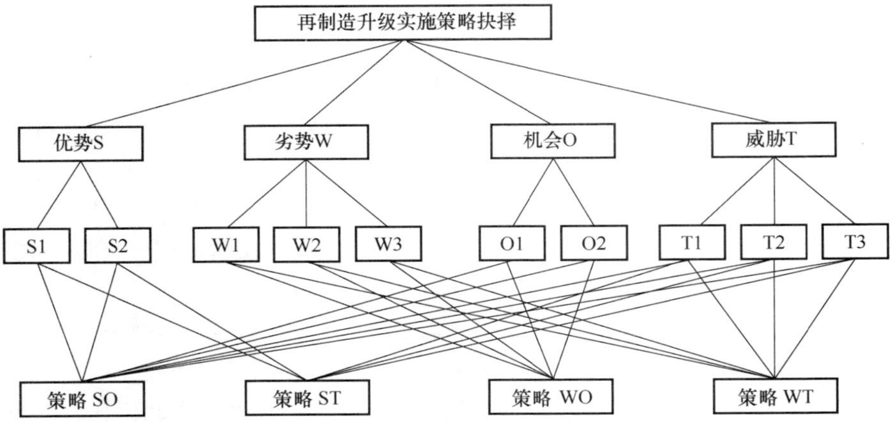

图 3-17 APH 模型

5. 案例分析

SWOT-AHP 方法可用来进行机床数控化再制造升级实施策略的选择。首先确定 SWOT 的内部和外部因素，构建 SWOT 矩阵，其 AHP 模型如图 3-17 所示。通过计算可以分别得到 SWOT 各一级指标、二级指标的权重，以及方案层相对于二级指标的相对权重，见表 3-5[13]。

表 3-5 SWOT 矩阵的权重值

一级指标	权重	二级指标	二级指标相对权重	二级指标绝对权重	方案层相对二级指标的权重			
					SO	WO	ST	WT
优势 S	0.347	S1	0.750	0.260	0.240	0.578	0.110	0.072
		S2	0.250	0.087	0.472	0.169	0.284	0.075
劣势 W	0.282	W1	0.595	0.168	0.098	0.676	0.161	0.065
		W2	0.276	0.078	0.109	0.528	0.053	0.310
		W3	0.129	0.036	0.091	0.195	0.577	0.137
机会 O	0.213	O1	0.500	0.107	0.573	0.238	0.131	0.058
		O2	0.500	0.107	0.546	0.232	0.137	0.085
威胁 T	0.158	T1	0.578	0.091	0.094	0.235	0.139	0.571
		T2	0.364	0.058	0.078	0.139	0.469	0.314
		T3	0.058	0.009	0.148	0.571	0.226	0.055

从中可以看出，权重排在前两位的分别是 S1（结构模块化）、W1（再制造升级费用投入），这两者都对策略的选择具有非常重要的作用，权重最低的是 T3（政策引导的影响），因为目前机床再制造升级的政策支持相对较少，其影响也相对较小。

方案层最终结果的计算过程如下：

$$\boldsymbol{w}=\begin{pmatrix}SO\\WO\\ST\\WT\end{pmatrix}=\begin{pmatrix}0.240&0.472&0.098&0.109&0.091&0.573&0.546&0.094&0.078&0.148\\0.578&0.169&0.676&0.528&0.195&0.238&0.232&0.235&0.139&0.571\\0.110&0.284&0.161&0.053&0.577&0.131&0.137&0.139&0.469&0.226\\0.072&0.075&0.065&0.310&0.137&0.058&0.085&0.571&0.314&0.055\end{pmatrix}$$

$$(0.026\ 0.087\ 0.168\ 0.078\ 0.036\ 0.107\ 0.107\ 0.091\ 0.058\ 0.009)^{T}$$

$$=(0.210\quad 0.276\quad 0.150\quad 0.134)^{T}$$

从结果可以看出，$w_{WO} > w_{SO} > w_{ST} > w_{WT}$，说明在目前形势下 WO 策略（即适应型再制造升级策略）是老旧机床的最优再制造升级策略。这一选择，符合当前机床再制造升级的市场应用情况，即当前大多机床再制造升级，都是根据用户的需求，在升级后性能需求及升级中采用的技术方法上，均采用适应性的策略措施。

参考文献

[1] 朱胜，姚巨坤．装备再制造升级及其工程技术体系［J］．装甲兵工程学院学报．2011，25（6）：67-70.

[2] 姚巨坤，时小军．废旧机电装备信息化再制造升级研究［J］．机械制造．2007，45（4）：1-4.

[3] 姚巨坤，时小军，崔培枝．装备再制造工作分析研究［J］．设备管理与维修．2007（3）：8-10.

[4] 李聪波．绿色制造运行模式及其实施方法研究［D］．重庆：重庆大学机械工程学院，2009.

[5] 谷振宇，刘飞，李聪波，等．绿色制造运行模式的研究与应用［J］．中国机械工程．2008，19（19）：2310-2315.

[6] 谷振宇．定制型制造企业绿色制造实施模型及实施方法研究［D］．重庆：重庆大学机械工程学院，2010.

[7] 李菲，沈虹．面向再制造的产品质量特性评价方法［J］．现代制造工程，2008（11）：99-102.

[8] Houben G，Lenie K，Vanhoof K. A knowledge-based SWOT-analysis system as an instrument for strategic planning in small and medium sized enterprises［J］. Decision Support Systems，1999，26（2）：125-135.

[9] Kurttila M，Pesonen M，Kangas J，et al. Utilizing the analytic hierarchy process（AHP）in SWOT analysis—a hybrid method and its application to a forest-certification case［J］. Forest Policy and Economics，2000，1（1）：41-52.

[10] Ihsan Yuksel，Metin Dagdeviren. Using the analytic network process（ANP）in a SWOT analysis—A case study for a textile firm［J］. Information Sciences，2007（177）：3364-3382.

[11] Chang Hsu-His，Huang Wen-Chih. Application of a quantification SWOT analytical method［J］. Mathematical and Computer Modelling，2006，43（1-2）：158-169.

[12] Lee Kuo-liang，Lin Shu-chen. A fuzzy quantified SWOT procedure for environmental evaluation of an international distribution center［J］. Information Sciences，2008，178（2）：531-549.

第4章

再制造升级设计与评价

通常产品不但具有一种或多种功能，同时也具有特定的设计属性，例如可靠性、维修性、安全性等，与再制造升级联系紧密的为产品的再制造升级性。再制造升级性是提高产品再制造升级能力的重要性能指标，它需要在产品设计中进行设计并在运行中维持，在产品再制造升级前进行评价，并进行再制造升级方案的优化设计。

4.1 再制造升级设计内涵体系

4.1.1 再制造升级设计内涵及其特征

1. 再制造升级设计的内涵

再制造升级设计是指根据旧品品质和再制造升级产品性能要求，通过运用科学决策方法和先进技术，对再制造升级过程中的旧品回收、再制造升级生产及再制造升级产品市场营销等所有生产环节、技术单元和资源利用进行全面规划，最终形成最优化再制造升级方案的过程。

再制造升级设计主要研究对旧品再制造升级系统（包括技术、设备、人员）的功能、组成、建立及其运行规律的设计；研究产品设计阶段的再制造升级性等。其主要目的是应用全系统全寿命过程的观点，采用现代科学技术的方法和手段设计产品使其具有良好的再制造升级性，并优化再制造升级保障的总体设计、宏观管理及工程应用，促进再制造升级保障各系统之间达到最佳匹配与协调，以实现及时、高效、经济和环保的再制造升级生产。再制造升级设计是实现旧品再制造升级保障的重要内容。

2. 再制造升级设计的实施阶段

根据对再制造升级三个主要阶段（旧品回收、再制造升级生产和再制造升级产品使役）的划分，可以将再制造升级设计分为旧品回收设计、产品再制造升级生产设计和再制造升级产品使役设计，其中获取再制造升级毛坯的旧品回收设计是再制造升级的基础，形成再制造升级产品的再制造升级生产设计是再制造升级的关键，获得利润的再制造升级产品使役设计则是再制造升级发展的动力。图4-1所示为面向产品再制造升级全过程的再制造升级设计所包含的内容，其中面向再制造升级生产阶段的设计是产品再制造升级设计的核心内容，直接关系到再制造升级后产品的质量和企业效益。

3. 再制造升级设计的内涵特征

再制造升级设计既包括对具体生产过程的再制造升级工艺技术、生产设备、人员等资源及管理方法的设计，又包括研究具体产品设计验证方法的再制造升级性设计方法，是进行再制造升级的系统分析、综合规划、设计生产的工程技术专业，是再制造升级的重要组成内容。产品再制造升级设计内涵特征有：

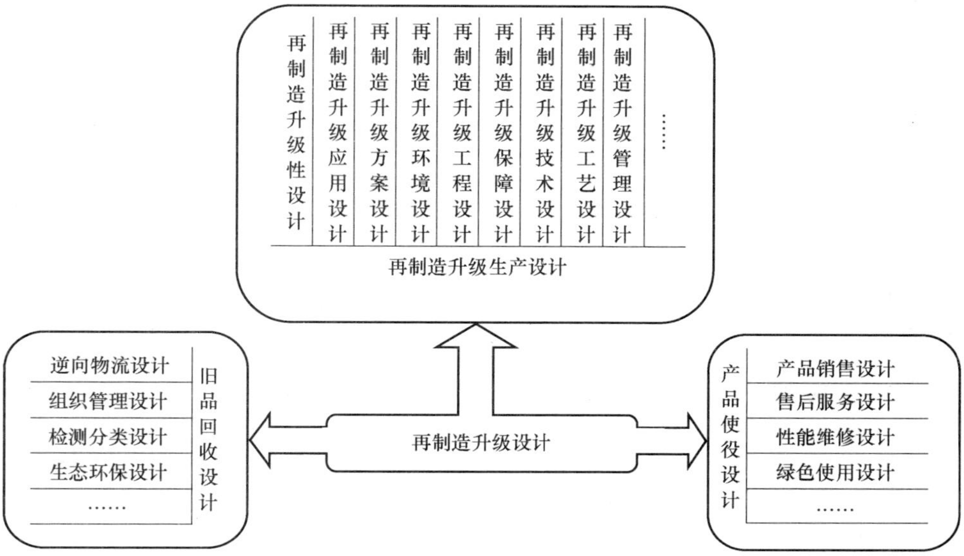

图4-1 面向产品再制造升级全过程的再制造升级设计内容[1]

（1）研究的范围 包括面向再制造升级的全系统（功能、组成要素及其相互关系）；与再制造升级有关的产品设计特性（如再制造升级性、可靠性、维修性、测试性、保障性等）和要求。

（2）研究的对象 包括再制造升级全系统的综合设计；再制造升级决策及管理；与再制造升级有关的产品特性要求。

（3）研究的目的 优化产品有关设计特性和再制造升级保障系统，使再制造升级及时、高效、经济、环保。

（4）研究的手段 系统工程的理论与方法，产品设计理论与方法，以及其他有关技术与手段。

（5）研究的时域 面向产品的多寿命过程，包括产品设计、制造、使用、再制造升级，形成了产品多寿命使役过程。

4. 再制造升级设计的任务

再制造升级设计作为一项综合的工程技术方法，其基本任务是对再制造升级全过程实施科学管理和工程设计，主要任务有：

1）论证并确定有关再制造升级的产品设计特性要求，使之退役后易于再制造升级。

2）进行再制造升级工作内容分析，确定并优化设计产品再制造升级方案。

3）进行再制造升级保障系统的总体设计，确定与优化再制造升级工作及再制造升级保障资源。

4）进行再制造升级生产工艺及技术设计，实现产品再制造升级的综合效益最大化。

5）对再制造升级活动各项管理工作进行综合设计，不断提高再制造升级工程管理科学化。

6）进行再制造升级应用实例分析，收集与分析产品再制造升级信息，为面向再制造升级全过程的综合设计提供依据。

5. 再制造升级设计的总目标

再制造升级设计是提高产品再制造升级效益的重要手段，其根本目的是高品质地实现退役产品的高效益、多寿命周期使用，减少产品全寿命周期的资源消耗和环境污染，提供产品最大化的经济效益和社会效益，为社会的可持续发展提供有效技术保障。

再制造升级的总目标是：通过影响产品设计和制造，并在产品使用过程中正确维护产品的再制造升级性，使产品在退役后具备良好的再制造升级能力，便于再制造升级时获取最大的经济和环境效益；及时提供并不断改进和完善再制造升级保障系统，使其与产品再制造升级相匹配，有效而经济地生产运行；不断根据需要设计并优化再制造升级技术，增加再制造升级产品的种类及效益。

4.1.2 再制造升级设计的内容体系

作为贯穿于产品全寿命周期过程的再制造升级设计，属于产品再制造升级工程领域的重要研究和应用内容，并且因为它涉及领域多、周期长、作用大，因而具有丰富的工程技术体系，涵盖了再制造升级工程领域的相关技术，并具备了自己独特的工作内容和发展前景。产品再制造升级设计的理论与技术体系是以产品的全寿命、全系统、全费用、绿色化理论为基础，以退役产品作为主要研究对象，以如何恢复或提升产品性能为研究内容，从而保障产品后半寿命的高性能、低投入、环境友好，为产品多寿命周期提供可能并注入新的活力，既包括对产品的再制造升级性设计，也包括对产品的再制造升级生产过程设计，还包括对产品的再制造升级物流设计，贯穿于再制造升级的全过程，面向于再制造升级的全系统，具有独特而重要的作用。产品再制造升级设计的理论与技术内容体系框架概括如图 4-2 所示[2]。

4.1.3 再制造升级设计关键技术

再制造升级设计理论与技术体系内涵丰富，包含技术广泛，根据当前再制造升级发展趋势，可以预测再制造升级设计将会在再制造升级性设计与评价、再制造升级生产系统规划设计、再制造升级逆向物流优化设计、再制造升级信息管理与应用设计等四项关键技术领域得到重点发展。

1. 产品再制造升级性设计与评价

产品再制造升级性是表征产品再制造升级能力的属性，但因其具备的设计与再制造升级的时间跨度、设计指标的不确定性，技术发展的快速性和多变性等特点，都为再制造升级性设计与量化评价带来了困难，使得目前产品设计中大多没有考虑产品的再制造升级性，造成了产品的再制造升级难度大，效益较低。因此，需要通过研究产品再制造升级性特征，构建设计与评价手段，来促进再制造升级性设计与评价的工程应用。需要重点开展的研究包括：一是要研究产品设计中的再制造升级性指标论证、再制造升级性指标解析与分配、再制造升级性指标验证等技术方法，为提高产品再制造升级性设计与验证技术的应用水平及应用方法提供技术支撑，构建产品再制造升级性设计的标准化程序；二是要研究再制造升级性具有的不确定性，并根据再制造升级技术、生产设备及产品本身使役性能特征来建立多因素的产品再制造升级性评价技术方法与手段，为产品再制造升级生产决策提供直接依据。

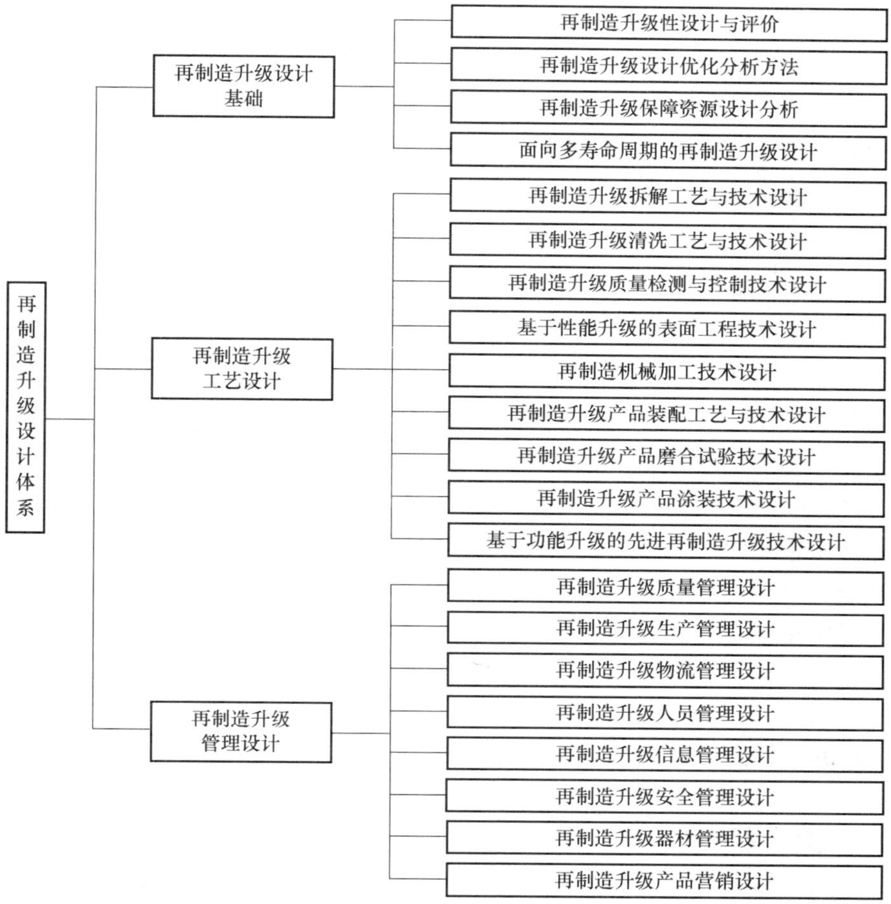

图 4-2　再制造升级设计的理论与技术内容体系框架

2. 再制造升级生产系统规划设计

再制造升级生产在物流及生产方式上面临着与制造不同的特殊问题，对其进行系统规划和优化设计，可以显著提升再制造升级实施效益。需要考虑借助再制造升级的信息流，规划设计建立质量可靠、资源节约的高效再制造升级生产系统，完善再制造升级系统设计的重要因素。需要重点开展的研究包括：一是针对小批量、多目标的再制造升级生产方式，需要研究利用模块化、信息化、自动化、标准化等技术方法，实现再制造升级生产系统的柔性化，加强再制造升级生产资源保障的配置效益、人员、技术等保障资源利用方式，提供集约化再制造升级生产系统的规划技术方法，提高综合效益；二是面向再制造升级系统的综合生产需求，借鉴吸收先进的制造技术领域的思想和方法，研究推进再制造升级成组技术、精益再制造升级生产技术、清洁再制造升级生产技术等工程应用，形成先进再制造升级生产系统设计技术方法。

3. 再制造升级逆向物流优化设计

再制造升级逆向物流是再制造升级生产的基础保证，但目前还没有形成系统的再制造升级逆向物流综合体系，在实践中主要还是依靠再制造升级企业自身的物流体系来完成旧品的回流。因此，需要研究再制造升级的逆向物流在旧品数量、质量、时间等方面的不确定性影响因素，加强再制造升级逆向物流的透明度和健壮性控制，为再制造升级生产提供稳健的物质基础保证。需要重点开展的研究包括：一是研究采用运筹学等方法，构建基于不同条件下的再制造升级逆向物流选址数学模型和技术方法，为再制造升级逆向物流的科学布址提供方法手段；二是研究不同技术方法来设计构建旧品的高品质逆向物流体系，满足不确定旧品物流信息条件下稳定回收的要求，并能够实时根据旧品物流信息进行优化控制调控。

4. 再制造升级信息管理与应用设计

对再制造升级信息进行有效管理是提高再制造升级效益和规划设计的基础前提，但因为目前对再制造升级信息研究的缺乏，以及再制造升级产业的发展刚刚起步，尚没有建立起有效的信息管理系统，无法实现再制造升级信息的有效挖掘与应用。因此，需要采用系统工程的研究方法，研究认识再制造升级信息复杂性、不确定性等特点，设计构建健壮的再制造升级信息管理架构和应用系统，促进再制造升级的发展。需要重点开展的研究包括：一是利用信息管理系统开发的基本要求，结合再制造升级中的信息特征，规划设计并开发面向再制造升级全过程的再制造升级信息管理系统，实现再制造升级信息的全域采集与管理控制，为再制造升级生产决策规划提供依据；二是以面向再制造升级全过程的信息管理系统为基础，并充分利用再制造升级生产系统及物流系统中的传感器及信息处理传输设备等硬件设备，建立面向再制造升级全域的再制造升级物联网，为面向再制造升级的科学设计、规划与工程应用提供支撑。

4.2 再制造升级性设计基础研究

4.2.1 再制造升级性设计内涵

1. 再制造升级性

如同产品再制造性一样，产品的再制造升级性也是产品设计赋予的，是表征产品再制造升级能力的固有本质属性，是再制造升级领域的基础理论问题。再制造升级性可定义为：产品在规定的条件下进行再制造升级时，达到规定性能的能力。

定义中“规定的条件”主要包括三部分内容[3]：一是规定了产品再制造升级的生产条件，包括再制造升级的场所（如工厂或再制造升级生产线、升级车间、运输等）和再制造升级的保障资源（如所需的人员、工具、设备、设施、备件、技术资料等），不同的再制造升级生产条件有不同的升级效果；二是规定了费用，即产品再制造升级生产所需要消耗的费用及其相关环保消耗费用，它是影响再制造升级生产最主要的因素，所以可以用再制造升级费用来表征再制造升级后产品达到相同功能情况下再制造升级能力的大小，并可以将环境相关负荷参量转化为经济指标来进行分析；三是规定了再制造升级的程序、方法和目标，指按技术文件规定采用的再制造升级工作类型、步骤、方法和目标。

定义中“规定性能”是指已完成的再制造升级产品的性能要升级达到规定的要求，即能够完成规定功能和执行规定任务的技术状况。这是产品再制造升级的目标和再制造升级质量的标准，也是区别于产品维修和普通再制造的主要标志。

再制造升级性对实施人员技术水平、再制造升级生产条件、再制造升级产品的性能目标，以及对规定的程序和方法有更大的依赖性，因此，实际上可以将之区分为固有再制造升级性与使用再制造升级性，前者主要是指设计时所赋予的再制造升级性能，后者表示实际再制造升级前根据旧品品质、升级保障条件及技术发展情况所表现出的实际的再制造升级性，也是企业主要考虑的影响因素。

2. 再制造升级性设计

（1）基本概念　产品再制造升级性是表征产品再制造升级能力的固有属性，无论是否在产品设计阶段考虑其再制造升级内容，它都是客观存在的，但如果在产品设计阶段就考虑如何在其末端时进行再制造升级，则可以显著提升其具有的再制造升级性参数，提高再制造升级效益，因此，需要在产品设计时就考虑产品再制造升级性。

产品再制造升级性设计是指在综合利用已有设计理论和方法的基础上，重点研究产品再制造升级过程中的技术、经济、环境及使役影响特性和资源优化利用特性，设计出在其寿命周期过程中便于再制造升级的产品，在满足产品自身生长需求、用户功能需求、企业赢利需要的同时，满足社会可持续发展的需要。

（2）主要特征　产品再制造升级性设计的基础是现有的设计理论、方法和工具以及先进的设计理念与技术，并综合运用各种先进的设计方法和工具进一步为升级性设计提供实施的高效和高可靠性保证。再制造升级性设计需要综合考虑产品在再制造升级中的所有活动，力图在产品设计中体现产品在全寿命周期范围内，与再制造升级相关的技术性、经济性和环境协调性的有效统一。例如升级性设计要求产品设计者、企业决策者、再制造专家、技术预测专家、环境分析专家等组成开发团队进行综合考虑，其中，考虑的因素涉及材料、生产设备、零部件供应与约束、产品制造、装配、运输销售、使用维护、再制造升级流程、技术发展等寿命周期和再制造升级的各个阶段。

产品再制造升级性设计过程通常是一个自顶向下的过程，经历了产品-部件-零件-材料各个过程，是产品系统设计的具体体现。而对产品再制造升级性的分析需要采用从底向上的观点，依靠底层再制造升级工艺数据的积累来设计总体的产品再制造升级特性。对于产品的再制造升级性设计，有以下几点共识：

1）再制造升级性设计的面向对象是新研产品。

2）再制造升级性设计的理论基础是产品设计理论与方法。

3）再制造升级性设计的方法基础是并行设计。

4）再制造升级性设计的信息基础是计算机对再制造升级数据的分析与挖掘。

5）再制造升级性设计的技术基础是设计工具及其面向未来的产品功能预测。

6）再制造升级性设计要充分重视人的经验和决策作用。

7）再制造升级性设计是对技术、经济、环境、管理、材料、制造等的综合运用。

因此再制造升级性设计具有系统性、集成性、并行性、时间性、空间性、产品系统实体及其信息分布等特点。再制造升级性设计思想必将被越来越多的企业及产品开发人员接受和采纳。

再制造升级性设计的基本过程如图 4-3 所示，主要包括：

1）获取并正确理解产品设计的升级性技术需求。

2）进行由再制造升级技术需求到升级工程特征规划的配置。

3）再制造升级性设计特征进一步细化为描述明确、易于理解、与产品密切相关的设计准则。

4）结合产品设计，落实设计准则。

5）进行再制造升级性设计符合性检查与评审。

图 4-3　再制造升级性设计基本过程

4.2.2　面向产品全寿命周期过程的再制造升级性活动

在一个产品的完整全寿命周期过程中，再制造升级工程过程依托于产品设计与再制造升级两个阶段，并发生不同的活动内容。产品全寿命周期过程中的再制造升级性工作如图 4-4 所示，其具体内容如下。

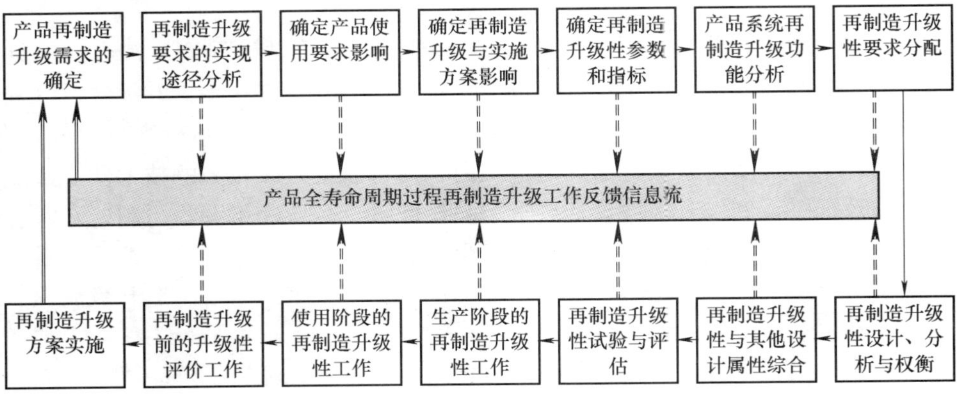

图 4-4　产品寿命周期过程中的再制造升级性工作

（1）产品再制造升级需求的确定　在需求确定过程中，重点关注有关再制造升级的特殊需求，例如产品系统的拆解性、模块化、标准化以及再制造升级费用等。可以按照定性、定量术语，将再制造升级的要求进行表述，并具体区分出升级性要求和升级保障要求等内容。

（2）再制造升级要求的实现途径分析　在产品系统中重点关注再制造升级的要求，通过什么样的技术途径加以实现。要根据具体要求，考察多种备选技术方案，并进行可行性论证。

（3）确定产品使用要求影响　确定产品系统使用的功能要求及其对再制造升级的影响，进行使用要求设计与再制造升级要求设计间的矛盾协调与处理，明确产品为完成功能所使用的设计需求对再制造升级的影响，列出主要因素，并通过矛盾矩阵进行协调解决。

（4）确定再制造升级与实施方案影响　重点分析再制造升级及其保障方案中与再制造升级直接相关的因素，并进行规范化处理，使其能够作为升级性设计的输入。这些直接影响因素包括：再制造升级的基本策略、再制造升级保障描述、再制造升级性能需求等。

（5）确定再制造升级性参数和指标　按照再制造升级的整体要求确定具体的升级性定量要求参数。并需要设计人员根据目标的重要程度来决定哪些目标更为优先。

（6）产品系统再制造升级功能分析　重点对产品再制造升级分解出的升级功能进行详细分析，确定出产品的再制造升级职能和再制造升级过程等。

（7）再制造升级性要求分配　按照功能分析定义，将产品的升级性定性、定量要求逐步向底层分析，其中定性要求转化为升级性设计准则，定量要求转化为部件或零件的升级性定量要求。

（8）再制造升级性设计、分析与权衡　升级性设计、分析与权衡是要在产品论证阶段、方案研制阶段和工程研制阶段反复进行的过程。这一过程中，首先根据定性、定量要求进行升级性设计，然后运用升级性分析技术对具体的升级性设计方案进行建模分析，最后运用升级性权衡技术对多个设计方案进行权衡分析，确定设计方案。

（9）再制造升级性与其他设计属性综合　把升级性设计方案与工艺性、可靠性、维修性、安全性等其他设计属性进行综合，在大范围内进行设计权衡。

（10）再制造升级性试验与评估　通过对一个或多个模块进行模拟或实际试验来验证再制造升级时间、费用等参数，验证连接拆解、损伤修复的难易程度，并开展升级保障设施的预置试验。

（11）生产阶段的再制造升级性工作　生产阶段的重点是对已经设计的升级性进行保证，分析生产工艺对升级性的影响，为生产做好必要准备，同时，进行升级性信息的收集、分析与反馈。

（12）使用阶段的再制造升级性工作　在产品使用阶段，升级性的重点是提高系统的升级性，通过使用过程中升级性信息的收集与分析，实现使用过程中升级性的增长，同时提出升级性设计的更改建议。

（13）再制造升级前的升级性评价工作　在产品因功能无法满足要求而需要再制造升级前，需要根据产品自身属性与产品相关功能技术进化发展情况，来科学形成并评判再制造升级方案，形成最佳再制造升级途径。

4.3　再制造升级性定性设计方法

4.3.1　再制造升级性定性设计内容

在产品最初设计阶段，可以根据需要制定出升级性定性要求，它是进一步量化升级性定量指标的具体途径或措施，也是制定升级性设计准则的依据。参考维修性的有关内容[4]，定性要求的制定可以依据再制造升级性及其他设计指标要素的有关要求，并参考类似产品的设计要求，再结合具体产品功能模块划分及功能技术需求发展，来明确给出，其功能模型如图4-5所示。

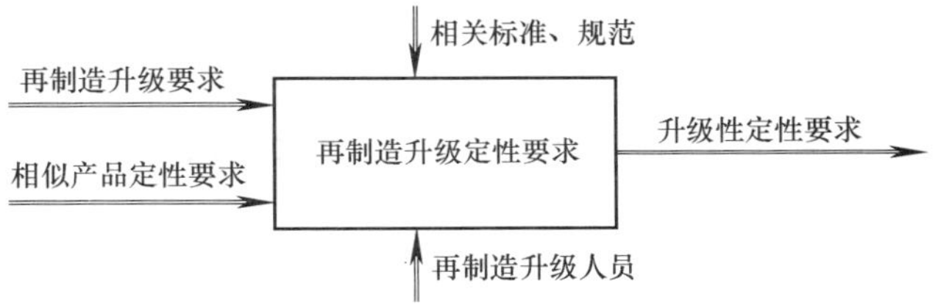

图4-5　升级性定性要求功能模型

再制造升级性定性设计内容与方法可从产品功能模块的替换性，零部件的重用性、环保性、经济性等方面进行描述，见表4-1。

表4-1　产品再制造升级性定性设计内容与方法

领域	内　容	作　用	方　法
功能的可更新性	模块化设计	可实现模块的更替或拆除，实现功能升级	通过功能分类与集成来实现模块化分组
	功能预置设计	通过预测，预留未来的功能扩展结构	可以改造的结构，并预留模块接口，增加升级性
	标准化接口设计	便于进行模块更换	采用标准接口，可以在必要时进行模块增加或替换，实现功能升级
零部件的重用性	可修复性设计	实现零部件的修复后重用	设计时要增加零部件的可靠性，尤其是附加值高的核心零部件，要减少材料和结构的不可恢复失效，防止零部件的过度磨损和腐蚀
	长寿命设计	实现零部件的直接重用	通过适当增加强度或选择材料来实现零部件的寿命延长
	可拆解性设计	实现零部件的无损拆解，提升零部件重用率	减少产品接头的数量和类型，减少产品的拆解深度，避免使用永固性的接头，考虑接头的拆解时间和效率等。在产品中使用卡式接头、模块化零件、插入式接头等均有易于拆解
	无损清洗设计	合理设计清洗表面，避免清洗过程中将会造成的损伤	设计时应该使外面的部件具有易清洗且适合清洗的表面特征，如采用平整表面，采用合适的表面材料和涂料，减少表面在清洗过程中的损伤概率等
	易于分类设计	实现零件的科学分类，增强重用的便宜性	采用标准化的零件，尽量减少零件的种类，并对相似的零件设计时应该进行标记，增加零件的类别特征
经济性	运输性设计	合理设计外表面和结构，避免造成运输中的破坏，减少运输的体积，降低运输费用	例如对于大的产品，在装卸时需要使用叉式升运机的，要设计出足够的底部支撑面；尽量减少产品突出部分，以避免在运输中碰坏，并可以节约储存时的空间
	标准化设计	便于进行标准化易损件的更换，减少生产加工费用	采用易于替换的标准化零部件和结构
	可测性设计	便于检测，降低检测费用	预留检查空间或检测元件
	装配性设计	易于装配，降低生产费用	采用模块化设计和零部件的标准化设计来提高装配性
环保性	绿色材料选择	降低环境污染及因材料不符合环保要求而报废的情况	采用绿色环保材料，杜绝国家禁止使用材料，加强材料的使役性
	绿色工艺设计	实现绿色拆解、清洗、加工、包装，减少生产过程中造成的环境污染	强调无损拆解；采用物理清洗技术；采用高可靠性检测方法，避免误检率；采用可重用包装材料；加强工序中废弃物环保处理等

总之，新产品的再制造升级性设计是一个综合的并行设计过程，需要综合分析功能、技术、经济、环境、材料、管理等多种因素，进行系统考虑，保证产品寿命周期中的再制造升级能力，以实现产品的最优化回收。而且，产品的再制造升级性设计属于环保设计、绿色设计的重要组成部分，其目的是提高产品的再制造升级能力，实现产品的可持续发展和多寿命使用周期。

4.3.2 面向再制造升级的产品可拆解性设计

1. 可拆解性设计的内涵

拆解是指采用一定的工具和手段，解除对零部件造成约束的各种连接，将产品的零部件逐个分离的过程。拆解比装配更加困难。这是因为废旧零件内部存在大量锈蚀、油污和灰尘，从而导致拆解速度降低；拆解也不单是装配的逆向过程，有些产品零件是通过胶粘、铆接、模压、焊接等方式连接的，形成的连接件很难实现逆向操作；同时，拆解过程中还要对一些不能进行再制造升级的零件进行鉴别和剔除。

产品可拆解性设计是产品再制造升级性设计的重要环节，是提升产品再制造升级能力的有效措施，是实现产品维修维护、再制造回收及再循环应用的基础。产品拆解性的好坏，直接影响到产品再制造升级的效率和成本。拆解性与维修性类似，是一种设计出来的系统固有特性，这种固有特性决定了系统拆解的难易程度。因此，为了更好地实现产品并行设计、提高产品质量，使产品易于维护和维修，必须在产品早期设计阶段就考虑产品的拆解性。

国外对再制造升级拆解及其可拆解性设计开展了一定的研究，已将拆解工序优化和成本分析方法的任务分成装配图形表示、分解点求解分析、拆解优化矩阵分析及拆解工序和计划生成等几个阶段，其成本按目标拆解、完全拆解和最优拆解等三种类型进行分析。

2. 面向再制造升级的产品可拆解性设计准则

产品可拆解性设计的合理性对拆解过程影响很大，也是保证产品具有良好再制造升级性能的主要途径和手段。产品可拆解性设计原则就是为了将产品的可拆解性要求转化为具体的产品设计而确定的通用或专用设计准则和原则，针对不同目标的产品可拆解性设计原则一直是设计领域研究的重点。国际再制造专家预言，10 年之内，所有产品都是可以拆解和再利用的。

面向再制造升级的可拆解性设计要求，在产品设计的初期将可拆解性和可再制造升级性作为结构设计的指标之一，使产品的连接结构易于拆解，维护方便，并在产品废弃后能够充分有效地回收利用。表 4-2 给出了可拆解性的设计准则，但是由于报废产品的处理方式不同，所以这些可拆解性设计准则必须根据具体的目标有选择地使用。例如，面向材料回收的可拆解性设计要求材料尽可能单一，从而保证材料回收的方便。

表 4-2 面向再制造升级的可拆解性设计准则[5]

与材料有关的设计准则	与连接件有关的设计准则	与产品结构有关的设计准则
减少材料的种类	减少连接件数目	应保证拆解过程中的稳定性
尽可能使用可回收的材料	减少连接件型号	采用模块化设计、减少零件数量
使用回收后的材料生产零部件	减少拆解距离	减少电线和电缆的数量与长度
减少危险、有毒、有害材料的数量	拆解方向一致	连接点、折断点和切割分离线应明显
对有毒、有害材料进行清楚标识	避免破坏被连接零件	将不能回收的零件集中在便于分离的某个区域
对塑料和相似零件的材料进行标识	拆解空间应便于拆解操作	将高价值的零部件布置在易于拆解的位置
相互连接的零部件材料尽可能兼容	采用相同的装配和拆解操作方法	将有毒、有害材料的零部件布置在易于分离的位置
粘接与连接的零部件材料不兼容时应易于分离	采用易拆和可破坏性拆解的连接件	避免嵌入塑料中的金属件和塑料零件中的金属加强件

（1）非破坏性拆解设计原则　拆解有两种基本方式：第一种是可逆的，即非破坏性拆解，例如螺钉的旋出，快速连接的释放等；第二种是不可逆的，即破坏性拆解，例如将产品的外壳切割开，或采用挤压的方法把某个部件挤压出来，这可能会造成一些零部件的损坏。非破坏性拆解设计的关键问题是，能否将产品中的零部件完整拆解下来而不损害零件的材料和零件的整体性能，以及方便地更新零部件；而破坏性的拆解仅适用于材料回收。

（2）模块化设计原则　产品模块化是在考虑产品零部件的材料、拆解、维护及回收等诸多因素的影响下，对产品的结构进行模块化划分，使模块成为产品的构成单元，从而减少零部件数量，简化产品结构，有利于产品的再制造升级，便于产品的再循环利用。在面向再制造升级的产品可拆解性设计中，模块化设计原则具有重要的意义。

（3）技术预测设计原则　技术的飞速发展及人们需求的日益增长，会使产品的技术功能需求具有不确定性，即产品的使用需求与原始需求之间产生了较大改变，而减少这些结构与技术的不确定性有利于实现产品的快速检测、拆解和升级。例如，产品技术预测设计原则通常要求避免易老化、易腐蚀材料的结合以及防止要拆解的零部件的污染和腐蚀，增强技术的发展预测设计。

3. 面向再制造升级的洗衣机拆解及设计改进

洗衣机作为家用电器，发展已经比较成熟，而且由于其售后维修服务需要，在拆解性方面已经做出了针对性的设计，但通过对某型号洗衣机的部分部件拆解试验，发现存在着拆解时间长、连接方式不合理、可达性差等问题，如果对其提出改进拆解性设计，将对于提高再制造升级效益具有显著作用。表4-3为某型洗衣机核心件拆解要素及设计改进方案。

表4-3　某型洗衣机核心件拆解要素及设计改进方案

序号	拆解内容	拆解步骤	连接方式	拆解时间/min	拆解工具	设计改进
1	主轴承拆解	1. 打开后盖，拆下带轮； 2. 拆掉三脚架的三个地脚螺栓； 3. 在内筒轴上装一螺钉，然后用铁锤敲击，取下三脚架； 4. 用铁锤敲击掉旧轴承，更换新轴承后安装	三脚架与主轴轴承外圈过渡配合，与箱体地脚螺栓固定	35	套筒扳手、十字螺钉旋具、一字螺钉旋具、铁锤、光轴	在三脚架底部两螺钉对准箱体的位置开拆解工艺孔，以便拆解螺钉
2	减震器拆解	1. 拆下减震器在洗衣机箱体底部的两个固定螺钉； 2. 用扳手拆下上下连接外筒的减震螺钉，并更换新减震器	减震器和箱体外筒靠螺钉连接	21	套筒扳手、扳手	把减震器的固定螺钉改为销并加装减震垫以延寿
3	胶皮管拆解	1. 拆下胶皮管上的卡环； 2. 拆下固定在洗衣机上的螺钉，更换新胶皮管	胶皮管和外筒、水泵连接	16	螺钉旋具	将胶皮管设计为防腐胶皮以延寿
4	水泵拆解	1. 将洗衣机侧放，拆下连接在水泵上的卡环； 2. 拆下水泵与箱体的连接螺钉，并更换新水泵	水泵和箱体、胶皮管连接	20	八字螺钉旋具和十字螺钉旋具	把水泵上的螺钉改为蝶形螺帽，便于拆解
5	门锁拆解	1. 拆下门封外胶皮； 2. 拆下门锁螺钉并取出门锁； 3. 拔下门锁上的连接线，更换新门锁	门锁和箱体、电脑面板连接	12	十字螺钉旋具和一字螺钉旋具	将门锁改为一键开门，便于延寿

4. 发动机的可拆解性设计与拆解实例

发动机作为机械装备的心脏，属于贵重零部件，因此其可拆解性设计已得到较好的应用。例如缸体、曲轴、连杆、凸轮轴、齿轮等零部件在材料选择、结构设计、强度设计、装配设计等方面均很好地执行了可拆解性设计原则。与其他零部件相比，发动机的拆解和再制造升级的工程实践与产业化应用也是发达国家废旧机电产品资源化中最活跃的领域。

通过对某型装备四缸发动机进行完全深度拆解，共拆解出534个单一零件。经清洗和鉴定后将所有零件分为三类：一是性能与尺寸完好可直接再利用的，包括进气管、排气管、油底壳和飞轮壳等铸铁铝零件；二是经再制造加工后可以继续使用的，包括曲轴、连杆轴、凸轮轴、缸体和缸盖等金属零件，如图4-6所示；三是无法再制造或可再制造而经济性不好，须列入再循环处理的零件，包括活塞环、轴瓦和密封垫等零件，如图4-7所示。

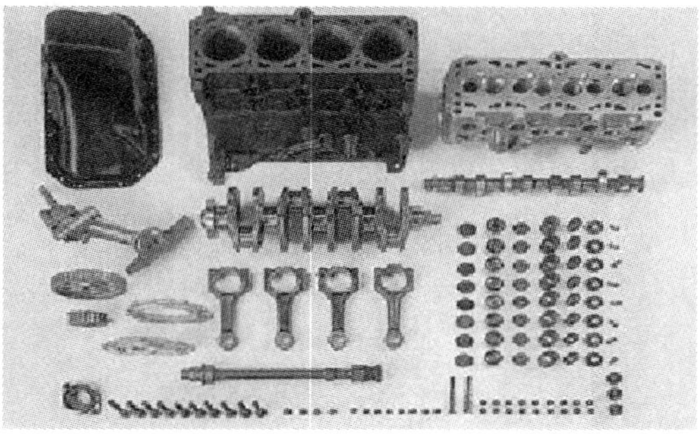

图4-6　某四缸发动机拆解后的可再制造件

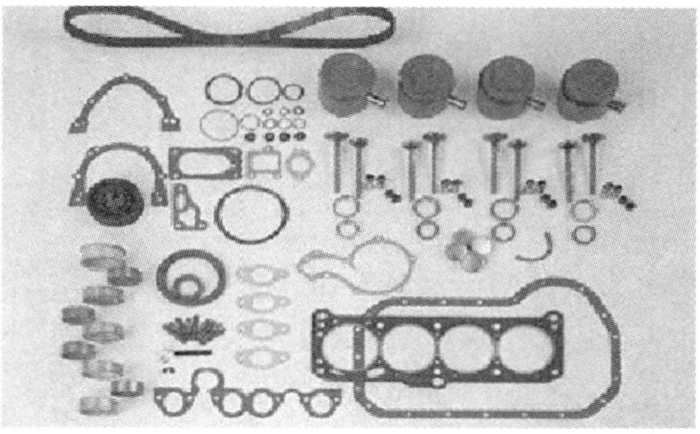

图4-7　某四缸发动机拆解后的易损件

发动机完全拆解后得出如下结论：除发动机缸体外部等部位的固定采用了螺杆/栓联接，发动机内部绝大部分的连接均采用了容易拆解的非螺杆连接件；仅有8个连接件（低于2%）是靠模压或者铆接法进行连接，需要进行破坏性拆解；类似将活塞推出缸套、轴瓦分离轴颈、曲轴分离轴承座圈等零部件均可实现无损快速拆解[6]。图4-8给出了该型发动机534个零件完全拆解所需时间的百分比。对拆解后的零件进行费效统计分析，可再利用和再制造的零件比例占整机零件质量的94%，价值的90%，数量的85%。这表明，可拆解性设计直接决定着装备的拆解效率和旧件再利用率，并会进一步影响其再制造升级的经济可行性与技术可行性。

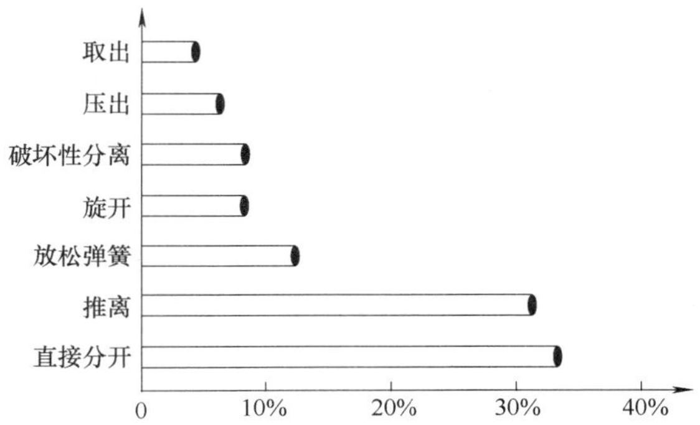

图4-8　发动机中534个零件完全拆解所需时间的百分比

4.3.3 面向再制造升级的产品模块化设计

面向再制造升级的产品设计需要同时解决这样一些难题：在产品设计之初，就需要采用发展的观点，全面考虑该产品在其多寿命周期内技术性能发展的属性，并在零部件重复使用性的基础上，无论是在所选用材料方面还是产品结构方面，连接方法设计都能方便其日后的维修、升级，以及产品废弃后的拆解、回收和处理，同时保证与环境有更好的协调性，实现最佳化的再制造升级。显然，原有的传统设计方法不能满足这些要求。面向再制造升级的绿色模块化设计方法正是在这种情况下提出来的，绿色模块化设计是提高产品再制造升级性的有效技术方法。

1. 基本内涵和特点

(1) 基本内涵　模块是模块化产品的基本元素，是一种实体的概念，如把模块定义为一组同时具有相同功能和相同结合要素，具有不同性能或用途甚至不同结构特征，但能互换的单元。模块化一般是指使用模块的概念对产品或系统进行规划设计和生产组织。模块是产品的子结构，它与产品的功能元素子集有一一对应的关系。产品的模块化设计是在产品设计时，根据原材料属性、产品的结构，以及日后的使用功能、升级、维修、废弃后的回收、拆解等因素，在对一定范围内的不同功能或相同功能不同性能、不同规格的产品进行功能结构分析的基础上，划分并设计出一系列模块，通过模块的选择和组合可以构成不同的产品，以满足市场不同需求的设计方法。产品的模块化设计可以实现把离散的零件聚合成模块产品的模块化设计，既可以在产品生产时大批量生产模块化的半成品，降低生产成本，获得规模效应；又可以根据用户的个性化需要，将不同功能的模块进行组合，提高产品对市场差异化需求的响应能力。

面向再制造升级的模块化设计方法是将模块化设计和再制造设计进行有机结合后，运用于产品的再制造升级性设计阶段中，使产品同时满足易于拆解和装配、易于修复和升级、环境友好性等再制造升级性的指标，着重要求在模块化设计时，考虑产品的再制造升级性，让产品在寿命末端回收之后，能容易地拆解为不同的模块，并能够快速用新模块进行替换，实现性能升级和资源的回收利用。这种设计方法是一种顺应时代发展的崭新的设计方法，有助于实现制造业的可持续发展。

(2) 基本特点　模块是模块化设计和制造的基本单元，必须能够满足需求的多样化以及便于制造和管理。因此，模块应具备下列特征。

1) 模块应具有相对独立性。

模块应具有相对独立的功能。模块的功能是产品总功能的一个组成部分，功能独立的模块组合产品时，不会出现功能冗余，灵活性大，适应性强；在产品品种发展中变动的可能性小，可在不同系列产品中使用；可以单独进行试验、验证、调试、制造、储备，并可作为独立的商品流通于市场。

相对独立的结构。一个模块虽然要和别的模块相连接，但它在结构上并非必须作为某个模块的附属装置才能完成自己的特定功能。只要模块的接口标准化，就很容易更换模块而组合成多种变型产品。

2) 模块应对市场需求变化具有快速应变能力。

模块应具有通用性。在条件允许的范围内尽可能选用性能参数的上限值，以适应多种产品的需要，扩大通用化范围。

模块应具有互换性。模块配合部位的结构形状和尺寸必须标准化，满足可以迅速更换的接口技术要求，便于老旧时进行新模块的更换。

2. 面向再制造升级的产品模块化设计优点

（1）能有效提高产品的拆解性和装配性　再制造升级加工过程包括前期对回收产品的拆解环节和后期将再制造升级后的零部件装配为再制造升级成品的环节，所以，面向再制造升级的产品设计一定要考虑零部件的拆解性和装配性，这既会影响再制造升级过程的效率，又会影响再制造升级产品的质量。

再制造升级的拆解不同于再循环，需要确保拆解过程中尽可能少地损坏零部件。因此，产品结构设计，连接件的数量和类型，以及拆解深度的选择成为面向再制造升级产品设计的重点内容。不同的产品结构将导致不同的拆解方法和拆解难度。常见的拆解方法有两种：有损拆解和无损拆解。常见的有损拆解是机械裂解或粉碎。机械产品中常见的连接方式有四种：可拆解连接、活动连接、半永久性连接和永久性连接。前两种连接一般都可以拆解，第四种则只能采用有损拆解的方法拆解。

产品结构设计时应改变传统的连接方式，零部件之间尽量不采用焊接或粘接的连接方式，代之以易于拆解的连接方式。扣压和螺钉的方式便于拆解，前者较后者又更容易拆解、更省时。连接件方面，卡式接头和插入式接头更容易拆解和装配，已经有越来越多的企业在产品设计时采取这些类型的连接方式。尤其是一些易损零件，由于更换次数较多，在设计其安装结构时就考虑其拆解性，较多采用插入式结构设计、标准化插口设计等。如计算机主板上的插槽与上面插装线路板的连接方式。

采用绿色模块化设计既能明显简化产品结构，又能大量减少连接件的数量和类型，大大提高了产品的拆解性和装配性，并可减小产品的破损率，提高产品的拆解和装配效率。

（2）有助于提升产品的易分类性　同一部机器上往往有钢、铁、铝、铜、塑料、木材等不同的材料，它们的表面常常有油漆覆盖，不易区分，应加强标识，便于拆解和分类存放。同一材质、不同形状和尺寸的零部件，由于加工方式或使用机床的不同，也要进行标识和分类，提高总的再制造升级效率。

采用绿色模块化设计有助于大量减少零部件的数量和种类，使拆解后的零部件更易于分类和识别，将使再制造升级生产加工时间大为缩短。

（3）能显著提升产品的易修复性和升级性　再制造升级工程包括再制造加工和过时产品的性能升级。前者主要针对报废的产品，把有剩余寿命的废旧零部件作为再制造毛坯，采用表面工程等先进技术使其性能恢复，甚至超过新品。后者通过技术改造改善过时产品的技术性能，使原产品能跟上时代的要求。所以，对原制造品进行修复和技术升级是再制造升级过程中的一个重要部分。

实施绿色模块化设计，可以采用易于替换的标准化零部件和可以改造的产品结构并预留模块接口，以备升级之需，在必要时即可通过模块替换或增加模块实现产品修复或升级，减少拆解中的破损，增强再制造升级加工和产品升级改造的效率。

3. 面向再制造升级的产品模块化设计原理

作为一种哲理、思想和方法，模块化的主要目标是提高事物的多样化，对于产品而言，这种多样化可具体为减少产品的内部多样化、增加产品外部多样化。然而，不同产品的特点、类型千差万别，这对实施大规模定制和模块化的开发模式、具体技术也有不同要求，因此有必要对产品基本特征进行分析、归纳。产品实施模块化一般与产品的可分性和可变性这两种基本特征密切相关。在模块化实施过程中，产品可分性和可变性程度是模块的功能结构分解以及模块化系统构建与实施方法的基础。作为一种新的方法论，模块化系统建立与实施需要一定的理论指导。系统论理论、相似性理论、重用性及标准化理论可归结为实施模块化的基本理论。

（1）系统论原理　任何模块化的事或物都是一个系统，展开模块化工作，只有善于运用系统论的原理才能取得良好的系统效果。

整体性是系统的最基本属性，把系统作为有机整体看待，构成系统的各个要素虽具有不同的性能，但它们都是按照逻辑统一性的要求而构成的整体。

系统内各单元是互相联系、互相作用、有机结合的，系统与环境、系统与系统之间也存在相互联系和相互作用。在模块化系统中，这种相关性体现为系统中的链状接口系统，如模块之间的机械接口、电气接口、机电接口、各种物理量与电量的接口、信息接口等。只有充分考虑各接口间的协调和匹配性，才能保证系统整体的良好质量及可靠性。运用结构分析法，对模块化系统内各单元之间既有的关系，空间排列顺序及组合的具体形式，以及结构与功能的关系、功能间的联系进行分析和考虑。

一个复杂系统可按其功能或结构分成若干层次，即系统由子系统组成，而子系统又由更小的单元或要素组成。层次分析法可依据某种原则探索层次的构成、性质、结构、功能以及层次间的关系。当我们认识或设计一个模块化系统时，可根据系统功能的要求，按其层次依次展开，以正确揭示系统结构层次的内在联系，可使模块化系统泾渭分明。在模块化系统设计时，首要任务就是在对模块化对象进行深入分析与综合的基础上，确定模块化系统层次结构图。

模块化系统并非建立后一成不变，而会随着技术和时间的发展而不断吸收新技术、新模块。因此，动态性原理和动态思维法的合理运用可使模块化系统保持活力。

另外，由于系统都具有目的性，在建立模块化系统时，首要任务就是确定系统应达到的目标，以此来确定各子系统的分目标，并为实现总目标而对系统结构及时加以调整。因此，目的性原理与有的放矢分析法也是开展模块化的重要分析原理和手段。

（2）相似性原理　分析和识别大量不同产品和过程中的相似性，挖掘存在于产品和过程中的几何相似性、结构相似性、功能相似性和过程相似性，利用标准化、系列化方法，减少产品内部的多样化，提高零部件和生产过程的可重用性。

产品和过程中的相似性有各种不同的形式，例如零件之间的几何相似性，产品结构之间的结构相似性，部件、产品之间的功能相似性等等，这些不同类型的相似性的归纳将构成模块化系统的基础。

（3）重用性、标准化原理　在模块化、定制化产品中存在着大量可重复使用和重新组合使用的单元。通过采用标准化、系列化、通用化的方法，充分挖掘和利用这些单元，将定制产品的生产问题通过产品重组和过程重组，全部或部分转化为批量生产问题，从而以较低的成本、较高的质量和较快的速度生产出个性化产品。

标准化是实施模块化的基础和目标之一。模块化也是标准化的一种新形式，它是标准化原理中简化、统一化、系列化、通用化、组合化、模数化等理论的综合运用，是标准化的高级形式。

模块化侧重于部件级标准化，进而达到产品系统的多样化。通过对某一类产品系统的分析研究，将其中含有的相同或相似功能单元分解出来用标准化原理进行统一和归并、简化，以通用单元的形式独立存在，然后用不同模块的组合来构成多种新产品。这种分解和组合的全过程就是模块化。

4. 易于再制造升级产品的模块化特征

再制造升级产品是一个由若干零件、部件、装置，按一定规律和结构形式组成的具有特定功能的复杂系统。作为一个系统，产品具有以下基本特性：整体性、相关性、目的性、结构的层次性。对再制造升级产品进行模块化设计正是基于上述特点，按照功能分解原理对结构或系统进行模块的划分和组合。但是由于再制造升级产品的产品结构具有与一般产品不同的特点，其同时具有大量的设备功能模块和结构模块，产品族体系的构成特点与一般产品也不同，因而对其进行模块化设计的难度很大。这主要体现在以下两个方面：

1）设备功能模块规格和变形结构系列化特性明显。这类模块一般具有较为固定的结构形式，其功能和结构易于分解，且结构主参数的分级特性较为明显，因而易于进行模块的划分和产品系列规划。如不同类型汽车的系统功能模块，可以根据主参数进行产品的系列化规划，采用标准尺寸和接口，实现设备、系统的模块化。

2）结构模块无明显的系列化特性。这类模块的结构主参数主要由载荷和使用工况决定，模块结构易于分解，但模块规格难以进行系列化分级，结构模块的通用性不强，属于生产模块设计范畴。

由于模块化设计是从功能和结构的角度认识产品，原则上再制造升级产品的两种模块都可以用模块化技术进行设计，但现有的模块化设计技术主要适用于设备功能模块的设计，在概念和手段上还不足以支持大型装配结构的模块化设计实施。在实施结构模块的设计时需要新的理论来指导。

5. 面向再制造升级的模块化设计原则和过程

（1）面向再制造升级的模块化设计原则　根据再制造升级的特点，产品模块的划分应该遵循以下原则：

1）技术集成原则。采用易于替换的标准化零部件和可以改造的结构并预留模块接口，增加了再制造升级的便利性，从而通过模块替换或者增加模块升级再制造产品。

2）寿命集成原则。对于由多种零部件组成的产品而言，各个零部件的寿命都不可能相同。当产品整体报废以后，有些零部件已经达到其使役寿命，只能进行材料回收或废弃。但仍有相当多的零件还有足够的寿命来继续工作，甚至比整个产品的寿命周期长数倍。倘若将不同寿命的零部件不加分类地混合装配在一起，在产品再制造升级中就必须对其进行深度拆解，这将大大降低再制造升级的效率。而采用寿命集成模块化的产品，在再制造升级时只需对产品进行简单的拆解，就可以把不能继续使用的零件拆除并替换。

3）材料集成原则。材料相容性原则，减少有害材料使用，减少使用材料的种类等设计原则在面向再制造升级的设计中占有重要地位。例如，将具有相同特性的材料集中设计，在再制造升级过程中，这类材料可以被一起清洗和进行化学或物理处理，而不会发生相互腐蚀等情况。

4）诊断和检测集成原则。在产品使役周期内，有一些零部件在整个寿命周期内失效的可能性很小，因此并非需要对每一个废旧零件都进行诊断和检测。可根据产品零部件在产品报废以后是否需要检测，将其分别集成在不同的模块，从而可以大大减少拆解的工作量，提高产品的检测效率和效果。

（2）面向再制造升级的模块化设计过程在进行产品的再制造升级性设计时要包含产品材料的合理性、易运输装卸性、易拆解和装配性、易分类性、易清洗性、易修复和升级性。面向再制造升级的绿色模块化设计方法将绿色设计和模块化设计进行了有机结合，其具体实现步骤归纳如下[7]：

1）进行用户需求分析。面向再制造升级的绿色模块化设计活动首先从分析用户对产品的需求开始。在调查了解用户对产品可能存在的升级后功能、使用寿命、价格、需求量、升级性能等具体要求后，考虑该产品采用绿色模块化设计的可行性。如果经过分析，在满足环境属性的前提下用户对该产品的要求均可满足，则该产品的绿色模块化设计的可行性获得通过，面向再制造升级的绿色模块化设计活动可以进入下一个环节。

2）选取合理的产品参数定义范围。面向再制造升级的绿色模块化设计活动的第二步，是选取合理的产品参数定义范围。通常，产品参数分为三类，即动力参数、运动参数和尺寸参数，合理地选取产品的参数定义范围十分重要。如果参数定义范围过高，将造成能源和资源等的浪费，有悖于绿色设计的思想；如果参数定义范围过低，又满足不了客户的要求。通常的做法是先定义主参数，然后在参数满足用户需求的基础上实现尽可能高的绿色化和模块化，易于进行再制造升级。

3）确定合理的产品系列型谱。面向再制造升级的绿色模块化设计活动的第三步，是系列型谱的制定，即合理确定绿色模块化设计的产品种类和规格型号，进行必要的技术发展预测。型谱过大过小都不好，如果型谱过大，则产品规格众多，市场适应能力强，环境属性好，模块通用程度高，但工作量也相应增大，人力资源能耗大，成本上升，总体来说效果并不好；反之，则又会走向另一个极端，效果也不好。因此，产品系列型谱的制定至关重要。

4）产品的模块划分与选择。面向再制造升级的绿色模块化设计的第四步，是进行模块的划分与选择，这是再制造升级模块化设计的关键，是模块化方法最重要的内容，通常根据产品的功能，将其分为基本功能、次要功能、特殊功能和适应功能等，然后划分相应的模块使得产品的设计过程思路清晰，并有利于产品报废退役后的零部件回收、重新利用或升级换代。

5）绿色模块的组合。面向再制造升级的绿色模块化设计活动的第五步，是模块的组合。划分完模块后，将这些模块按照直接组合、集装式组合或改装后组合等方法组合成系统。组合时要考虑今后的易拆解性、不易损坏性及产品的节能省时等环境友好性特征。

6）对设计好的产品进行分析校验。面向再制造升级的绿色模块化设计活动的第六步，是用机械零件设计软件包、优化设计软件包、有限元软件包等现代设计工具对设计好的产品进行分析、计算和校验。如果分析校验不合要求，就要回到模块选择上进行修改、完善，重新整合模块，直至产品符合要求。

7）产品设计的绿色度与模块度指标评价。面向再制造升级的绿色模块化设计活动的最后步骤，是采用层次分析法及模糊综合评价法等数学工具对产品再制造升级设计的绿色度和模块度指标进行计算及评价，再根据计算结果对产品的有关参数加以调整或进行重新设计。

4.4 再制造升级性定量设计方法

4.4.1 再制造升级性定量参数确定

除了定性要求外，再制造升级性还需要进行量化评估，升级性的定量化参数可以选用费用参数、时间参数、环境参数等。

1. 再制造升级费用参数

再制造升级费用（RU_c）参数是最重要的再制造升级性参数。它直接影响产品再制造升级的经济性，决定着生产商的经济效益，又与再制造升级时间紧密相关。

（1）平均再制造升级费用（$\overline{RU}_{mc}$） 平均再制造升级费用是产品再制造升级性的一种基本参数。其度量的方法为：在规定的条件下，旧品在任一规定的再制造升级目标上，再制造升级产品所需总费用与在该级别上被再制造升级的旧品的总数之比。简而言之，即产品再制造升级实际消耗费用的平均值。当有 n 个旧品完成再制造升级时，第 i 个产品再制造升级费用为 RU_{ci}时，有

$$\overline{RU}_{mc} = \frac{\sum_{i=1}^{n} RU_{ci}}{n} \tag{4-1}$$

$\overline{RU}_{mc}$只考虑实际的再制造升级费用，包括拆解、清洗、检测诊断、换件、再制造加工、结构改造、新模块购置、安装、检验、包装等费用。对同一种产品，在不同的再制造升级条件和目标下，也会有不同的平均再制造升级费用。

（2）最大再制造升级费用（$RU_{max\ c}$） 在许多情况下，在确定再制造升级目标时，尤其是再制造升级部门更关心绝大多数旧品能在多少费用内完成再制造升级，这时，可用最大再制造升级费用参数。

（3）再制造升级产品价值（VU_{rp}） 再制造升级产品价值指根据再制造升级后产品所具有的性能，确定的产品的实际价值，可以以市场价格作为衡量标准。由于新技术和新模块的应用，可能使得升级后的再制造产品价值要高于原来新品的价值。

（4）再制造升级环保价值（VU_{re}） 再制造升级环保价值指通过再制造升级所获取的环保效益，包括资源回收效益、避免旧品环保处理所节省的费用与避免新品制造过程所造成的环境污染处理所节省费用等的总和。

2. 再制造升级时间参数

再制造升级时间参数反映再制造升级中的人力、机时消耗，直接关系着再制造升级人力配置、设备安排和再制造升级费用，是重要的再制造升级性参数。

（1）再制造升级时间（RU_t） 再制造升级时间指退役产品或其零部件自进入再制造升级程序后通过再制造升级过程恢复到合格状态的时间。一般来说，再制造升级时间要小于制造时间。

（2）平均再制造升级时间（$\overline{RU}_{at}$） 平均再制造升级时间指某类旧品在规定条件下再制造升级所需时间的平均值。其度量方式为：在规定的条件下和规定的费用内，某类产品完成再制造升级的总时间与该类再制造升级产品总数量之比。

（3）最大再制造升级时间（RU_{maxct}） 最大再制造升级时间指达到规定再制造升级度所需的再制造时间，即预期完成全部再制造升级工作的某个规定百分比所需的时间。

3. 再制造升级性环境参数

（1）材料质量回收率（RU_W） 材料质量回收率表示退役产品可用于再制造升级的零件材料质量与原产品总质量的比值。

$$RU_W = \frac{W_R}{W_P} \tag{4-2}$$

式中 RU_W——材料质量回收率；

W_R——可用于再制造升级的零件材料质量；

W_P——原产品总质量。

（2）产品价值回收率（RU_V） 产品价值回收率表示退役产品可用于再制造升级的零件价值与原产品总价值的比值。

$$RU_V = \frac{V_R}{V_P} \tag{4-3}$$

式中 RU_V——产品价值回收率；

V_R——可用于再制造升级的零件价值；

V_P——原产品总价值。

（3）零件数量回收率（RU_N） 零件数量回收率表示旧品可用于再制造升级的零件数量与原产品零件总数量的比值。

$$RU_N = \frac{N_R}{N_P} \tag{4-4}$$

式中 RU_N——零件数量回收率；

N_R——可用于再制造升级的零件数量；

N_P——原产品零件总数量。

4. 再制造升级性指标量值

（1）目标值 产品需要达到的再制造升级使用指标。这是在一定条件下满足再制造升级需求所期望达到的要求值，是新研产品再制造升级性要求要达到的目标。

（2）门限值 产品必须达到的再制造升级指标。这是在一定条件下，满足再制造升级需求的最低要求值。若比这个值再低，产品将不适用于再制造升级。

（3）规定值 产品需要达到的合同指标。它是产品承制方进行再制造升级性设计的依据，也就是合同或研制任务书规定的再制造升级性设计应该达到的要求值。它由使用指标的目标值按工程环境条件转换而来，依据产品的类型、使用、再制造升级条件等来确定。

（4）最低可接受值 合同或研制任务书中规定的若实现产品再制造升级必须达到的合同指标。它是研制产品必须达到的最低要求，是进行考核或验证的依据。最低可接受值由使用指标的门限值转换而来。

5. 再制造升级性定量要求分析确定

再制造升级性定量要求的分析确定主要是根据再制造升级性的需求，选定再制造升级性参数并确定再制造升级性指标。再制造升级性指标的确定相对选定参数来说更加复杂和困难，因此在确定指标之前，产品研制部门要和产品使用部门、再制造升级部门进行反复评议，再制造升级部门根据产品使用需求和再制造升级实施需要提出适当的最初要求。通过协商使指标既能满足再制造升级需求，设计时又能够实现。指标通常给定一个范围，即使用指标应有目标值和门限值，合同指标应有规定值和最低可接受值。制定再制造升级性定量要求的功能模型如图 4-9 所示。

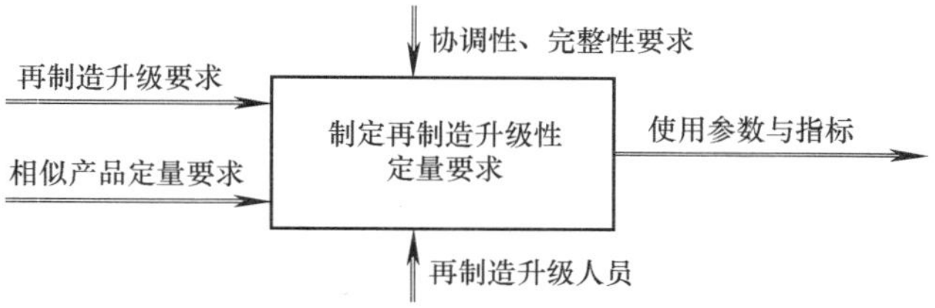

图 4-9　制定再制造升级性定量要求的功能模型

再制造升级性参数的选择主要考虑以下几个因素：

1）产品的再制造升级需求是选择再制造升级性参数时要考虑的首要因素。

2）产品的结构特点是选定参数的主要因素。

3）再制造升级性参数的选择要和预期的再制造升级方案结合起来考虑。

4）选择再制造升级性参数必须同时考虑所定指标如何考核和验证。

5）再制造升级性参数的选定必须和技术预测与故障分析结合起来。

6. 再制造升级性参数与指标转换

再制造升级人员提出的再制造升级实施时的参数及指标，应转换为实际产品设计时的参数与指标，明确定义及条件。可以采用专家估计的方法来进行转换，功能模型如图 4-10 所示。再制造升级方要确定出产品级的升级性定量要求，对于重要的分系统或部件，也应提出升级性要求，并做出规定。产品的设计人员需要根据再制造升级人员的定量需求，完成整个产品及其零部件的升级性要求指标的转换。

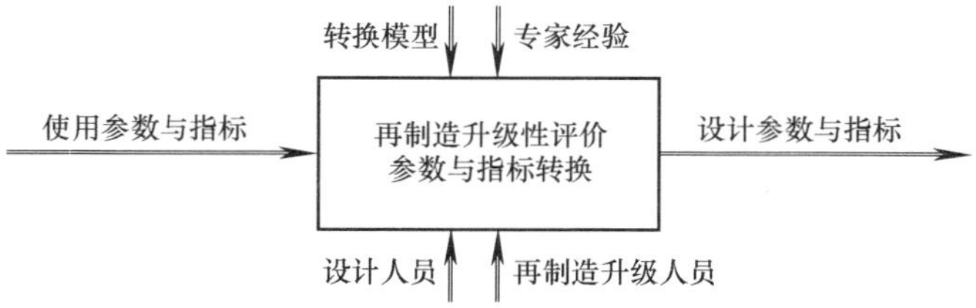

图 4-10　再制造升级性参数与指标转换功能模型

4.4.2　再制造升级性建模分析

1. 基本内涵

再制造升级性模型是为了分配、预计和评价产品的可升级性所建立的文字描述、框图、数学和计算机仿真模型。在关系到再制造升级性的全过程中，升级性模型可以分为定性模型和定量模型，前者可以是描述性模型或流程图和图解式模型，后者可以是数学模型或计算机仿真模型。在再制造升级性建模的过程中，需要着重考虑的约束问题有：

1）需要建模的再制造升级性参数。

2）再制造升级方案及保障资源。

3）产品的功能需求与结构模型。

4）与产品需求相关的技术发展模型。

2. 再制造升级性建模的步骤

在升级性建模过程中，建模所需的信息主要依赖于三个来源，即建模的目标和目的、先验知识和相关数据。建模的目标和目的是指要求建模的升级性参数以及相应的约束条件，例如以一定条件下的再制造升级时间作为目标时，升级性参数为再制造升级时间，约束条件为规定的升级条件。建模的先验知识指与目标要求接近的已有升级性模型、相关领域的建模知识和专家经验等，例如相似产品的升级策略。数据指升级性建模过程中所需要的各种数据，例如，升级保障设备数据、零部件失效数据、升级性验证数据等。

参照相关属性设计领域的建模知识，再制造升级性建模的一般步骤如图 4-11 所示，首先应对先验知识进行分析，然后根据目标和目的要求以及试验数据的情况详细地确定问题的描述，阐明问题的边界与约束，描述清楚输入、输出的状态集合，从而选择一个可接受的模型框架。模型框架实际上就是一种已程序化的、用于概略地描述模型的总体纲要。在模型框架得到明确的定义后，应对问题进一步地细化和剖分，确立出结构特征与参数特征的重要对应关系。对此模型进行相应的可信度分析确认，即可得到最终的模型。建模的重点集中于三个方面，即模型框架、结构特征和参数特征，即由框架到结构到参数的转化过程。

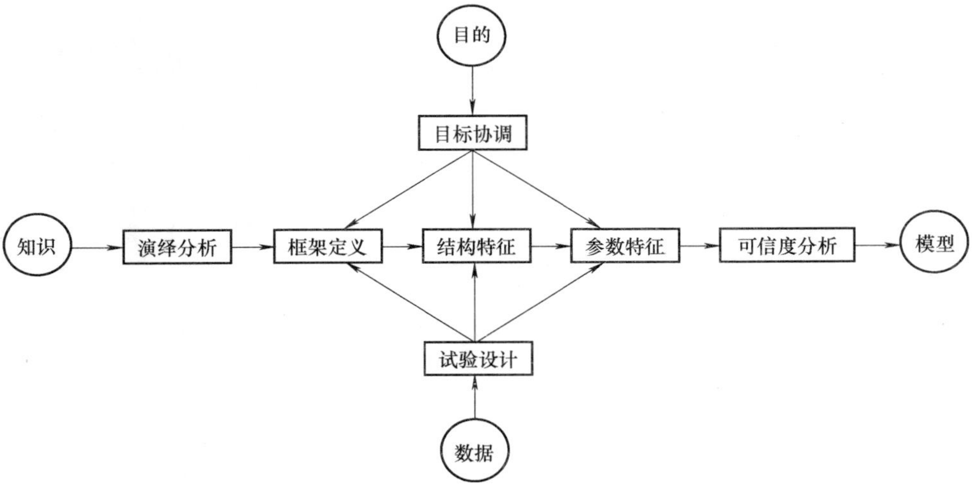

图 4-11　再制造升级性建模的一般步骤

3. 再制造升级性物理模型

（1）再制造升级职能流程图　再制造升级职能指实施旧品再制造升级的部门及其所实施的再制造升级各项活动，这些活动是按时间先后顺序排列出来的。再制造升级职能流程图是对四类再制造升级形式（功能型、性能型、改造型、综合型）提出要点并指出各项职能之间相互联系的一种流程图。对某一再制造升级职能部门来说，再制造升级职能流程图应包括从待升级产品进入再制造升级生产线时起，直到完成最后一项再制造升级职能，使产品达到规定性能状态为止的全过程。

图4-12所示为产品系统最高层次的再制造升级职能流程图，它表明该产品系统在进入再制造升级系统后，可选择采用四种形式的再制造升级方法，以生成不同的再制造升级产品，然后投入到新的使役周期。

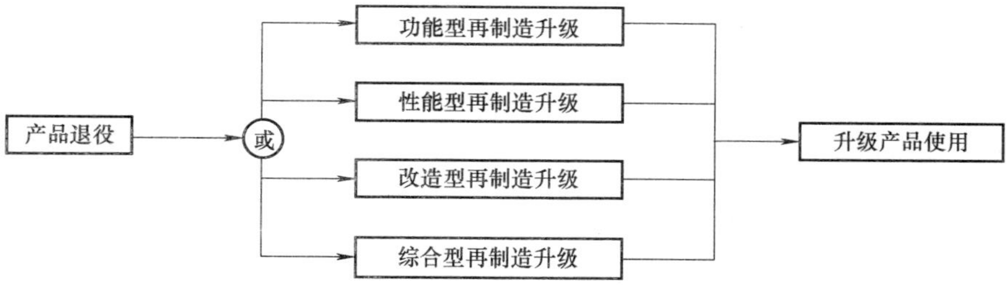

图4-12 再制造升级职能流程图

（2）产品系统层次框图 产品系统层次框图是表示从系统、部件到零件的各个层次所需的再制造升级措施的系统框图，用来进一步说明再制造升级职能流程图中产品再制造升级职能的细节。系统功能层次的分解是按其结构自上而下进行的，如图4-13所示。一般从系统级开始，结合再制造升级方案，根据需要分解到零件级或子部件级，更换易损件，修复可用件，升级添加新功能件，改造旧部件结构，直到确定具体零件再制造升级方案，并在各个零部件上标明与该层次有关的重要再制造或升级措施（如替换、修复、改造、调整、添加等）。这些措施可用符号表示，各种符号意义如下：

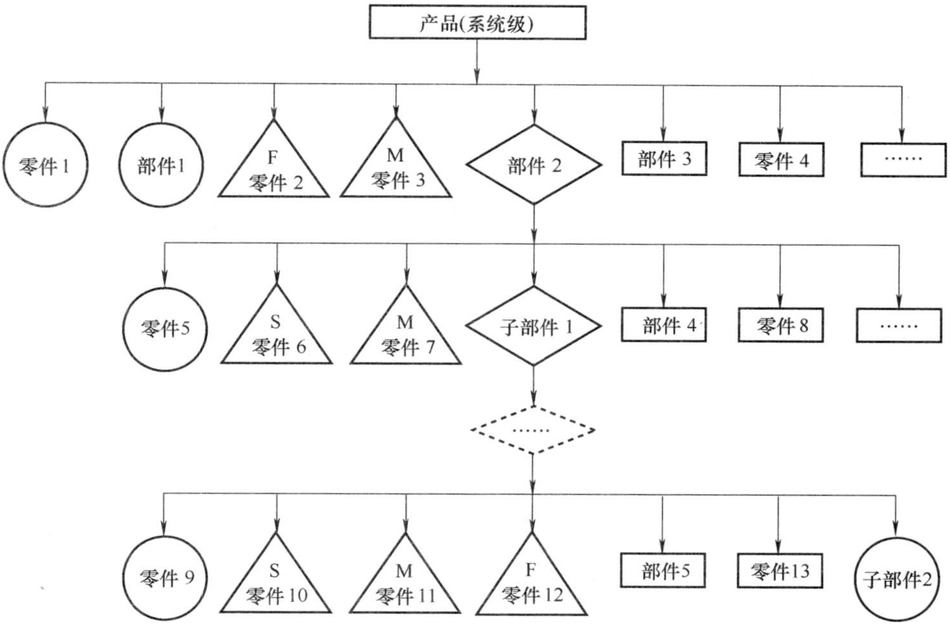

图4-13 产品系统层次框图

圆圈：圆圈内的零部件再制造升级时通常可以直接利用。

方框：方框内的零部件再制造升级时需换件，即替换单元。

菱形：菱形内的部件表示须继续分解。

含有“F”的三角形：表明该零部件在旧品中通常失效，需要进行再制造升级加工。

含有“M”的三角形：表明该零件需要机械加工法进行再制造。

含有“S”的三角形：表明该零件需要升级法进行再制造。

在进行产品再制造升级层次分析时，要着重展示有关再制造升级的要素，即：第一，它需要分解到最低层次的产品零部件；第二，可直接利用和更换件用圆圈和方框表示；第三，需要标示再制造升级过程中不同零件所采取的措施或要素。产品层次是产品系统层次框图的基础。另外产品层次划分和再制造升级措施或要素的确定，是随着研制的发展而细化并不断修正的。因而，包含再制造升级的功能和产品层次分解也要随研制过程细化和修正，并将影响再制造升级性分配的细化和修正。

4. 再制造升级费用计算模型

再制造升级费用是为完成某产品再制造升级活动所需的费用。不同的再制造升级产品要求需要不同的费用，同一再制造升级事件由于再制造升级旧品状态，人员技能差异，工具、设备不同，环境条件的不同，费用也会变化。所以基于旧品的再制造升级费用是一个随机变量，对其进行计算是进行再制造升级性指标分配、预计及验证数据分析等活动的基础。根据分析对象的不同，再制造升级费用统计计算模型可分为串行再制造升级作业、并行再制造升级作业、混合再制造升级作业、平均再制造升级等费用计算模型。

（1）串行再制造升级作业模型　串行再制造升级作业是指在包含升级作业的若干项再制造作业中，前项再制造作业完成后，才能进行下一项再制造或升级作业，如拆解、分类、清洗、检测、加工、装配、包装等再制造活动就可以看作是串行再制造作业，因为各项作业必须一环扣一环，不能交叉进行。串行再制造升级作业的表示方法如同系统可靠性计算中的串联框图一样，如图4-14所示。

图4-14　串行再制造升级作业职能流程示例

假设某次再制造升级作业的费用为RU_c，完成该次再制造升级需要n项基本的串行再制造升级作业，每项基本的串行再制造升级作业费用为$RU_{ci}(i=1,2,\cdots,n)$，它们相互独立，则

$$RU_c = RU_{c1} + RU_{c2} + \cdots + RU_{cn} = \sum_{i=1}^{n} RU_{ci} \tag{4-5}$$

（2）并行再制造升级作业模型　某再制造升级由若干项再制造升级作业组成，若各项再制造升级作业是同时展开的，则称这种再制造升级作业是并行再制造升级作业。假设某次再制造升级作业的费用为RU_c，各项基本的再制造升级作业费用为$RU_{ci}(i=1,2,\cdots,m)$，如图4-15。则

$$RU_c = RU_{c1} + RU_{c2} + \cdots + RU_{cm} = \sum_{j=1}^{m} RU_{cj} \tag{4-6}$$

（3）混合再制造升级作业模型　一般来讲，再制造升级作业过程既包括清洗、检测、加工、装配等串联再制造升级作业，也包括在每道作业过程中的并联再制造升级作业，如再制造加工作业中，不同零件在不同工位上的加工属于并联的再制造升级作业，所以既有串联又有并联的作业属于混合再制造升级作业，其费用计算为

$$RU_{c} = \sum_{i=1}^{n} \sum_{j=1}^{m} (RU_{ci} + RU_{cj}) \tag{4-7}$$

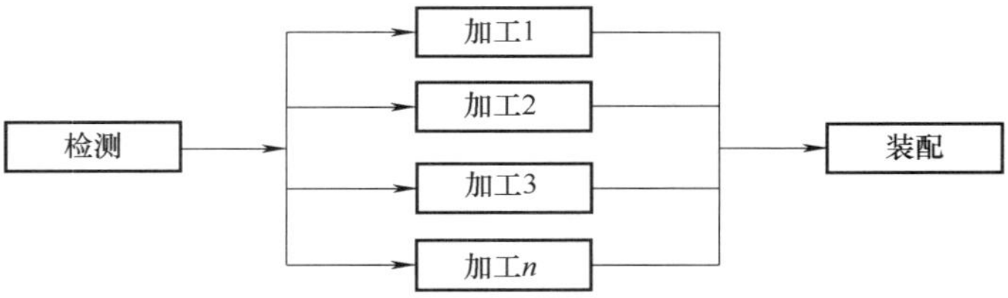

图 4-15 并行再制造升级作业职能流程

（4）平均再制造升级费用计算模型 若系统由 q 项再制造升级作业组成，每个再制造升级作业项目的平均再制造升级费用为已知，则系统的平均再制造升级费用为

$$\overline{RU}_{mc} = \sum_{i=1}^{q} \psi_i \overline{RU}_{mci} \tag{4-8}$$

式中 ψ_i——第 i 个项目的平均再制造率；

$\overline{RU}_{mci}$——第 i 个项目的平均再制造升级费用。

4.4.3 再制造升级性指标分配

1. 基本内涵

再制造升级性指标分配是把产品的再制造升级性指标分配或配置到产品各个功能层次的各个部分，以确定它们应达到的再制造升级性定量要求，以此作为设计各部分结构的依据。再制造升级性指标分配是产品再制造升级性设计的重要环节，合理的再制造升级性指标分配方案，可以使产品经济而有效地达到规定的再制造升级性目标。

在产品研制设计中，要根据系统总的再制造升级性指标要求，将它分配到各功能层次的各部分，以便明确产品各部分的再制造升级性指标。其具体目的就是为系统或产品的各部分研制者提供再制造升级性设计指标，满足系统或产品最终符合规定的再制造升级性要求。再制造升级性指标分配是产品研制或改进中为保证产品的再制造升级性所必须进行的一项工作，也只有合理分配再制造升级性的各项指标，才能够避免设计的盲目性，才可以使产品系统达到规定的再制造升级性指标，满足末端产品易于再制造升级的要求。

再制造升级性分配的指标一般是指关系产品再制造升级全局的系统再制造升级性的主要指标，常用的指标有平均再制造升级费用（$\overline{RU}_{mc}$）和平均再制造升级时间（$\overline{RU}_{at}$）。再制造升级性指标还可以包括再制造升级产品的性能及环境指标等内容。

2. 再制造升级性指标分配的方法

产品与其各部分的再制造升级性参数等大都为加权和的形式，如平均再制造升级费用 $\overline{RU}_{mc}$ 为

$$\overline{RU}_{mc} = \frac{\sum_{i=1}^{n} \lambda_i \overline{RU}_{mci}}{\sum_{i=1}^{n} \lambda_i} \tag{4-9}$$

式中 λ_i——第 i 个零件的失效率。

其他时间等参数的表达式也类似，以下均用$\overline{RU}_{mc}$来讨论，式（4-9）是指标分配必须满足的基本公式。但是，通常满足此式的解是多值的，需要根据再制造升级性指标分配的条件及准则来确定所需的解。产品及其零部件的再制造升级性指标分配可采用表4-4中的方法。

表4-4 产品及其零部件再制造升级性指标分配方法[8]

方　法	适用范围	简要说明
等值分配法	适用于产品各零部件结构相似、失效率和失效模式相近，升级难易大致相同，缺少再制造升级性信息时做初步分配的情况	取产品各零部件的再制造升级性指标相等（例如相同或相近的零部件）
零部件失效率分配法	适用于产品零部件已有较确定的故障模式及再制造统计的情况	按失效率高的再制造升级费用应当尽量小的原则分配
相对复杂性分配法	适用于已知产品零部件单元组件数及已有系统级别数量统计的情况	可按相对复杂程度分配各单元的再制造升级费用
相似零部件分配法	适用于有相似产品再制造升级性数据的情况	利用相似产品数据，通过比例关系分配
价值率分配法	适用于产品失效零部件价值率区分比较明显的情况	按价值率的高低进行相应的再制造升级性指标分配

除每次再制造升级所需平均费用外，必要时还应分配再制造升级活动的费用，如拆解费用、检测费用、清洗费用和原件再制造费用等。

（1）等值分配法　等值分配法是一种最简单的分配方法，其适用于产品各零部件的结构相似、失效率和失效模式相近及预测的再制造升级难易程度大致相同。也可用在缺少相关再制造升级性信息时，做初步分配。分配的准则是取产品各零部件单元的费用指标相等，即

$$\overline{RU}_{mc1}=\overline{RU}_{mc2}=\overline{RU}_{mc3}=\cdots=\overline{RU}_{mcn}=\frac{\overline{RU}_{mc}}{n} \tag{4-10}$$

（2）零部件失效率分配法　为了降低再制造升级费用，对于再制造失效率高的单元原则上要降低其再制造升级的实际加工费用，以保证最终再制造升级费用较低。因此，设计中可取各单元的平均再制造升级费用$\overline{RU}_{mc}$与其失效率λ成反比，即

$$\lambda_1\overline{RU}_{mc1}=\lambda_2\overline{RU}_{mc2}=\cdots=\lambda_n\overline{RU}_{mcn} \tag{4-11}$$

将式（4-11）代入式（4-9）得

$$\overline{RU}_{mc}=\frac{n\lambda_i\overline{RU}_{mci}}{\sum_{i=1}^{n}\lambda_i} \tag{4-12}$$

由式（4-12）可得各零部件的再制造升级费用指标分配值为

$$\overline{RU}_{mci}=\frac{\overline{RU}_{mc}\sum_{i=1}^{n}\lambda_i}{n\lambda_i} \tag{4-13}$$

即当各单元失效率已知时，可求得各零部件的指标$\overline{RU}_{mci}$。零部件的失效率越高，分配的再制造升级费用要越少；反之则越多。这样，可以比较有效地达到规定的再制造升级费用指标。

（3）相对复杂性分配法　在分配指标时，要考虑其实现的可能性，通常就要考虑各单

元的复杂性。一般产品结构越简单，其失效率越低，再制造升级也越简便迅速，再制造升级性好；反之，结构越复杂，再制造升级性越差。因此，可按相对复杂程度分配各单元的再制造升级费用。取一个复杂性因子 K_i，定义为预计第 i 单元的组件数与系统（上层次）组件总数的比值。则第 i 单元的再制造升级费用指标分配值为

$$A_i = A_s K_i \tag{4-14}$$

式中 A_s——系统（上层次）的再制造升级费用值。

（4）相似零部件分配法　借用已有的相似产品再制造升级状况提供的信息，作为新研制或改进产品再制造升级性指标分配的依据。这种方式适用于有继承性产品的设计。已知相似产品零部件的再制造升级性数据，计算新产品零部件的再制造升级性指标，可用下式

$$\overline{RU}_{mci} = \frac{\overline{RU'}_{mci}}{\overline{RU'}_{mc}} \overline{RU}_{mc} \tag{4-15}$$

式中 $\overline{RU'}_{mc}$和$\overline{RU'}_{mci}$——分别表示相似产品和它的第 i 个单元的平均再制造升级费用。

（5）价值率分配法　产品再制造升级的一个基本条件是要实现核心件的再利用，一般核心件是指产品中价值比较大的零部件。高附加值的核心件的应用能够显著降低再制造升级的总费用，所以在再制造升级费用指标分配时，可以适当对有故障的高价值率的核心件分配较多的再制造升级费用。即取一个价值率因子 P_i，定义为第 i 个零部件的价值与产品总价值的比值。则第 i 个零部件的再制造升级费用指标分配值为

$$RU_{ci} = RU_c P_i \tag{4-16}$$

式中 RU_{ci}——第 i 个零部件的再制造升级费用；

RU_c——再制造升级的总费用。

4.4.4 再制造升级性指标预计方法

1. 基本内涵

再制造升级性指标预计是根据历史经验和类似产品的再制造升级数据等，估计、测算新产品在给定工作条件下的再制造升级性指标，了解产品设计满足再制造升级性要求的程度，以便对再制造升级性工作进行监控。具体作用为：

1）预计产品设计或设计方案可达到的再制造升级性水平，是否能达到规定的指标，以便做出设计决策（选择设计方案或转入新的研制阶段或试验）。

2）及时发现再制造升级性设计及保障缺陷，作为更改设计或保障安排的依据。

3）当在产品研制过程中更改设计或保障要素时，估计其对再制造升级性的影响，以便采取适当的对策。

再制造升级性指标预计的参数应同规定的指标相一致。最经常预计的是再制造升级费用及再制造升级时间指标，包括平均再制造升级费用、最大再制造升级费用及平均再制造升级时间等。再制造升级性预计的参数通常是系统或产品级的，以便与规定性能和使用需要相比较。而要预计出系统或产品的再制造升级性参数，必须先求得其组成单元的再制造升级费用及再制造升级频率。在此基础上，运用累加或加权和等模型，求得系统或设备的再制造升级费用，所以，根据产品设计特征估计各单元的再制造升级费用及故障频率是预计工作的基础。

2. 再制造升级性指标的预计步骤

研制过程各阶段的再制造升级性预计，适宜用不同的预计方法，一般来说，应遵循以下程序：

（1）收集资料　首先，要收集并熟悉所预计产品设计或方案设计的资料，包括各种原理、方框图、可更换或可拆装单元清单，乃至线路图、草图直至产品图，以及产品及零部件的可能故障模式等。其次，收集有关再制造升级与故障模式的细化资料，包括数据的预计值、试验值或参考值。第三，收集类似产品的再制造升级性数据，包括相似零部件或模块的故障模式、技术更新及再制造升级费用等信息。

（2）再制造升级职能与功能分析　在预计前要在上述资料数据分析基础上，进行系统再制造升级职能与功能层次分析。

（3）确定设计特征与再制造升级性参数的关系　再制造升级性预计由产品设计或方案设计估计其参数。这种估计必须建立在已确定影响再制造升级性参数设计特征的基础上。例如，对一个可更换件，其更换费用主要取决于它的固定方式、紧固件的形式与数量等，要从现有类似产品中找出设计特征与再制造升级性参数值的关系，为预计做好准备。

（4）预计再制造升级性参数量值　预计再制造升级性参数量值具有不同的方法，主要可应用推断法、累计图表法、单元对比法、专家预计法等来完成。

3. 再制造升级性指标的预计方法

再制造升级性指标预计需依据不同再制造升级的经验、数据来源、详细程度及精确度，再根据不同产品、预计时机和再制造升级目标等的具体情况来选用不同的预计方法。

（1）推断法　根据新产品的设计特点、现有类似产品的设计特点与再制造升级性参数值，可以预计新产品的再制造升级性参数值。推断法是最常用的现代预测方法，采用推断法进行再制造升级性指标预计的基础是掌握某种类型产品的结构特点与再制造升级性参数的关系，且能用近似公式、图表等表达出来。推断法可以作为产品设计早期的再制造升级性预计方法，不需要更多具体的产品信息，在产品研制早期有一定的应用价值。可以采用回归预测来对已有数据进行回归分析，建立模型进行预测，也就是利用现场统计数据，找出设备特征与再制造升级性参数的关系，用回归分析建立模型，作为推断新产品或改进产品再制造升级性参数值的依据。对不同类型的产品，影响再制造升级性参数的因素不同，其模型有很大差别。以平均再制造升级费用为例，可建立如下模型

$$\overline{RU}_{mc}=\varphi(u_1,u_2,\cdots,u_n) \tag{4-17}$$

式中　$\overline{RU}_{mc}$——平均再制造升级费用；

u——各种单元结构参数。

（2）累计图表法　累计图表法是通过对各单元的再制造升级费用或时间的综合而获得系统的再制造升级费用或时间分布来进行再制造升级性预测。它包括：考虑完成每一项再制造升级职能所需要的全部再制造升级工作步骤；根据成功完成再制造升级的概率、费用、对单元个体差异的敏感性、有关的频数等内容，进行再制造升级工作分析；将各项再制造升级工作的综合作业量累加起来获得在不同再制造升级模式下预期的再制造升级量。在累加综合作业量中必须使用的再制造升级性工程基本手段有：职能流程图；产品系统层次框图；单元的故障方式、影响、危害性以及再制造升级能力等的分析；再制造升级方案与再制造升级计划的再制造升级职能分析等。基本单元要素的再制造升级费

用累加表达为

$$\overline{RU}_{\mathrm{mch}} = \sum_{i=1}^{n} \overline{RU}_{\mathrm{mc}i} f_i / \sum_{i=1}^{n} f_i \tag{4-18}$$

式中　$\overline{RU}_{\mathrm{mch}}$——某一较高分解层次的平均再制造升级费用；

$\overline{RU}_{\mathrm{mc}i}$——该层次下某一单元的平均再制造升级费用；

f_i——该单元的再制造升级次数。

（3）单元对比法　单元对比法是在组成新设计的产品或其单元中，找出一个已知其再制造升级费用的单元，以此做基准，通过与基准单元对比，估计各单元的再制造升级费用。单元对比法不需要更多的具体设计信息，适用于各类产品方案阶段的早期预计，同时可预计再制造升级性的参数值，预计的参数可以是平均再制造升级费用、平均再制造升级时间等。预计的资料需要有：在规定条件下可再制造升级单元的清单；可再制造升级单元的相对复杂程度；可再制造升级单元各项再制造升级作业时间的相对量值等。再制造升级费用的预计模型如下

$$\overline{RU}_{\mathrm{mc}} = \overline{RU}_{\mathrm{mcb}} \sum_{i=1}^{n} h_{\mathrm{c}i} k_i / \sum_{i=1}^{n} k_i \tag{4-19}$$

式中　$\overline{RU}_{\mathrm{mcb}}$——基准可再制造升级单元的平均再制造升级费用；

$h_{\mathrm{c}i}$——第 i 个可再制造升级单元相对再制造升级费用系数，即第 i 个可再制造升级单元平均再制造升级费用与基准可再制造升级单元平均再制造升级费用之比；

k_i——第 i 个可再制造升级单元相对故障率系数，即 $k_i = \lambda_i / \lambda_{\mathrm{o}}$，其中 λ_i、λ_{o} 分别是第 i 单元和基准单元的故障率。

（4）专家预计法　专家预计法是在产品再制造升级设计中，邀请若干专家各自对产品及其各部分的再制造升级性参数分别进行估计，然后进行数据处理，求得所需的再制造升级性参数预计值。预计的主要依据是：经验数据，即类似产品的再制造升级性数据及使用部门的意见和反映；再制造升级方案，包含再制造升级方式、周期、再制造升级保障条件等因素。由专家们对新产品再制造升级性参数进行研究，并估算、推断再制造升级性参数值，提出再制造升级性方面的缺陷和改进措施。专家预测的具体方法可以多样化，为减少预计的主观性影响，应根据实际情况对不同产品、不同时机具体研究实施方法。

4.4.5　再制造升级性设计的参数映射机制

1. 再制造升级性设计流程系统

与传统的针对具体产品功能开展设计不同，再制造升级性设计要求在产品设计之初，就要考虑产品的技术进化模式，预测未来对产品性能的新需求，从而提前为未来的再制造升级提供结构或性能上的便利。因此，要求在产品设计时，不单是考虑传统的可靠性、维修性、安全性、经济性等参数，还要对再制造升级性一并进行统一考虑。

参考文献［9］、［10］，可以规划再制造升级性设计流程，如图4-16所示，可划分为设计信息模型、设计参数映射、设计冲突消解、设计反馈四个模块。设计信息是升级性设计过程进行的依据，也是主动再制造升级性设计知识的载体，因此通过融合再制造升级工程知

识，开展信息视图配置，建立再制造升级性设计信息模型，是设计顺利进行的前提。再制造升级性设计流程如下。

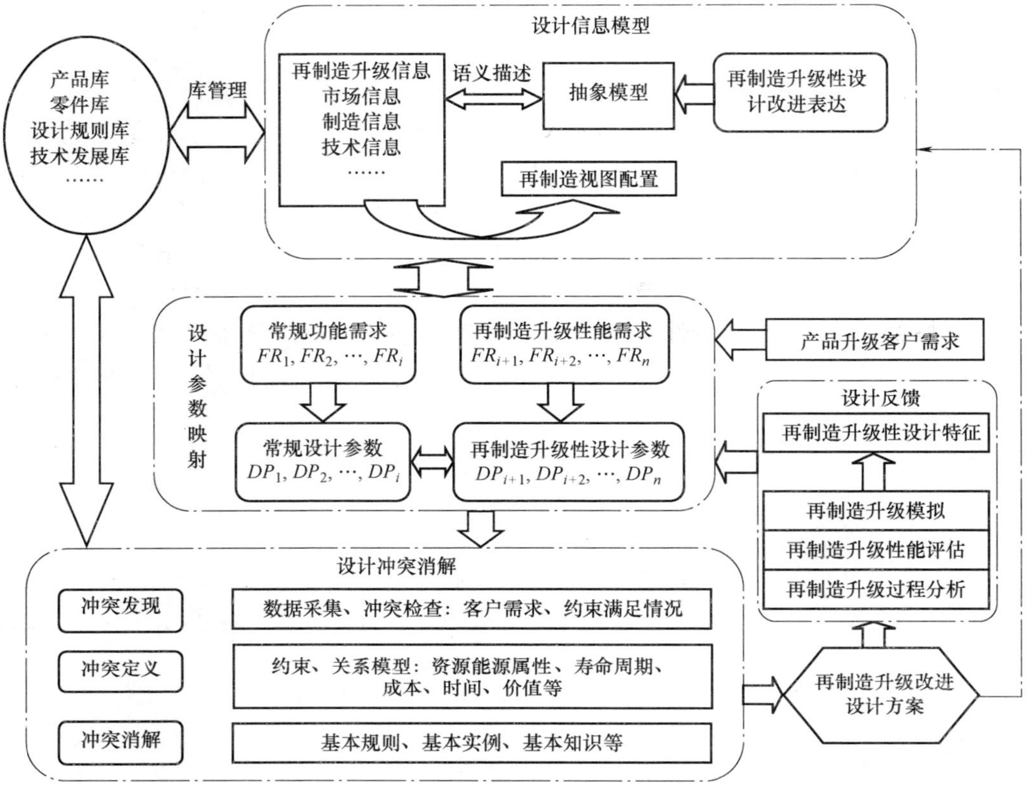

图 4-16　再制造升级性设计流程

1）从产品再制造升级性能需求入手，综合分析各项再制造升级信息（如来自市场、企业、用户等），通过信息约简和聚类进行归纳整理，形成再制造升级性设计参数。

2）由于预测的再制造升级信息需求和表达方式等存在差异，需要研究再制造升级性设计参数与再制造升级性能特征之间的映射机制，建立设计-再制造映射函数，提取关键设计参数及其与产品再制造升级性之间的映射关系。

3）由于再制造升级性设计需要多相关方的高度协作，面向再制造升级的产品设计全过程可以看作是按给定再制造升级目标和在部分功能、性能、费用、结构等相互矛盾的条件下，不断进行设计冲突消解的过程。将产品资源与能源属性、零部件寿命周期、再制造升级成本、再制造升级结构工艺性等因素引入设计过程，并转化为耦合设计的冲突问题，通过冲突协调和转化，实现再制造升级性设计过程的冲突消解。

4）借助反馈调节思想，通过再制造升级的仿真模拟、再制造升级性能检测等途径提取产品设计特征，将再制造升级过程信息以知识的方式反馈到设计过程，建立影响再制造升级过程的产品设计要素对设计过程的有效反馈机制。

2. 再制造升级性设计信息模型

为了满足再制造升级阶段的信息需求，通常面向再制造升级的产品信息集成的产品模型包括管理信息、几何/拓扑信息、材料信息、精度信息、装配信息、工艺技术信息、使用信息和环境信息等。为了能够将再制造升级性设计信息模型作为一个有机的整体加以处理，必须在集成产品信息模型的基础上融合再制造升级工程实践的相关知识。再制造升级设计信息模型以产品对象为表达核心进行信息组织，通常可以直接用总装图作为主模型，建立合理的零部件引用关系，用以表达几何/拓扑信息、装配信息、形面信息及材料信息等，而用电子仓库存储那些不能或不方便在设计图形中表达的数据文档信息。

如图4-17所示，在信息配置过程中，产品对象信息除了常规的几何特征信息、装配信息、材料信息等，还应该充分考虑产品再制造升级时体现出来的功能，如零部件损伤状况、工况信息、零部件表面成分、零部件再制造升级工艺性能情况、零部件结构改造情况等，并结合相应的语义描述，实现设计过程和信息模型的统一。通过再制造升级性设计信息配置，可以在杂乱的信息中，经过再制造升级功能抽象得到再制造升级性设计信息视图，保证再制造升级性设计信息的合理调取。在信息配置过程中，部分信息是开展再制造升级设计所特有的，必须单独表达，还有部分信息是共有信息，可以通过合理的信息结构和形式描述，实现产品信息模型到再制造升级性设计信息模型的映射。

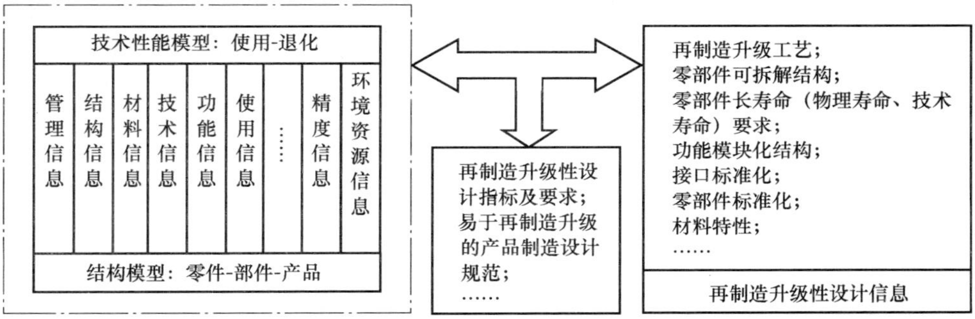

图4-17 再制造升级性设计信息模型

3. 再制造升级性设计参数与再制造升级性能特征之间的映射

再制造升级性设计参数到再制造升级性能特征的映射，是实现产品设计过程中再制造升级性量化的关键。映射是对于 U 和 V 两个论域，设集合 $A \in P(U)$，集合 $B \in P(V)$，如果有一个关系 f，对于每一个 $x \in A$，有唯一一个 $y \in B$ 与之对应，则 f 是从 A 到 B 的一个映射，记为 f：$A \to B$，其中 $P(U)$ 和 $P(V)$ 是 U 和 V 的幂集[9]。

再制造升级需求的量化是实现再制造升级性量化的基础，产品再制造升级需求主要体现在满足产品基本性能前提下的技术升级特性。再制造升级需求表示为

$$UR = \sum_{i=1}^{n} a_i Q_i^U \tag{4-20}$$

式中 UR——客户对再制造升级产品的需求；

a_i——各质量特征需求权重；

Q_i^U——质量特征需求。

表4-5为一些再制造升级需求及设计方式。

表 4-5 部分再制造升级需求及设计方式[9]

过　程	再制造升级需求	设 计 方 式
拆解	减少拆解工具的使用，减少拆解时间	减少紧固件的数量和种类，使用标准件
分类	降低零部件辨识难度	使用同类的或非常不同的零部件
清洗	使清洗工具和清洗剂易于接触到零件	避免几何形状造成污物附着，选择合适的材料
检测	降低评估产品可重用性的难度	精确地指示零件剩余使用寿命
损伤件修复	降低修复的劳动强度，减少重大修复	提高耐用性，选高性能材料
升级	增加或替换新模块，提升功能	模块化、标准化设计，预留接口

从设计和工艺两个角度出发，再制造升级设计特征映射函数可以分为设计-再制造升级关联特性映射和设计-再制造升级工艺约束特征映射（见图 4-18）。

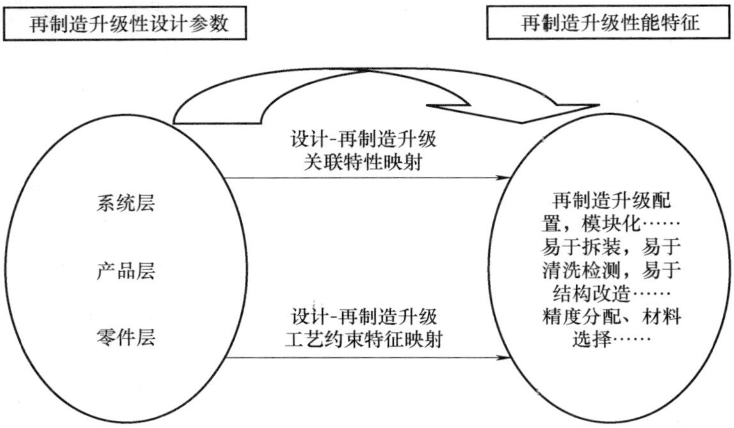

图 4-18　再制造升级性设计参数-再制造升级性能特征映射模型

图 4-18 中，再制造升级性设计参数从系统层-产品层-零件层加以递进考虑，即形成“产品族宏观配置-产品性能分配-零部件参数优化”的再制造升级特征层次关系。设计参数常用设计变量表示，再制造升级性能特征一般由某种目标函数或若干函数的加权和表征，因此设计变量到再制造升级性能特征的映射函数可分解为各不同再制造升级设计变量在约束条件下与各设计目标的并行优化。分解的目的是为了让子任务在求解的过程中具有一定的独立性，能够在一定的条件下不依赖于其他子任务进行求解，然后通过合适的方法进行协调。

如在设计过程中，产品的质量特征需求 Q_i^u 可转化为再制造升级成本 C、再制造升级环境影响 E 及再制造升级技术性 R_e，再制造升级设计变量和设计目标的关系表示如下

$$\begin{cases} \min C = \min\limits_{x \in \Omega}(C_c + C_p + C_m + C_r) \\ \min E = \min\limits_{x \in \Omega} E(x) W_q \\ \max R_e = \max\limits_{x \in \Omega}(R_u + R_d + R_w) \end{cases} \tag{4-21}$$

式中　C_c——设计成本；

C_p——原料成本；

C_m——加工成本；

C_r——回收成本；
$E(x)$——单位材料的寿命周期环境影响；
W_q——质量；
R_u——再制造升级性；
R_d——拆解性；
R_w——耐磨性。

约束映射函数用来表征各种约束条件，限制设计参数的选取范围和描述各变量之间的相关关系。

$$\text{s. t. } x(y_1) \leqslant y_{1\delta}, x(y_2) \leqslant y_{2\delta}, \cdots, x(y_i) \leqslant y_{i\delta}, x(y_{i+1}) \geqslant y_{(i+1)\delta}, \cdots, x(y_n) \geqslant y_{n\delta}。$$

其中，约束条件 $x(y)$ 为产品或零部件属性值；$y_{1\delta}$，$y_{2\delta}$，…，$y_{n\delta}$ 为属性 y_1，y_2，…，y_n 的设计要求。

4. 再制造升级性设计冲突消解

实现了再制造升级性设计参数到再制造升级性能特征的映射以后，就面临着设计冲突的协调及消解问题。冲突消解过程是面向再制造升级的可持续设计的核心步骤，因为再制造升级性设计考虑的设计要素较多，如产品性能的生长特性、资源与能源属性、零部件寿命周期、再制造升级成本、再制造升级结构工艺性等。大多数情况下，冲突的出现是不可避免的，如长寿命设计可能增加材料费用，可拆解性设计可能增加产品的制造费用等，对于设计变量 - 再制造升级性能特征映射过程所分解的不同再制造升级设计变量在约束条件下的各设计目标，必须进一步通过冲突协调和转化，最终消除冲突。

设计冲突可以分为约束冲突和目标冲突。约束冲突是由于某些设计参数在不同学科间出现冲突或采用的模型不当导致两设计任务的约束互不相容的情况；目标冲突是指由于评价标准不一致而造成的无法达到各设计任务最优的问题。约束冲突目前只能通过互相校验各设计任务的优化值来解决；目标冲突在主动再制造升级性设计等并行化程度较高的设计过程中较常见，本质上来说，目标冲突问题就是协商博弈问题，协商机制的基本原则是满意原则，即通过协调、决策实现整体多目标优化（如 Pareto 最优），而非寻求各自模型的最优值。基于谈判理论的设计冲突消解是其中一种较典型的方法[10]。

设再制造升级性设计要素为 $f_1(n)$ 和 $f_2(n)$，n 为设计变量，其取值集合为 $N=(n_1,n_2,\cdots,n_i)$。对应不同设计变量值的 $f_1(n)$ 和 $f_2(n)$，构成设计可行集 $F:([f_1(n_1),f_2(n_1)],[f_1(n_2),f_2(n_2)],\cdots,[f_1(n_i),f_2(n_i)])$，分别求出 $\min f_1(n)$ 和 $\min f_2(n)$ 时的设计变量值 $n_{\min1}$ 和 $n_{\min2}$，由于设计目标不同，一般来说 $n_{\min1} \neq n_{\min2}$。

再制造升级性设计过程中，设计者的效用函数难以量化，一般用设计满意度（即冲突解与最优解的贴近度）来表征，两个不同设计目标的设计满意度公式分别为

$$v_1(n)=[f_1(n_{\min1})-f_1(n)]/[f_1(n_{\min1})-f_1(n_{\max1})]$$

$$v_2(n)=[f_2(n_{\min2})-f_2(n)]/[f_2(n_{\min2})-f_2(n_{\max2})]$$

同样，设计满意度取极小为最优。对设计满意度进行归一化处理

$$u_1(n) = v_1(n)/\sqrt{\sum [v_1(n_i)]^2}$$

$$u_2(n) = v_2(n)/\sqrt{\sum [v_2(n_i)]^2}$$

设计满意度值越小，设计者就越接近其设计极值点。再制造升级性设计过程中，根据不

同设计要素的地位权重，在设计冲突解决的谈判局势下，各设计者均有其谈判的让步程度。不同要素设计者的让步程度不同，在冲突解决的谈判局势中，分别表现出进攻和防御的不同策略。设前者最大让步为 r_1，后者最大让步为 r_2，且 $r_1 < r_2$，前者为进攻方，从后者在非谈判情况下的最小值点开始搜索，即取初始冲突点 $(u_{1f}, u_{2f}) = [u_1(n_{min2}), u_2(n_{min2})]$，则理想化冲突解按如下谈判路径得到：

步骤 1：取（u_{1f}，u_{2f}）为初始搜索点，Δi 为搜索步长。

步骤 2：开始搜索，得到下一谈判解点（$u_{1f} - n\Delta i$，$u_{2f} + m\Delta i$）。

步骤 3：对解进行检测，满足 $n\Delta i/r_1 > m\Delta i/r_2$ 且 $m\Delta i < r_2$，如果解成立，则返回步骤 2 继续搜索，否则得出理想化最优点。

5. 设计反馈

再制造升级性设计过程并不仅以达到优化设计目标作为设计最终状态，从系统动力学的观点分析，再制造升级性设计过程是处于一系列稳定运行的反馈机制下的动态优化过程。再制造升级性设计可以看作是一个具有反馈环节的动态系统，该系统能够将优化后的再制造升级关键设计参数反馈到产品初始设计方案，对改进后的设计方案进行再制造升级性评估，通过反复优化形成反馈设计模型，最终得到具有良好再制造升级性的产品设计方案。面向再制造升级性设计的反馈模型如图 4-19 所示。

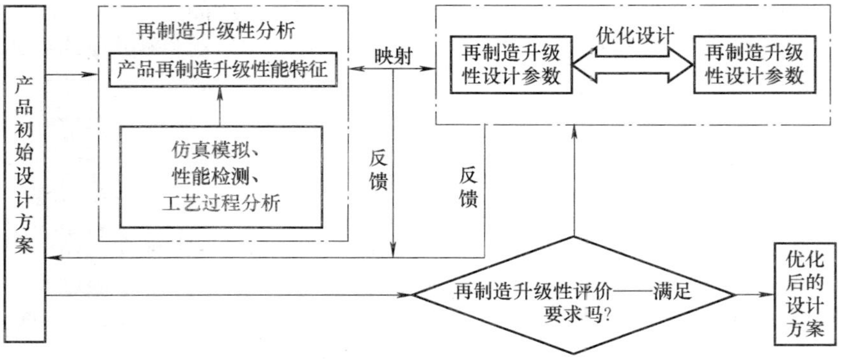

图 4-19 面向再制造升级性设计的反馈模型

4.5 再制造升级性设计评价方法

4.5.1 面向再制造升级的产品材料设计评价

面向再制造升级的产品材料设计，是指在产品设计中对材料的设计及选择以利于末端产品再制造升级为目标，综合考虑质量、功能、经济及环保等综合因素，使产品零部件在老旧时便于实现零部件材料的性能提升或高品质恢复。进行充分的材料设计，可以保证在产品的性能升级中实现材料的强化，并提高再制造升级过程中的故障零件恢复率或性能升级能力，提升再制造升级效益，是再制造升级性设计中的重要环节和内容。

1. 材料设计影响因素

一般来讲，产品材料的再制造升级性设计可选择的方案较多，但通过对不同材料选择方案的科学评价，来进行材料的升级优化选择，可以保证获取最大化的产品再制造升级效益，提升产品性能。而影响或制约产品材料再制造升级性设计的因素很多，但主要可将以下五个因素作为材料设计选择评价的重要影响因素。

（1）材料使役寿命　材料使役寿命是指材料在产品使用过程中能够使其原有性能保持在某一合格水平上所达到的最长时间。产品再制造升级的基础是产品核心零部件能够实现重用，因此，材料使役寿命是面向再制造升级的产品设计中对材料设计的最根本要求。面向再制造升级的产品材料要求具有长寿命，即能够保持产品零部件（尤其是核心件）具备足够长的使役寿命，可以经过多次再制造周期使用。由于产品及其零部件的失效机理各不相同，因此应根据具体的失效形式，选择不同的材料来适当延长产品零部件的使役寿命，尤其对于附加值比较高的再制造升级核心件，必须采用长寿命设计使其可以直接或通过再制造升级后实现重用，以降低再制造升级费用。例如，在面向再制造升级的材料设计中，减少核心件中易老化材料（塑料、橡胶等）的使用；避免相互影响的材料组合，避免零件的污损及减寿；加强材料的强度设计，用多寿命周期的费效比来考虑材料的选用等。

（2）材料可升级性　材料可升级性是指产品材料性能降低后可以采取有效技术手段来提升其性能的能力。材料性能可升级性的好坏，直接关系着零件使用寿命长短以及其他资源消耗，影响乃至决定着产品再制造升级后的寿命、性能和费用。为了通过再制造升级来延长产品的使用寿命和提升性能，就必须对产品核心零部件的材料进行易升级性设计。例如，核心零部件的材料设计应在满足功能和性能要求的前提下，选用易于再制造升级的结构或材料成分；同时，产品零部件材料设计要实现标准化、通用化、可重置化、可升级化，对于磨损后的零部件，这样做有助于在表面采用电刷镀、热喷涂等技术进行表面几何和理化性能的升级。

（3）材料经济性　材料经济性是指选用产品材料时所投入成本的多少。经济性好就是指选用该材料时投入成本低，但获得的经济效益高。在面向再制造升级的产品材料设计中不能单纯以一次寿命周期来考虑材料的经济性，由于再制造升级实现了产品的多寿命周期使用，应该以多寿命周期的模式来全面分析材料的经济效益。例如，即使在原设计中投入的资金相对一次寿命周期为高，但如果以再制造升级产品的多寿命周期来计算，其经济性还是比较合理的。

（4）材料环保性　材料环保性是指材料使用所带来的环境影响的大小。在面向再制造升级的材料设计中，要求设计人员改变传统的选材程序和步骤，不仅要考虑产品的使用要求和性能，同时要考虑再制造升级绿色产业的标准。例如，在面向再制造升级的材料选择中，要少用短缺或稀有的原材料，尽量使用代用材料；减少所用材料种类，尽量采用相容性好的材料，以利于废弃后材料的分类回收；尽量少用或不用有毒害的原材料；优先采用可再利用、再循环或易于降解、具有良好环境协调性的绿色材料；尽量减少产品再制造升级过程中材料使用的能量消耗。

（5）材料可分离性

材料可分离性是指对组成零部件的不同材料可进行物理分离的难易程度。在产品再制造升级过程中，要求产品的材料易于分解、易于清洗、易于分类、易于检测等，因此，在材料设计中，对材料的选用提倡简约的模块化可分离设计原则。材料的模块化可分离设计包括：材料模块的独立性、材料模块的兼容性和材料模块的可置换性。模块化设计还包括材料的开放性，指材料在功能和性能上应具有可扩展性和升级性，也就是说在再制造升级过程中，通过对模块材料的强化和表面处理可实现材料性能的升级，并保证新材料系统和旧材料系统的协调工作。

在面向再制造升级的产品设计中，材料的选择和产品的再制造升级性是一种互动关系。当材料性能难以满足产品再制造升级要求时，必须参照面向再制造升级的材料影响因素进行优化。产品再制造升级设计中材料的选择往往是各向异性的，因此结合产品使用材料时的功能性和产品再制造升级时材料的重用性分析，使材料性能得以最优发挥，应是产品再制造升级设计选材的重要考虑因素。

2. 材料的再制造升级性设计方案的专家评分评价法

专家评分法是一种以专家主观判断为主、定量分析为辅的评价方法。它主要是指通过征询有关专家的意见，对专家意见进行统计、处理、分析和归纳，客观地综合多数专家经验与主观判断，对大量难以采用技术方法进行定量分析的因素做出合理估算，经过多轮意见征询、反馈和调整后，对评价方案进行分析的方法。

针对产品设计初期面向再制造升级的材料不同设计选择方案的特点，可以采用专家分析法来进行评估，以确定不同方案的重要程度。产品再制造升级材料设计方案的专家评分法是采用匿名方式征求专家对材料的再制造升级性设计方案中的材料选择意见，经反复信息交流和反馈修正，使专家的评价意见趋于一致，根据专家的综合意见，得到产品材料再制造升级性设计方案的评价结果。实施专家评分法首先要成立评价小组、编制专家评价表。某材料的再制造升级性设计方案评价表见表 4-6，具体指标还可以进一步细化。

表 4-6 材料再制造升级性设计方案评价表[11]

序　号	材料评价项目	评分等级					得　分
		优	良	中	差	劣	
1	使役寿命						
2	性能升级						
3	经济性						
4	环保性						
5	可分离性						

具体评价步骤如下：

1）选择专家。选择专家的基本原则是必须突出广泛性、代表性和权威性，重点选择再制造升级性设计及材料领域的专家，兼顾系统分析评价等领域；既要考虑有丰富理论基础的专家，还要考虑工程实践经验丰富的专家。专家人数的确定要根据再制造升级材料选择方案的细化程度和评价要求的精度而定。一般情况下，评价精度越高，需要的专家人数越多。通常来说，选择 5 ~ 50 名专家为宜。

2）实施第 1 轮调研。向专家分发评价表。要求专家“背对背”填写。

3）分析第 1 轮调查资料。第 1 轮问卷回收后，由评价组织小组对专家填写后寄回的问卷进行汇总和整理，分析数据的集中趋势、离散趋势和分布特征。统计分析每项评价内容得分，将分析结果形成统计分析报告，应包括评价项目、评价内容、均值、标准差、偏态系数、峰态系数等。

4）实施第 2 轮调查。将第 1 轮统计分析报告附在评分表上寄给第 1 轮征询的专家，并将各专家上轮回答的复印件作为参考。专家在回答第 2 轮问卷时仍应该“背对背”。

5）统计整理第 2 轮调查资料。回收第 2 轮问卷并整理结果，包括新评价结果及部分专家不同意第 1 轮问卷结果的意见。

6）实施第 3 轮调查。将第 2 轮各位专家回答问卷的统计分析报告，以及第 3 轮评分表分发给各位评审专家。

7）综合分析前 3 轮调查结果。回收、整理第 3 轮调查材料。若经过 3 轮调查后，绝大多数评价已经满足分布、偏态系数和峰态系数要求时，则无须再做下一轮调查；若评价的离差程度很大，则有必要做第 4 轮甚至第 5 轮问卷调查。计算各材料设计方案的综合得分

$$T_{\mathrm{M}} = \sum_{i=1}^{n} W_i P_i \tag{4-22}$$

式中 T_{M}——各材料设计方案的综合得分（线性加权求和法）；

W_i——第 i 个指标的权重，由评价小组根据评价的目的确定；

P_i——第 i 个指标的得分；

n——评价指标数。

另外还可以建立面向再制造升级的材料设计方案重要度评估的专家分析结果的指数加权求和模型

$$T'_{\mathrm{M}} = \sum_{i=1}^{n} P_i^{W_i} \tag{4-23}$$

式中 T'_{M}——各材料设计方案的综合得分（指数加权求和法）。

3. 评价应用

某一产品面向再制造升级设计时，某一核心件材料的设计有三种可选择方案，分别为材料 1、材料 2、材料 3，通过对多名专家打分的结果进行综合分析，可得到各个方案的不同因素的得分，见表 4-7。又经过调研和分析，可以确定各个因素指标的权重分别是：材料使役寿命系数 0.30，材料升级性系数 0.22，材料经济性系数 0.29，材料环保性系数 0.07，材料可分离性系数 0.12。试计算三种材料选择方案的不同重要度。

表 4-7 专家评价打分数据

	使役寿命系数	性能提升系数	经济性系数	环保性系数	可分离性系数
材料 1	0.65	0.78	0.69	0.58	0.76
材料 2	0.59	0.85	0.92	0.76	0.55
材料 3	1.00	0.66	0.63	0.92	0.96

1）采用线性加权求和法计算各材料设计方案的重要度，即根据式（4-22），则有

$$T_{\mathrm{M}_1} = \sum_{i=1}^{5} W_i P_i = 0.65 \times 0.30 + 0.78 \times 0.22 + 0.69 \times 0.29 + 0.58 \times 0.07 + 0.76 \times 0.12 = 0.6985$$

$$T_{\mathrm{M}_2} = \sum_{i=1}^{5} W_i P_i = 0.59 \times 0.30 + 0.85 \times 0.22 + 0.92 \times 0.29 + 0.76 \times 0.07 + 0.55 \times 0.12 = 0.7500$$

$$T_{\mathrm{M}_3} = \sum_{i=1}^{5} W_i P_i = 1.00 \times 0.30 + 0.66 \times 0.22 + 0.63 \times 0.29 + 0.92 \times 0.07 + 0.96 \times 0.12 = 0.8075$$

2）采用指数加权求和法计算各材料设计方案的重要度，即根据式（4-23），则有：

$$T'_{M_1} = \sum_{i=1}^{5} P_i^{W_i} = 0.65^{0.30} + 0.78^{0.22} + 0.69^{0.29} + 0.58^{0.07} + 0.76^{0.12} = 4.6537$$

$$T'_{M_2} = \sum_{i=1}^{5} P_i^{W_i} = 0.59^{0.30} + 0.85^{0.22} + 0.92^{0.29} + 0.76^{0.07} + 0.55^{0.12} = 4.7063$$

$$T'_{M_3} = \sum_{i=1}^{5} P_i^{W_i} = 1.00^{0.30} + 0.66^{0.22} + 0.63^{0.29} + 0.92^{0.07} + 0.96^{0.12} = 4.7765$$

根据1）、2）计算结果可知，$T_{M3} > T_{M2} > T_{M1}$或$T'_{M3} > T'_{M2} > T'_{M1}$，因此，可根据材料方案的重要度进行面向再制造升级的材料设计，三种材料的选择顺序是材料3、材料2、材料1。

4.5.2 基于模糊层次分析法的再制造升级性综合评价

产品的再制造升级性是一个复杂的系统，涉及因素多，而且数据缺乏，许多处于模糊的定性分析，因此，对其进行综合评价可采用模糊层次分析法。

1. 模糊层次分析法

模糊层次分析法（Fuzzy Analytical Hierarchy Process，FAHP）是在传统层次分析方法的基础上，考虑人们对复杂事物判断的模糊性而引入模糊一致矩阵的决策方法，较好地解决了复杂系统多目标综合评价问题，是当前比较先进的评价方法。

对某一事物进行评价，若评价的指标因素有n个，分别表示为u_1，u_2，u_3，…，u_n，则这n个评价因素便构成一个评价因素的有限集合$U=(u_1,u_2,u_3,\cdots,u_n)$。若根据实际需要将评语划分为$m$个等级，分别表示为$v_1$，$v_2$，$v_3$，…，$v_m$，则又构成一个评语的有限集合$V=(v_1,v_2,v_3,\cdots,v_m)$。模糊层次综合评价模型建立步骤如下：

（1）确定评价因素集U（论域） 根据目的与要求给出合适的评价因素并将评价因素分类，即

$$U=(u_1,u_2,u_3,\cdots,u_n) \tag{4-24}$$

（2）确定评语集V（论域） 应尽可能地包含事物评论的各个方面，即

$$V=(v_1,v_2,v_3,\cdots,v_m) \tag{4-25}$$

（3）确定评价指标权重集 采用模糊层次分析法来确定各指标的权重，步骤如下。

1）构造判断矩阵。以a_{ij}表示下层指标i和下层指标j两两比较的结果，那么a_{ij}的含义为

$$a_{ij} = \frac{i\text{指标相对于其所隶属的上层指标的重要性}}{j\text{指标相对于其所隶属的上层指标的重要性}} \tag{4-26}$$

a_{ij}的取值可以采用1～9比例标度的方法，见表4-8，其全部的比较结果即构成了一个判断矩阵$\boldsymbol{A}$，此时判断矩阵$\boldsymbol{A}$应具有性质：$a_{ii}=1$，$a_{ij}=1/a_{ji}$。

表4-8 采用1～9比例标度方法的标度值

标　度	含　义
1	i指标与j指标同样重要
3	i指标比j指标稍微重要
5	i指标比j指标明显重要
7	i指标比j指标非常重要
9	i指标比j指标绝对重要
2，4，6，8	以上两个相邻判断折中的标度值
倒数	反比较，即j指标与i指标比较

2）计算指标权重。根据判断矩阵 $\boldsymbol{A}$，求出其最大特征根 $\lambda_{\max}$ 和所对应的特征向量 $\boldsymbol{P}$，特征向量 $\boldsymbol{P}$ 即为各评价指标的重要性排序，再对特征向量 $\boldsymbol{P}$ 进行归一化处理即可得到各级评价指标的权重向量，其中 $\sum_{i=1}^{n} w_i = 1$。

3）一致性检验。检验公式为

$$CR = CI / RI$$

式中 CR——一致性指标；

$CI = (\lambda_{\max} - n) / (n - 1)$；

n——判断矩阵阶数；

RI——判断矩阵的平均随机一致性指标，对于 1 ~7 阶判断矩阵，RI 的取值见表 4-9。

表 4-9 1 ~7 阶判断矩阵的 *RI* 值

n	1	2	3	4	5	6	7
RI	0	0	0.58	0.90	1.12	1.24	1.32

若计算出的 $CR \leqslant 0.1$，即可认为判断矩阵的一致性可以接受，否则应对判断矩阵进行适当修改，直到取得满意的一致性。

（4）进行单因素模糊评价，并求得评价矩阵 $\boldsymbol{R}$ 对每一个因素 u_i，分别对其在评语集 V 的各方面进行单因素评价，形成单因素评价模糊子集。可以采用专家评价法确定各个指标的隶属度，邀请若干名再制造升级领域专家组成评估专家组，用打分方式表明各自的评价。记 $c_{ij}(i=1,2,\cdots,n; j=1,2,\cdots,m)$ 为赞成第 i 项因素 u_i 和第 j 种评价 v_j 的票数，r_{ij} 为指标集合 U 中任一指标 u_i 对评语集合 V 中元素的隶属度，有如下关系

$$r_{ij} = \frac{c_{ij}}{\sum_{j=1}^{m} c_{ij}}, i = 1,2,\cdots,n \tag{4-27}$$

式中 $\sum_{j=1}^{m} c_{ij}$——专家组人数。可以得出单因素隶属矩阵 $\boldsymbol{R}_i$ 为

$$\boldsymbol{R}_i = \begin{pmatrix} r_{11} & \cdots & r_{1m} \\ \vdots & & \vdots \\ r_{n1} & \cdots & r_{nm} \end{pmatrix}$$

（5）一级综合评价结果 $\boldsymbol{B}_i$ 权重向量为 $\boldsymbol{w}_i$，采用加权和算法得到一级综合评价结果 $\boldsymbol{B}_i$ 为

$$\boldsymbol{B}_i = \boldsymbol{w}_i \boldsymbol{R}_i \tag{4-28}$$

（6）做模糊综合评价 将 $\boldsymbol{B}_i$ 作为一级综合评价的子集，组成模糊综合评价矩阵 $\boldsymbol{R} = (\boldsymbol{B}_1\ \boldsymbol{B}_2\ \boldsymbol{B}_3\ \boldsymbol{B}_4)^{\mathrm{T}}$，模糊综合评价数学模型为

$$\boldsymbol{B} = \boldsymbol{w}\boldsymbol{R} \tag{4-29}$$

对于因素众多的情况，可以采取多层次的模型，一般采取两层次模型。

2. 再制造升级性评价指标体系

评价指标体系的构建是实施科学评价的首要环节。如前所述，再制造升级性是产品本身的一种重要属性，并会在再制造升级过程中体现出来。再制造升级性过程受技术、经济、环

境、使役四个方面的影响，结合再制造升级实践分析，首先从技术性、经济性、环境性和使役性四个方面建立一级指标，然后对四个一级指标进一步分解，形成 14 个二级指标，构建的产品再制造升级性评价指标体系见表 4-10。

表 4-10 产品再制造升级性评价指标体系

目标层	一级指标	二级指标
产品的再制造升级性（u）	技术性（u_1）	模块化程度（u_{11}）
		标准化程度（u_{12}）
		可拆解性（u_{13}）
		资源保障性（u_{14}）
		技术成熟度（u_{15}）
	经济性（u_2）	升级成本（u_{21}）
		升级利润（u_{22}）
		环境效益（u_{23}）
	环境性（u_3）	材料再用率（u_{31}）
		能源节约率（u_{32}）
		三废减排量（u_{33}）
	使役性（u_4）	市场需求率（u_{41}）
		使役寿命（u_{42}）
		用户满意度（u_{43}）

3. 模糊层次综合评价在再制造升级性评价中的应用

某型产品的再制造升级性可以采用以下模糊层次综合评价方法。

（1）确定再制造升级性　根据前面的分析，该型产品再制造升级性评价指标因素集可分为一级指标集和二级指标集，见表 4-10。

（2）确定权重集　使用表 4-8 中的 1～9 比例标度法，结合表 4-10 建立的评价指标层次结构，确定一级指标相对于目标层、二级指标相对一级指标的判断矩阵，见表 4-11～表4-15。

表 4-11 一级指标相对于目标层的判断矩阵

u	u_1	u_2	u_3	u_4
u_1	1	4	8	3
u_2	1/4	1	3	1/2
u_3	1/8	1/3	1	1/8
u_4	1/3	2	8	1

表 4-12 技术性（u_1）判断矩阵

u_1	u_{11}	u_{12}	u_{13}	u_{14}	u_{15}
u_{11}	1	2	5	2	4
u_{12}	1/2	1	3	1	2
u_{13}	1/5	1/3	1	1/2	1/2
u_{14}	1/2	1	2	1	1/2
u_{15}	1/4	1/2	2	1/2	1

表 4-13　经济性（u_2）判断矩阵

u_2	u_{21}	u_{22}	u_{23}
u_{21}	1	1/4	1/2
u_{22}	4	1	2
u_{23}	2	1/2	1

表 4-14　环境性（u_3）判断矩阵

u_3	u_{31}	u_{32}	u_{33}
u_{31}	1	3	8
u_{32}	1/3	1	3
u_{33}	1/8	1/3	1

表 4-15　使役性（u_4）判断矩阵

u_4	u_{41}	u_{42}	u_{43}
u_{41}	1	2	1/2
u_{42}	1/2	1	1/4
u_{43}	2	4	1

计算各二级指标和一级指标相对评价目标的权重，并进行一致性验证。

例如，对于判断矩阵 $\boldsymbol{A}=\begin{pmatrix}1 & 4 & 8 & 3\\ 1/4 & 1 & 3 & 1/2\\ 1/8 & 1/3 & 1 & 1/8\\ 1/3 & 2 & 8 & 1\end{pmatrix}$，其计算结果归一化后：

$\boldsymbol{w}=(0.5748\quad 0.1437\quad 0.0631\quad 0.2184)$，其最大特征根 $\lambda_{\max}$ 为 4.0517，$CI=0.0172$，$RI=0.90$，$CR=0.0191<0.10$

同理，二级指标权重计算及其一致性检验如下：

$\boldsymbol{w}_1=(0.4073\quad 0.2112\quad 0.0748\quad 0.1948\quad 0.1119)$，$\lambda_{\max}=5.0415$，$CI=0.0104$，$RI=1.12$，$CR=0.0093<0.10$

$\boldsymbol{w}_2=(0.1429\quad 0.5714\quad 0.2857)$，$\lambda_{\max}=3.0000$，$CI=0.0000$，$RI=0.58$，$CR=0.0000<0.10$

$\boldsymbol{w}_3=(0.6817\quad 0.2363\quad 0.0819)$，$\lambda_{\max}=3.0015$，$CI=0.0008$，$RI=0.58$，$CR=0.0014<0.10$

$\boldsymbol{w}_4=(0.2857\quad 0.1429\quad 0.5714)$，$\lambda_{\max}=3.0000$，$CI=0.0000$，$RI=0.58$，$CR=0.0000<0.10$

（3）确定评语集　根据经验和现实需求确定评语集为 4 个等级，即

$$V=(v_1, v_2, v_3, v_4)=(\text{优秀},\text{良好},\text{一般},\text{较差})$$

邀请长期从事该领域再制造升级的 20 位专家组成评估组，采用投票的方式对该型产品进行再制造升级性评价，评价结果见表 4-16。

表 4-16 各指标专家评价结果

属性指标	评价结果/人			
	优秀	良好	一般	较差
u_{11}	9	8	2	1
u_{12}	5	11	3	1
u_{13}	6	9	3	2
u_{14}	12	6	2	0
u_{15}	14	4	2	0
u_{21}	9	7	3	1
u_{22}	6	9	4	1
u_{23}	12	5	3	0
u_{31}	4	8	3	5
u_{32}	5	7	4	4
u_{33}	4	9	5	2
u_{41}	12	6	2	0
u_{42}	7	6	5	2
u_{43}	8	5	4	3

（4）单因素隶属度矩阵计算　由表 4-16 可计算出各影响因素的隶属度微量，得到单因素隶属度矩阵。以技术性因素为例，得到的隶属度矩阵为

$$\boldsymbol{R}_1=\begin{pmatrix}0.45 & 0.40 & 0.10 & 0.05\\0.25 & 0.55 & 0.15 & 0.05\\0.30 & 0.45 & 0.15 & 0.10\\0.60 & 0.30 & 0.10 & 0\\0.70 & 0.20 & 0.10 & 0\end{pmatrix}$$

根据式（4-28）可得

$$\boldsymbol{B}_1=\boldsymbol{w}_1\boldsymbol{R}_1\begin{pmatrix}0.4073\\0.2112\\0.0748\\0.1948\\0.1119\end{pmatrix}^{\mathrm{T}}\begin{pmatrix}0.45 & 0.40 & 0.10 & 0.05\\0.25 & 0.55 & 0.15 & 0.05\\0.30 & 0.45 & 0.15 & 0.10\\0.60 & 0.30 & 0.10 & 0\\0.70 & 0.20 & 0.10 & 0\end{pmatrix}=(0.4537\quad 0.3936\quad 0.1143\quad 0.0384)$$

同理可得：

$$\boldsymbol{B}_2=\boldsymbol{w}_2\boldsymbol{R}_2=(0.4017\quad 0.3786\quad 0.1786\quad 0.0357)$$
$$\boldsymbol{B}_3=\boldsymbol{w}_3\boldsymbol{R}_3=(0.2118\quad 0.3922\quad 0.1700\quad 0.2259)$$
$$\boldsymbol{B}_4=\boldsymbol{w}_4\boldsymbol{R}_4=(0.4500\quad 0.2714\quad 0.1786\quad 0.1000)$$

（5）综合评价　根据式（4-29），模糊综合评价矩阵 $\boldsymbol{R}=(\boldsymbol{B}_1\ \boldsymbol{B}_2\ \boldsymbol{B}_3\ \boldsymbol{B}_4)$，则总的评价结果为

$$\boldsymbol{B}=\boldsymbol{wR}=\begin{pmatrix}0.5748\\0.1437\\0.0630\\0.2184\end{pmatrix}^{\mathrm{T}}\begin{pmatrix}0.4537 & 0.3936 & 0.1143 & 0.0384\\0.4017 & 0.3786 & 0.1786 & 0.0357\\0.2118 & 0.3922 & 0.1700 & 0.2259\\0.4500 & 0.2714 & 0.1786 & 0.1000\end{pmatrix}=(0.4301\quad 0.3646\quad 0.1411\quad 0.0633)$$

为将最后得到的总评语集中的四个等级的权重分配转化为一个总分值，将评价的等级进行量化处理，用百分制共4个等级分别赋值，其中，优秀（90～100分，取95分），良好（80～89分，取85分），一般（65～79分，取72分），较差（50～64分，取57分）。则该型产品的再制造升级性综合评价值 R_{au} 为

$$R_{au}=95\times0.4301+85\times0.3646+72\times0.1411+57\times0.0633=85.6178$$

根据再制造升级性评价标准表，可得知该型产品的再制造升级性处于良好水平，需要根据各评价指标的权重按序改进设计方案，提高易于再制造升级的能力。

参考文献

[1] 朱胜，姚巨坤．再制造设计理论及应用［M］．北京：机械工业出版社，2009.

[2] 朱胜，姚巨坤．装备再制造升级及其工程技术体系［J］．装甲兵工程学院学报，2011，25（6）：67-70.

[3] 朱胜，姚巨坤，时小军．装备再制造性工程及其发展建议［J］．装甲兵工程学院学报，2008，22（3）：67-69.

[4] 于永利，郝建平，杜晓明，等．维修性工程理论与方法［M］．北京：国防工业出版社，2007.

[5] 史佩京，徐滨士，刘世参，等．面向装备再制造工程的可拆卸性设计［J］．装甲兵工程学院学报，2007，21（5）：12-15.

[6] Steinhilper R. Remanufacturing：The Ultimate Form of Recycling［M］. Berlin：Fraunhofer IRB Verlag，1998.

[7] 杨继荣，段广洪，向东．产品再制造的绿色模块化设计［J］．中国设备工程，2007（2）：7-9.

[8] 姚巨坤，朱胜，何嘉武．装备再制造性指标分配［J］．装甲兵工程学院学报，2008，22（3）：70-73.

[9] 刘涛，刘光复，宋守许，等．面向主动再制造的产品可持续设计框架［J］．计算机集成制造系统，2011，17（11）：2317-2323.

[10] 刘涛，刘光复，宋守许，等．面向主动再制造的产品模块化设计方法［J］．中国机械工程，2012，23（10）：1180-1187.

[11] 姚巨坤，朱胜，崔培枝，等．装备研制中面向再制造的材料设计及评价［J］．装甲兵工程学院学报，2010，24（5）：82-85.

第 5 章

再制造升级资源分析与优化确定

再制造升级过程是一个不断投入旧品及其所需资源，并获得高品质再制造升级产品的过程，保障再制造升级过程的资源确定及优化是提升再制造升级效益的重要途径，也是再制造升级系统工程的重要内容。本章对再制造升级保障资源进行了分析，对保障资源的设备、人员、备件的确定方法，以及生产资源优化管理、精益管理、成组管理、柔性再制造升级等保障资源优化方法进行了研究。

5.1 再制造升级系统保障资源分析

5.1.1 再制造升级系统保障内涵

1. 再制造升级保障内涵的界定

再制造升级的根本目的是提升老旧产品的性能或功能，实现产品的更优化应用，满足人们生活或生产的要求。根据再制造升级系统的特点，可以建立以下概念。

（1）再制造升级保障　指为在再制造升级过程中将旧品性能或功能升级到规定技术状态所进行的人力、财力及物力等全部支持活动，包括技术人员训练，备件及原料、材料、油料等消耗品供应，生产设备仪器的维护及补充，技术资料的准备及供应等活动。

（2）再制造升级保障资源　指再制造升级保障的各组成部分，既包括人员数量、技术等级、供应保障、保障设备、技术数据、培训保障、保障设施、设计接口等人与物质因素，还包括组织机构、规章制度等管理因素，以及程序和数据等软件与硬件构成的计算机资源或系统。产品保障资源总是在产品保障任务的执行过程中被使用和消耗，即在某种状态中被使用而在另一状态中被释放，它在产品保障控制系统中扮演一定的角色。

（3）再制造升级保障系统　指由经过综合和优化的再制造升级保障要素构成的总体。也可以说，再制造升级保障系统是由产品再制造升级所需的物质资源、人力资源、信息资源以及管理手段等要素组成的系统。显然，再制造升级保障系统是由硬件、软件、人及其管理组成的复杂系统，其主要目标是通过采取的各项保证性措施和相关的管理活动来保持和恢复产品性能，及时为需求申请提供有效服务。

（4）再制造升级保障过程　指围绕产品再制造升级保障开展的一系列活动的集合，通过这些活动单元可以将输入的老旧毛坯转换成输出的再制造升级后产品，实质上就是对输入毛坯实体的加工、升级与服务。再制造升级保障过程的建模是以再制造升级作业过程为主线而展开的，围绕主线的则是人员、管理、资源等交互因素。产品再制造升级保障过程涉及人员、资金和设备各种资源，以及包括再制造升级、供应、储存、培训等活动，并且还需各个相关单位的协调执行等因素，因此再制造升级保障过程需要详细描述。

（5）再制造升级作业　指按照再制造升级时间顺序以及根据再制造升级时所完成的性能或功能所开展的活动，包括旧品回收、旧品储备、产品拆解、清洗、分类、检测、损伤件修复、结构改造、装配、调试、试验、涂装等。再制造升级作业描述分析的主要任务是：分析产品再制造升级保障流程，描述再制造升级阶段活动；对再制造升级活动进行组织、计划、监督与控制，不断完善再制造升级保障系统；再制造升级保障数据采集、分析及反馈；使用中的再制造升级性分析及再制造升级保障能力评估，为产品研制、改进及完善再制造升级保障系统提供依据。

2. 再制造升级保障资源

根据上述定义可知，再制造升级保障资源是构成再制造升级保障系统的实体，是实施保障的基本手段。再制造升级保障资源可分为以下八大类。

（1）再制造升级设施　指再制造升级所需要的永久性和半永久性的建筑场所。

（2）再制造升级设备　指再制造升级生产所需的各种机械、电器、工具等的统称，主要包括拆解和清洗工具设备、检测仪器、机械机工和表面加工设备、磨合及试验设备及包装工具设备等。

（3）再制造升级人员　指利用各种再制造升级设施、设备、备件，对产品进行再制造升级，以保证产品正常使用的各类人员。

（4）再制造升级备件　指在再制造升级工作中用于替换已损坏或即将损坏、新增加或替换模块的零部件的供应物资。

（5）再制造升级技术资料　指将产品和设备要求转化为保障所需的工程图样、技术规范、技术手册、技术报告、计算机软件文档等。

（6）涂装与物流资源　指为保障再制造升级产品完成涂装或物流所需的各种资源。

（7）计算机信息资源　指为保障再制造升级过程中各类信息管理所提供的硬件、软件、检测仪器保障工具等资源。

（8）再制造升级组织机构及再制造升级制度　指再制造升级机构的设置和再制造升级工作的有关管理规定。

产品再制造升级的 8 大类保障资源又可以划分为消耗类资源（主要指备件）和非消耗类资源（如再制造升级设备、工具、设施等），其概念模型如图 5-1 所示[1]。再制造升级保障过程不是一个简单的静态的再制造升级保障业务流程，而是涉及人员、产品、资源、外部环境之间相互交互以及包含时间、过程变量、管理及操作人员行为等动态因素的复杂过程。

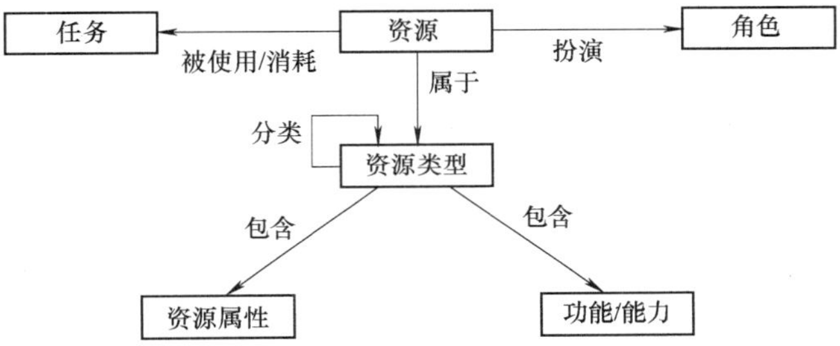

图 5-1　再制造升级保障资源概念模型

5.1.2 再制造升级系统资源分析

1. 再制造升级系统资源的确定依据

旧品再制造升级系统资源确定的最终目的是提供旧品再制造升级所需的各类生产保障资源，并建立与再制造升级产品生产需求相匹配的经济、高效、环保的再制造升级保障系统。再制造升级保障资源的确定主要有两个时机：一是在某类旧品首次再制造升级前，确定其再制造升级所需要的技术设备、人员配置、岗位设定、新模块、备件供应等再制造升级保障内容，一旦该类型的再制造升级资源确定后，一般只需要在生产过程中通过检测来不断调整；二是当某一批次的产品退役后，需要根据其使役特点来确定与其相对应的再制造升级过程中需要调整的保障资源。再制造升级保障资源的确定主要依据如下：

（1）旧品再制造升级方案　它是产品再制造升级保障的总体规划，也是确定再制造升级保障资源的重要依据，包括生产设备、费用、环境、性能等约束条件。

（2）再制造升级工作分析　根据各个再制造升级单元上的再制造升级工作、技术要求及工作频度，确定再制造升级生产保障资源的项目、数量和质量要求，从而保证在预定的再制造升级岗位上，再制造升级人员的数量和技术水平与其承担的工作相匹配，储备的备件同预定的更换件工作和生产计划相匹配，机械加工工具、检测诊断和生产设备同该岗位预定的再制造升级工作相匹配等，这是再制造升级生产保障资源确定的主要依据。

（3）再制造升级产品性能要求　不同再制造升级产品的性能需求，也会对再制造升级方式产生重要影响，直接决定着再制造升级保障资源的种类和数量。

（4）再制造升级生产纲领　年度生产纲领的不同也决定着再制造升级的不同工作量，备件的需求量，设备的使用效率，影响着再制造升级中对人员、设备及备件的确定依据。

（5）旧品品质　不同使役情况下退役的产品，其品质存在很大的区别，则制定的再制造升级方案也存在着相对的差异，同一类旧品的再利用率也存在着不同，因此，对备件的需求以及再制造升级技术与设备的需求也不同，影响着再制造升级保障资源的确定。

2. 再制造升级系统保障资源优化确定的条件和原则

（1）约束条件　在优化确定再制造升级系统保障资源时，应考虑以下约束条件：

1）性能要求。产品的再制造升级保障要能够满足对再制造升级产品的性能要求。

2）费用条件。应在满足再制造升级条件时周期费用最低的原则下，确定产品的再制造升级保障。

3）资源条件。尽可能利用现有的再制造升级保障配置、人员、物资，确定退役产品的再制造升级保障，避免使用贵重资源及高级再制造升级技术人员等。

4）环保条件。产品的再制造升级保障应满足相关的生产及产品环保要求。

（2）优化原则

1）再制造升级系统保障资源的确定与配置，要确保再制造产品满足市场需要，实行再制造升级保障和市场需求相结合的原则。

2）再制造升级系统保障资源规划要与产品设计进行综合权衡，尽量采用模块化、标准化等设计措施，以简化对再制造升级系统保障资源的特殊要求。

3）在首次对旧品进行再制造升级时，应着眼当前再制造升级单位保障系统的状态，合理确定再制造升级系统保障资源，以减少再制造升级系统保障资源的品种和数量，提高资源的利用率，降低再制造升级系统保障资源开发的费用和难度，简化再制造升级系统保障资源的采办过程。

4）选用标准化、系列化、通用化的再制造升级设备和器材，以降低保障费用。

5）选用相对丰富的物资，尽可能利用市场采购产品或模块，减少研发费用。

3. 再制造升级系统资源确定过程

再制造升级系统保障资源主要包括再制造升级保障技术设备、备件供应、技术人员、再制造设施及技术资料等。对退役产品进行再制造升级系统保障资源分析是确定各项再制造升级资源的前提。整个分析过程由五个分析内容组成，通过不断权衡、反复迭代确定各项需求。

再制造升级一般都需要对老旧产品中核心价值件（即高附加值件）进行重新利用，并对相关性能进行需求分析及提升。核心价值件也往往会产生各种形式的失效。由图 5-2 可以看出，通过确定老旧产品中的核心价值件，并对其可能存在的失效形式进行分析，分析其再制造升级策略及相应的再制造升级工艺和具体工作过程；参考所有的资料信息，采用不同的品种及数量确定计算方法，可以具体确定出产品所需再制造升级系统保障资源的品种与数量；最后采用权衡分析，考虑约束条件和实际状况予以取舍和优化。

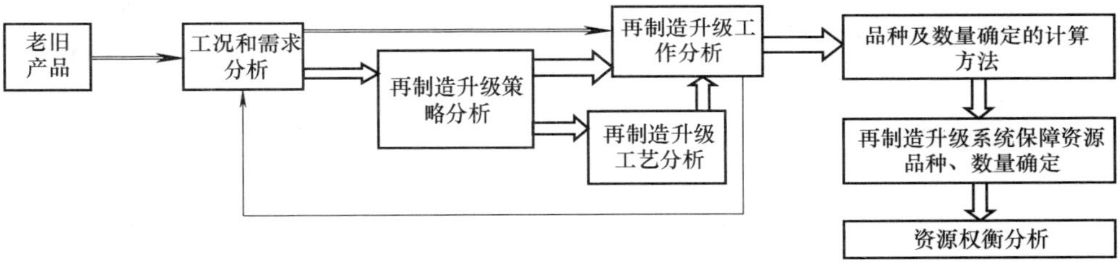

图 5-2 再制造升级系统保障资源需求确定模型

5.1.3 再制造升级备件保障资源分析确定

1. 基本概念

（1）再制造升级备件 再制造升级备件是指用于老旧产品再制造升级过程中替换不可再制造利用（因技术报废或功能报废）废弃件的新零件，对于保证再制造升级过程的顺利进行和再制造升级产品的质量都具有极其重要的影响。用于再制造升级装配的零件主要有三个来源，首先是老旧产品中可直接利用件和再制造加工修复的零件；其次是从市场采购的标准件，以替代老旧产品中无法再制造或不具备再制造价值的零部件；三是指提升再制造产品性能的新功能零件或模块，称这些新采购的零件为备件。随着再制造升级产品复杂程度的提高和退役产品失效状态的多变，再制造升级备件品种和数量的确定与优化问题也越来越突出，备件费用在再制造升级费用中所占比例也呈现上升的趋势。

（2）再制造升级备件供应量 供应量指一个批量再制造升级产品生产周期内，新备件供应给再制造升级装配工序的数量。一般情况下要求供应量等于需要量，但有时因老旧产品的再制造升级情况不稳定，会造成备件供应的不确定性，影响备件采购及存储的数量。所以新备件的保障也要根据筹措的难度、供应标准与实际需求状况做一些相应调整。

（3）再制造升级备件需要量与需求率 再制造升级备件需要量是指在规定的时间内，

完成批量老旧产品的再制造升级装配所需某类备件的数量。由定义可知，再制造升级备件需求量与一定的再制造升级时间和批量相对应。从平均意义上来讲，使用时间长和批量大，则备件的需要量就大；反之，需要量则小。在实际统计与预计中，需要量一般对应于一个批量供应周期。值得指出的是，再制造升级备件需要量还应包括人为因素造成的需求，如丢失、操作失误、再制造升级装配中的损坏等。

（4）备件需求的影响因素　备件需求率反映了老旧产品再制造升级需要备件的程度。它不仅取决于退役产品零部件的故障率，还取决于零部件的再制造升级策略、产品使用管理、产品使用环境、零部件对损坏的敏感性等多方面的因素。其主要因素如下：

1）零部件的故障率。零部件的故障率是产品的一种固有的特性，它反映了零部件本身的设计、制造水平。其大小直接影响着备件的需求率。所以，提高零部件的设计制造质量，是减少备件需求率的根本措施。

2）再制造策略。按照不同的再制造升级目的，选择相应的再制造升级策略，也会调整相应的零部件废弃率，进而影响再制造升级备件的供应量，尤其是会增加许多原产品没有的备件供应需求。

3）零部件对于损坏的敏感性。这是指在运输、再制造升级装配等过程中，零部件因非正常因素而受到损坏的可能性。该非正常因素主要包括人为差错、操作不当等。

4）产品使用环境条件。退役产品所在使役地区的温度、湿度、风沙、腐蚀和大气压力的变化都会影响产品的失效模式，从而影响备件需求率。

5）产品的使用强度。产品退役前的使用工况，很大程度上决定了产品退役后的技术状态，使用强度大的产品一般故障率比较高，不可再制造升级件的数量也相应增多，这就需要增加相关备件的供应量。尤其是超出正常使用要求范围的产品退役后，会影响产品零部件的故障率，造成某些零部件变质或性能下降，导致零部件的再制造率下降。

6）产品管理水平。产品的使用管理也会影响到备件需求率。比如退役前不按规定进行操作必定造成过多的故障、人为的损坏及丢失等，也将增加备件需求率。

2. 再制造升级备件确定步骤

再制造升级备件的确定与优化是一项非常复杂的工作，需要进行退役产品性能分析、再制造升级产品性能需求分析、失效模式分析、再制造升级性及再制造升级保障分析等多方面的信息资料，并与再制造升级保障诸要素权衡后才能合理地确定。再制造升级备件确定一般应包括图 5-3 所示的几个步骤。

1）进行再制造升级工作分析，确定可更换单元。备件保障的依据是备件的需求，要弄清楚备件的需求状况，必须对退役产品性能状况、再制造升级产品的性能目标、零部件的失效模式及再制造升级方案等情况进行分析。退役产品性能分析主要包括退役产品的使役经历、物理状况等的分析；退役产品故障分析主要有故障模式、零件失效概率及再制造升级率的分析；再制造升级产品性能分析则着重分析再制造升级产品要求达到的性能目标，进而确定其再制造升级方案；再制造升级保障分析则着重分析再制造升级任务、再制造升级策略、再制造升级工艺技术及再制造升级工具设备。备件对应于老旧产品中的需更换单元。通过上述分析，可以明确各再制造升级方案中，负责再制造升级的可更换单元的种类，为确定备件品种奠定基础。

2）进行逻辑决断分析，筛选出备选单元。可更换单元的确定主要取决于产品的再制造升级方案、构造和再制造升级加工能力，通常经过第一步分析，确定的可更换单元较多，进行分析时数据收集及处理难度较大。为此首先应进行定性分析，将明显不应储备备件的单元筛选掉。逻辑决断分析包括两个问题的决断。一是分析可更换单元在寿命过程中更换的可能性，如更换的可能性很小，则可不设置备件。第二步判断是否是标准件，如是标准件则可按需采购，经过逻辑决断分析可筛选出备选单元。

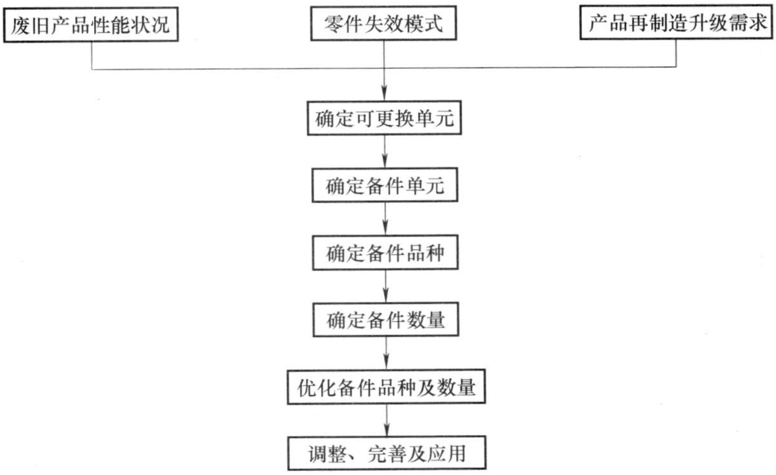

图 5-3　再制造升级备件确定流程

3）运用备件品种确定方法，确定备件品种。这一步是对备选单元进行分析，以确定备件的品种。一般应考虑影响备件的一些主要因素，如备件的耗损性、关键性和经济性等。

4）运用再制造升级加工修复的零件失效与统计资料，确定备件需要量。确定了备件品种之后，还需确定备件的需要量。对于在用产品，备件需要量可由使用过程中收集的资料经统计方法确定。

5）运用备件数量确定方法进行计算与优化。在满足老旧产品再制造升级计划目标及再制造升级经费要求的条件下，通过数学模型，计算出各备件最佳的数量。

6）调整、完善及应用。经过分析计算出的备件品种和数量，可能存在着某些不足，还需根据再制造升级具体生产情况和不同批量间的差异加以调整和完善。调整时应对咨询意见和试用情况信息进行全面分析，并查明分析计算出现误差的原因。

3. 再制造升级备件确定方法

老旧产品拆解后所有的零件可以分为四类，一是全部可直接利用件，该类零件全部可以直接利用，不需要再制造升级加工；二是需再制造升级加工件，指全部需要再制造升级加工的零件；三是抛弃的零件，不可进行再制造升级恢复，主要指消耗件；四是三种形式都可能发生的零件，指批量拆解后的某型零件，经过检测后，部分可以直接利用，部分可以再制造升级后利用，部分需要抛弃后换新的。其中第一类和第二类零件都不用准备备件，直接可以使用原件，不存在备件问题。

再制造升级产品装配所需零件主要有两个来源，一是来自于老旧产品本身原有的零件，二是来自于采购的新备件或新模块。前者是最大量的、核心的零件，也是再制造获得价值的主要源泉。后者是少量的，主要来代替老旧件拆解后其中的低附加值损耗件、不具备再制造价值、技术上不可能再制造或需要功能升级的零部件。但新备件也是再制造升级装配的重要组成部分，对再制造升级产品质量具有重要的影响。例如各类高分子材料的密封环备件，因老化而不可再制造升级，但其直接影响着再制造升级产品的密封性能，对产品的质量具有重要的影响。

（1）废弃件的备件确定　对于全部抛弃的废弃件来说，其所需备件的品种和数量确定方法相对比较简单，备件品种可以通过对老旧产品所有零部件的统计分析进行确定，只要是老旧产品中包含的，并且完全不可再制造升级的零件，都需要采购备件。

不可再制造升级恢复的零件的备件需求数量为

$$N_p = N_u P_n \tag{5-1}$$

式中　N_p——某型零件的备件数量；

N_u——再制造升级的老旧产品数量；

P_n——每台老旧产品所含的某型零件的数量。

（2）部分可再制造升级零件的备件确定　部分可再制造升级的老旧零件存在抛弃、直接利用、再制造利用三种形式，这类零件性能状态比较复杂。例如老旧发动机拆解后的曲轴，如果存在严重裂纹，则不可再制造；如果尺寸及性能完好，则可以直接利用；剩下是可以再制造升级的。此类零件再制造升级备件的确定，需根据老旧产品零部件失效模式的分析结果，并结合实践统计经验进行数量的确定。

由于构成老旧产品的零部件成千上万，每一零部件都有其可能的失效模式。但不同的失效模式及故障率不同，对再制造性的影响也相差甚远。可以通过各种定性分析方法确定出备件的品种后，再根据失效模式及失效率来计算所需备件的数量。

对于部分可再制造升级零件的备件需求数量为

$$N_p = N_u P_n (1 - \mu - \lambda) \tag{5-2}$$

式中　μ——可再制造率；

λ——可直接利用率。

（3）备件数量确定方法应用分析　经统计，某型斯太尔发动机曲轴的失效模式及概率见表 5-1，可知其存在可再制造与不可再制造两种状态，因此如果批量再制造，则需要准备其备件，如果进行 1 万台此型老旧发动机的再制造，则至少需要准备的备件数量为

$$10000 \times (2 + 0.1 + 3 + 2 + 0.9)\% = 800$$

即需要准备曲轴备件约 800 根。

表 5-1　斯太尔发动机曲轴失效统计

零件名称	失效模式	失效概率	失效情况描述	可否再制造
斯太尔曲轴	磨损	84%	磨损	可
	扭曲	3%	弯曲	可
		2%	扭曲	否
	断裂	0.1%	断裂纹	否
	抱轴	5%	抱轴	可
	划伤	3%	划伤	否
	烧伤	2%	缺油烧伤	否
	砸瓦	0.9%	连杆轴颈砸瓦	否

5.1.4 再制造升级实施人员分析确定方法

1. 再制造升级实施人员确定依据与步骤

在老旧产品再制造升级时，必须要有一定数量的、具有一定专业技术水平的人员从事再制造升级的实施工作，以生成能够重新销售使用的高质量再制造升级产品。因此，在产品再制造升级前及过程中，必须确定再制造升级生产所需的人员数量、专业及技术水平等人力因素。在确定再制造升级人员专业类型、技术等级及其数量时，主要依据如下：①产品再制造升级工作分析结果；②产品回收规模、品质；③类似产品再制造升级人员需求；④再制造升级生产批量；⑤ 所属企业的专业类型、人员编制及培训规模等。

在进行产品再制造升级人员确定时，可以把人员的编制定额、专业设置、培训情况和技术水平作为确定再制造升级人员要求的主要约束条件。从产品设计阶段增强产品的再制造升级性设计，在产品退役后要根据相关依据进行再制造升级人员分配，开展再制造升级的生产保障工作规划，并根据实际退役产品的性能状况，对人员配置及岗位设计进行调整。再制造升级人员的数量、专业和技术等级，依据不同的再制造单位、老旧产品类型及再制造生产技术含量，通常按下列步骤加以确定：①确定再制造升级人员专业类型及技术等级要求。根据再制造升级工作分析对所得出的不同岗位的专业工作加以归类，并参考以往产品再制造工作经验和类似产品再制造升级人员的专业分工，确定再制造升级人员的专业及其相应的技能水平。②确定再制造升级人员的数量。再制造升级人员的数量确定主要根据再制造工作分析，需要做必要的岗位和工作量的分析、预计工作，通常可利用有关分析结果和计算模型予以确定。

2. 基于相似系统法的人员类型确定

再制造升级技术人员类型的确定主要涉及人员的专业及其技术等级。对于人员类型的确定，依据再制造升级工作分析、岗位设置、升级需求、产品品质等信息，参考类似产品再制造的人员配置模式，来确定主要的人员类型配置。确定人员类型的方法多是定性的方法，可以应用相似系统法来进行人员类型的确定。

相似系统法作为一种定性的分析方法，是一种快速而有效的确定人员类型的方法。其基本思路是：分析人员首先选定与待定再制造升级产品比较相似的产品，进而根据相似产品的再制造和制造保障人员类型确定待定产品的升级保障人员类型。根据具体情况，可以选择相似的整产品，也可以选择产品中的相似零部件。相似产品的选取是以专业分类作为基准的，即以某类专业为准，确定待定再制造产品的相似产品，即基准比较系统。确定相似产品时，下列几项内容必须具备：

1）与待定再制造产品相似的产品结构、功能；

2）与待定产品相似的退役状态；

3）与待定产品相似的退役批量；

4）与待定产品相似的年再制造生产计划；

5）与待定产品较为相似的再制造策略；

6）与待定产品较为相似的人员编制情况。

通常状况下，对于待定再制造升级产品，以整产品作为相似系统较少。因此，可以将待定产品划分为足够小的局部系统，并为各个局部系统寻找相似系统，依据相似系统的人员类型配置状况决定待定产品各个局部系统的人员类型状况，进而予以权衡分析，确定待定产品整体的人员类型状况。

3. 人员数量的确定方法

（1）直接计算法　通过各再制造升级实施单位的所需工作量，可以直接计算各再制造升级岗位的人员数量。各岗位的再制造升级工作所需的工时可以由其所承担的工作量直接推算得到

$$M = \left(\sum_{j=1}^{r}\sum_{i=1}^{k_j} n_j W_{ji}\right)\eta / H_0 \tag{5-3}$$

式中　M——某再制造升级单位所需人员数量；

r——某再制造升级单位可完成再制造的老旧产品型号数；

k_j——j 型号老旧产品再制造升级工作的项目数；

n_j——再制造升级 j 型号老旧产品的数量；

W_{ji}——j 型号产品完成第 i 项再制造升级工作所需的工时数；

η——再制造升级工作量修正系数。如考虑老旧产品退役状态所造成的工作量的波动或考虑非工作占用的时间，则 $\eta>1$；

H_0——每人每年规定完成的再制造升级工时数。

另外，也可由再制造升级工作分析汇总表，计算各不同专业总的再制造升级工作量，并按下式粗略估算各专业人员数量

$$M_i = \frac{T_i N}{H_d D_y y_i} \tag{5-4}$$

式中　M_i——第i类专业人员数量；

T_i——再制造升级一台产品的第 i 类专业所需工时数；

N——年度需完成再制造升级产品的总数；

H_d——每人每天工作时间（工时）；

D_y——年有效工作日；

y_i——出勤率。

（2）分析计算法　分析计算法的主要步骤如下：①确定需实施的全部再制造升级工作；②预测每项工作所需的年度工时数，其中需确定完成每项再制造升级工作的工时及每项再制造升级工作的年数量；③根据全年用于再制造升级的工作时间求得所需人员总数。预测产品再制造升级人员总数的公式如下

$$M = \frac{N M_H}{T_N(1-\varepsilon)} \tag{5-5}$$

式中　M——再制造升级人员总数；

N——年度再制造升级产品生产总数；

M_H——每年每台再制造升级产品预计的工作工时数（每台产品工时定额）；

T_N——年时基数［=（全年日历天数 - 非再制造升级工作天数）×（每天工作时数）］；

ε——再制造生产设备计划修理停工率。

预测出所需产品再制造升级人员数量之后，还应将分析结果与相似产品的再制造升级人

员专业进行对比，进行相应的调整，初步确定出各专业人员数量，并根据再制造升级产品的要求与使用情况加以修正。

在确定再制造升级人员数量与技术等级要求时，要控制对再制造升级人员数量和技能的过高要求。当再制造升级人员数量和技术等级要求与实际可提供的人员有较大差距时，应通过调整再制造升级保障设备、加强技术培训等措施来降低对人员数量和技术等级的要求。

5.1.5 再制造升级生产质量控制方法

1. 再制造升级产品质量控制属性

（1）基本概念 再制造升级过程中质量控制的主要目标是确保反映产品质量特性的那些指标在再制造升级生产过程中得以保持，减少因再制造设计决策、选择不同的再制造方案、使用不同的再制造设备、不同的操作人员以及不同的再制造工艺等而产生变异，并尽可能早地发现和消除这些变异，减少变异的数量，提高再制造升级后产品的质量，实现资源的最佳化循环利用。

严格遵守再制造升级的生产工艺规范，做好再制造升级过程质量控制的意义为：

1）可以减少不合格的再制造升级产品数量，减少返工所需额外的人力、机力及物资浪费，因此，科学的再制造质量控制能够降低再制造生产费用。

2）可以扩大再制造升级产品的销路，提高企业的经济效益。

3）通过高质量及低价格的再制造升级产品，可以在有效经费内提高产品的拥有量，提高用户的费效比。

4）高质量的再制造升级产品能够减少因产品再制造缺陷可能造成的偶然事故，导致产品或设施毁损、人员伤亡而致使用户要求赔偿的可能性，因此，优质能减少再制造方的赔偿风险。

5）高质量的再制造升级产品能够实现资源的长寿命使用，实现资源的最大化利用和环境的最大化保护。

（2）再制造升级产品质量的波动性 因为所使用原料的不同，再制造升级使用的是工况品质复杂的废旧产品，所以再制造升级过程比制造过程更复杂，得到的不同再制造升级产品质量具有更强的波动性，不同的再制造升级产品质量可能各不相同，同一产品在不同时期进行再制造升级也会使得再制造质量有差异。所以再制造升级质量的波动性是客观存在的。因此，了解再制造升级质量波动的客观规律，能够对再制造升级产品质量实施有效的控制。

1）再制造升级产品质量波动性来源。引起再制造升级质量波动性的原因通常有以下几个方面[2]：

① 再制造升级生产原料：因再制造升级生产使用的原材料是废旧产品，不同的产品其故障或失效模式不一样，原料的差异性使得再制造升级过程不可能如制造过程一样统一，而这种不同废旧产品的差异及其再制造升级过程的不同成为再制造升级质量波动的直接原因。

② 再制造升级生产设备：指再制造升级生产过程中所使用的设备性能，优异的专用设备将能够保证再制造升级产品质量。

③ 再制造升级生产技术：先进的再制造升级技术手段及工艺所再制造升级出的产品性能能够得到充分的保证。

④ 再制造升级生产环境：包括地点、时间、温度、湿度等再制造升级的工作环境等。

⑤ 再制造升级操作人员：操作者技术水平的差异、熟练程度、工作态度、身体条件以及心理素质等。

⑥ 再制造升级生产目的：不同的再制造升级目的所制造的产品也会存在差异，例如以再制造升级、环保效益、应急再制造、再制造恢复等为不同的目的。

2）再制造升级质量波动性特性。再制造升级质量的波动性包括偶然性和系统性两方面的原因。

① 偶然性原因。偶然性原因是指诸如技术工艺材料的细微差异、再制造升级设备的正常磨损、再制造升级人员工作的不稳定性等这样的一些偶然因素，它的出现是随机性因素造成的，不易识别和测量。随机性因素是不可避免的，经常存在的，所以，偶然性原因是正常原因，是一种经常起作用的无规律的原因。

② 系统性原因。系统性原因是指如设备严重磨损、设备不正确调整、再制造升级人员偏离操作规程、技术工艺材料的固定性偏差，它们容易被发现和控制，并可通过加强管理、改进技术设备等措施后消除。因这些是明显倾向性或一定规律的因素造成的，因此属于异常原因，也可以避免。

无规律的偶然性原因所造成的再制造升级产品质量的波动称为正常波动，这时的再制造升级过程处于可控制状态；有规律的系统性原因所造成的再制造升级产品质量的波动称为异常波动，这时的维修过程处于非控制状态。再制造升级过程处于控制状态时，再制造升级数据具有统计规律性，当处于非控制状态时，再制造升级数据的统计就不具备规律性。因此，再制造升级质量控制的重要任务之一就是要根据再制造升级的目的，分析再制造升级质量特性数据的规律性，从中发现异常数据并追查原因，并通过技术等手段来消除异常因素，增加再制造升级产品质量的稳定性。

2. 再制造升级生产过程产品质量控制方法与技术

（1）再制造升级生产过程产品质量控制方法　再制造升级生产过程产品质量控制所采用的主要方法是全面质量控制。再制造升级全面质量控制是再制造企业发动全体员工，综合运用各种现代管理技术、专业技术和各种统计方法与手段，通过对产品再制造寿命周期全过程、全因素的控制，保证用最经济、最环保的方法生产出质优价廉的再制造升级产品，并提供优质服务的一套科学管理技术。其主要特点体现在：全员参加质量管理；对产品质量产生、形成和实现的全过程进行质量管理；管理对象的全面性，不仅包括产品质量，也包括工作质量；管理方法的全面性，综合运用各种现代管理技术、专业技术和各种统计方法与手段；经济效益和环境效益的全面性。

（2）再制造升级工序的质量控制　再制造升级的生产过程包括从废旧产品的回收、拆解、清洗、检测、再制造加工、组装、检验、包装直至再制造升级产品出厂的全过程，在这一过程中，再制造升级工序质量控制是保证再制造升级产品质量的核心。工序质量控制是根据再制造升级产品工艺要求，研究再制造升级产品的波动规律，判断造成异常波动的工艺因素，并采取各种控制措施，使波动保持在技术要求的范围内，其目的是使再制造升级工序长期处于稳定运行状态。为了进行工序质量控制，首先要制定再制造升级的质量控制标准，如再制造升级产品的标准、工序作业标准、再制造升级加工设备保证标准等；而后收集再制造升级过程的质量数据并对数据进行处理，得出质量数据的统计特征，并将实际招待结果与质量标准比较得出质量偏差，分析质量问题和找出产生质量问题的原因；进行再制造升级工序能力分析，判断工序是否处于受控状态和分析工序处于控制状态下的实际再制造升级加工能力；对影响工序质量的操作者、机器设备、材料、加工方法、环境等因素进行控制，以及对关键工序与测试条件进行控制，使其满足再制造升级产品的加工质量要求。通过工序质量控制，能及时发现和预报再制造升级生产全过程中的质量问题，确定问题范畴，消除可能的原因，并加以处理和控制，包括进行再制造设备升级、更改再制造升级工艺、更换组织程序等，从而有效地减少与消除不合格产品的产生，实现再制造升级质量的不断提高。工序质量控制的主要方法有统计工序控制，主要采用的工具为控制图。

（3）再制造升级产品的质量控制技术　再制造升级产品的质量控制技术主要包括再制造毛坯的质量检测技术、再制造升级加工过程的质量控制技术、再制造升级成品的检测技术。

再制造毛坯由于其作为再制造升级生产原料的独特性及其质量性能的不稳定性，对其进行质量检测是再制造升级质量控制的第一个环节。对于废旧产品的零件，需要进行全部的质量检测，无论是内存质量还是外观几何形状，并根据检测结果，结合再制造升级性综合评价，决定零件能否进行再制造升级，并确定再制造升级的方案。再制造毛坯的内在质量检测，主要是采用一些无损检测技术，检查再制造毛坯存在的裂纹、孔隙、强应力集中点等影响再制造后零件使用性能的缺陷，一般可采用超声检测技术、射线检测技术、磁记忆效应检测技术、涡流检测技术、磁粉检测技术、渗透检测技术、工业内窥镜等。再制造毛坯外观质量检测主要是检测零件的外形尺寸、表层性能的改变等情况，对于简单形状的再制造毛坯几何尺寸测量，采用一般常用工具即可满足测量要求，对于复杂的三维零件的尺寸测量，可采用专业工具，如三坐标测量机等[3]。

生产过程的检验：指对零件或产品在工序过程中所进行的检验，包括再制造升级工序检验、再制造升级工艺控制检测、再制造零件检验、再制造升级组装质量检验等。再制造升级过程中，再制造升级质量的监控主要是对再制造升级具体技术工艺过程与参数的监控，对再制造升级零件进行质量在线监控，可分为三个层次：再制造升级生产过程控制、再制造升级工艺参数控制、再制造升级加工质量与尺寸形状精度的在线动态检测和修正。再制造升级质量的在线监控常用的有模糊控制技术、自适应控制技术、表面质量自动检测系统、复杂零件尺寸检测系统、管棒材涡流自动检测系统、实时测温及控制系统等。

再制造升级产品的质量检验通常采取新品或者更严格的质量检验标准。再制造升级成品检验是指对组装后的再制造升级产品在准备入库或出厂前所进行的检验，包括外观、精度、性能、参数及包装等的检查与检验。再制造升级产品质量检验的目的，主要是判断产品质量是否合格和确定产品质量等级或产品缺陷的严重程度，为质量改进提供依据。质量检验过程包括测量、比较判断、符合性判定和实施处理。再制造升级成品的质量控制包括再制造升级产品性能与质量的无损检测、破坏性抽测、再制造升级产品的性能和质量评价三方面内容。

5.2 再制造升级保障资源优化管理方法

5.2.1 再制造升级生产资源优化管理方法

1. 基本概念

再制造升级资源计划管理是从制造资源计划中的物料需求计划（Material Requirements

Planning，MRP）发展而来的。MRP的基本功能是将主控进度计划转化为零部件的进度计划和原材料的订购计划。其基本依据是产品构成、零部件的加工周期、材料的订货周期以及部件和产品的装配周期。再制造升级的MRP系统结构如图5-4所示，其输入包括主控进度计划、资源清单和库存记录。其输出有主报告与辅助报告两部分：主报告的内容包括零部件进度计划与订单和原材料、外购件订单等；辅助报告的内容包括例外报告、计划变更报告和运行控制报告等。MRP实现了生产管理由宏观的以产品为核心的生产计划向微观的以零部件和原材料为核心的生产计划的转变，其效益主要体现在三个方面：原材料和在制品库存显著减少；对需求变化的响应速度加快，产品转换时间缩短，产品转换费用降低；设备利用率得到提高。再制造升级资源计划优化是以资源需求计划为核心，面向再制造升级生产活动的所有领域，实现资源最佳化有效利用的管理技术和方法。

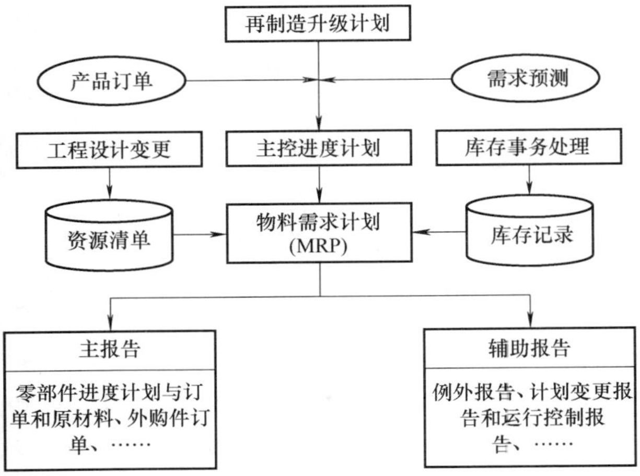

图5-4 再制造升级的MRP系统结构

2. 再制造升级的生产资源优化方法

再制造升级生产资源管理的基本内容是对生产活动进行计划与控制。

（1）再制造升级生产计划的资源管理 因再制造升级生产是以老旧产品作为生产的主要原料，而老旧产品的供应显著区别于制造企业所需原料的供应，其具有数量、质量、时间的不确定性，对再制造升级生产计划有着直接的影响。再制造升级生产计划也可以分为以下五个层次。

1）综合生产计划。综合生产计划的任务是根据毛坯回收数量与质量、市场需求和企业资源能力，确定企业年度生产再制造升级产品的品种与产量。通常可以采用数理规划的方法制定综合生产计划。典型的线性规划模型如下。

假设再制造企业有 m 种资源，用于生产 n 种再制造升级产品，其中第 j 种再制造产品的年产量为 X_j，若 a_{ij} 表示生产一件第 j 种产品所需的第 i 种资源的数量，G_j 表示生产一件第 j 种产品所获得的利润，b_i 表示第 i 种资源可用的数量。试确定最佳产品品种的组合和最佳年产量。

目标函数（以再制造企业的最大利润 z 为优化目标）及约束条件为

$$\max \quad z = \sum_{j=1}^{n} G_j X_j \tag{5-6}$$

$$\text{s. t.} \quad \sum_{j=1}^{n} a_{ij}X_j \leqslant b_i (i = 1,2,\cdots,m)$$

$$X_j \geqslant 0 \quad (j=1,2,\cdots,n)$$

2）主控进度计划。主控进度计划即最终再制造升级产品的进度计划，是根据综合生产计划、市场需求和再制造企业资源能力而确定的。也可以采用数理规划的方法制定主控进度计划，只是此时的优化目标是企业生产资源的充分利用。例如，以机床负荷率为优化目标，其线性规划模型如下：

目标函数（以机床负荷率 S 为优化目标）及约束条件为

$$\max \quad S = \frac{\sum_{k=1}^{12}\sum_{i=1}^{p}\sum_{j=1}^{n} d_{ij}X_{jk}}{\sum_{k=1}^{12}\sum_{i=1}^{p} t_{ik}} \tag{5-7}$$

$$\text{s. t.} \quad \sum_{j=1}^{n} d_{ij}X_{jk} \leqslant t_{ik} (i = 1,2,\cdots,p)$$

$$0 \leqslant X_{jk} \leqslant X_j (j=1,2,\cdots,n)$$

附加约束条件为

$$\begin{cases} \sum X_{jk} = X_j \quad (j = 1,2) \\ X_{jk} = 0 \quad (j = 5,6,7;\ k = 1,2,\cdots,6) \\ X_{45} = X_4 \\ \cdots \end{cases}$$

式中 d_{ij}——生产一件第 j 种产品所需第 i 种设备台时数；

X_{jk}——第 j 种产品第 k 月的产量；

t_{ik}——第 i 种设备第 k 月可用台时数；

p——设备种数。

上述模型中的附加约束条件通常由订货要求所确定。

3）物料需求计划。物料需求计划将最终的产品进度计划转化为零部件的进度计划和原材料（外购替换件）的订货计划。物料需求计划明显受老旧产品供应的数量、质量和时间的影响。

4）能力计划。确定满足物料需求计划所需要的人力、设备和其他资源。

5）老旧产品供应预测。通过科学预测和评估，确定一定时期内用于再制造升级的老旧产品所供应的数量及质量，对综合生产计划、主控进度计划和物料需求计划进行修订。

（2）再制造升级生产控制　再制造升级生产控制用于确定升级资源和原料是否满足生产计划需要，如不能满足则须通过调整资源或更改计划使资源与计划达到匹配。再制造升级生产控制主要包括：

1）原料控制。对老旧产品的数量、质量进行控制，使其既满足生产要求，又不在再制造厂造成大量库存。

2）车间控制。车间控制是指对生产过程和生产状态进行控制，使其符合生产计划要求。

3）库存控制。为保证生产计划的顺利执行而对原材料、生产辅助材料、备件和老旧产品的库存进行控制。

4）制造资源计划。制造资源计划是指将物料需求计划、能力计划、车间控制、库存控制和原料控制等集成在一起，实现生产及资源的优化管理。

5）准时制生产系统。准时制生产系统指完全根据需求进行生产的一种控制方式，可以最大限度地减少库存。

5.2.2 基于精益生产的产品再制造升级优化管理

1. 精益生产中的产品再制造升级

所谓精益生产就是有效地运用现代先进制造技术和管理技术成就，以整体优化的观点，以社会需求为依据，以发挥人的因素为根本，有效配置和合理使用企业资源，把产品形成全过程的诸要素进行优化组合，以必要的劳动，确保在必要的时间内，按必要的数量，生产必要的零部件，达到杜绝超量生产，消除无效劳动和浪费，降低成本、提高产品质量，用最少的投入，实现最大的产出，最大限度地为企业谋求利益的一种新型生产方式。

精益生产始于20世纪70年代日本的制造业。历时5年，通过对世界近百家汽车制造企业，尤其是对日本汽车企业的深入调查，美国麻省理工学院詹姆斯等于1990年编著了《The Machine That Changed the World》一书，首次提出了“精益生产”的概念，并以此来描述日本丰田汽车公司的生产方式。他们认为，大量生产是旧时代工业化的象征，而精益生产是新时代工业化的标志[4]。

基于精益生产的产品再制造升级是以产品再制造升级整体过程优化为核心，以人与效益为根本，根据升级需求和项目背景，有效运用现代先进再制造升级和管理技术，合理配置和使用再制造升级保障资源，将再制造升级开展全过程的各个要素进行优化组合，旨在以必要的劳动，在必要的时间内，按照必要的数量，必要的质量，升级必要的产品/零部件，消除一切无效劳动和资源浪费，用最少的资源投入实现最大的效益产出[5]。精益再制造升级是产品在最少资源保障条件下，快速获取整体性能提升的一种新型生产方式。

精益再制造升级的主要思想体现在以下几个方面：

1）精益再制造生产方式以人为本，充分发挥人的潜力。再制造升级要面临许多新问题，进行产品的重新论证和再制造升级设计，因此，更加强调人在再制造升级中的能动作用，将再制造升级人员视作比再制造升级设备更为重要的关键因素，加强对人员的培训，使员工掌握多种操作知识和生产技能，不仅有利于其完成工作目标，更能够适应小组工作方式，及时地发现并解决再制造升级中出现的各种问题；通过对员工协作精神和系统观的培训，提高员工合作意识和应变能力，从而在解决具体问题时，能自觉地从整体观念出发，实现跨部门、跨层级的团队协作，提高企业的竞争力，发掘潜能。

2）精益再制造升级的目标是减少资源浪费。精益再制造升级要求从产品性能的再设计、升级过程，到产品使用和保障等一系列活动过程中，对各产品再制造升级要素进行科学合理的组合、设计与优化，消除再制造升级生产过程中的各种资源浪费，杜绝无效资源使用，提高再制造升级生产中各项活动和资源的效率，实现从组织管理到升级操作过程及产品保障的整体优化，对产品再制造升级后产品质量精益求精，并杜绝升级中一切不增加生产效益或者资源使用代价超过所升级产品效益的活动过程都被视作浪费，并加以改进消除。

3）精益再制造升级的基础是不断设计改善。没有改善就没有精益生产，精益再制造升级过程就是一个通过不断设计优化来不断追求完美的持续改善再制造升级活动的过程。精益再制造升级始终把已经达到的标准作为进一步改进的基础，通过优化设计，来从质量、生产效率、流通过程等方面严格遵守各项再制造升级过程标准，并不断实施局部资源使用优化完善。精益再制造升级过程改善的原则是从易到难，从局部到整体，坚持持续努力不断地改进、巩固、提高。可采用计划-实施-检查-改进-循环（Plan-Do-Check-Action Cycle，PDCA）方法进行持续改善。

2. 精益再制造升级管理的工具

（1）拉动式准时化生产　拉动式准时化生产只根据用户真正需求进行产品再制造升级生产，在拉动系统中，增值链中的生产和物流只有当存在真的产品再制造升级需求时才被触发。拉动式准时化生产依靠看板系统，看板的关键在于能够传递再制造升级生产所需要的信息。下道工序通过看板将需求信息逐层向上游工序传递，上道工序仅根据看板所反应的需求在适当的时间生产适当数量的适当产品零部件，并送至下道工序。因此，对于每一道工序而言，保证生产中资源平衡的关键就在于保证对后道工序供应的准时化。对于产品再制造升级来说，尤其需要面对许多不确定性的情况，因此，要在再制造升级设计阶段具备充足的可预见性，并制订不同的应对方案，以保证生产系统具有足够的柔性，满足准时化生产需求。

（2）全面质量管理　拉动式准时化生产实施的条件是标准化操作和高质量产品。因此精益生产注重培养每位员工的质量意识，要求所有的员工在任何一道工序中都进行严格的质量检验与控制，确保系统中每一个在制品的质量合格，同时以此保证能够及时发现产品的质量问题，从而避免对不合格品的无效加工。

（3）团队工作法　精益生产强调人力资源的作用，注重发挥员工的能力和创作力。团队工作是面向项目的，成员之间相互平等，都有权利参与团队决策。因此，员工才能以主人的态度尽职尽责地完成和改善工作。小组协同工作要求员工能够比较熟悉团队内其他工作人员的工作，小组中每个成员的工作都能彼此替代并相互监督。

（4）并行工程　并行工程要求产品开发人员从产品全寿命周期角度出发，在产品开发期间，以设计部门为主，其他部门共同参与形成团队，将后续环节可能出现的问题并行交叉考虑，并采取有效的解决方案，使得产品具备良好的可拆解性、可再制造升级性、可维护性及回收再生等方面的特性，避免反复设计和失误。另一方面，由于各个部门的集体参与，产品在设计完成的同时便可以立刻进行批量生产，从而缩短设计、生产准备和制造时间。

（5）直观管理　直观管理以公开化为基本原则，利用看板、信号灯、进度灯、操作流程图及生产管理板等直观的管理工具，将规章制度与工作标准公开，保证了生产的连续性和节奏性，提高了劳动生产率；同时，通过直观管理能够将生产任务与完成情况以图表的方式更形象直观地公布于众，能够有效监督并促进集体和个人按质、按量、按期地完成任务。

3. 精益再制造升级对资源优化的应用

产品性能需求的快速增长态势和环保意识的日益提高，使得产品再制造升级得到越来越多的关注和重视。精益再制造升级可以对传统再制造生产内部的职能进行系统的、战略性的协调，提高生产系统的资源优化和经济效益，获取良好的环境效益。精益再制造升级的组织运作方式集中于持续改进、消除升级过程中的资源浪费和无价值活动，使得再制造升级各过程在整个生产系统内以最大效率流动，实现资源浪费最小化，取得了很好的再制造升级效益。

精益再制造升级模式主要是在再制造升级过程中获得高的再制造升级生产效率、高的再制造升级产品质量和高的再制造升级生产柔性及最低的资源浪费。与大批量生产的泰勒方式相反，再制造升级生产组织中不强调过细的分工，而是强调再制造升级生产各部门、各再制造升级工序间相互密切合作的综合集成，重视再制造升级设计、生产准备和再制造升级生产之间的合作与集成。精益再制造升级的关键是要简化流程，减少流程中的资源浪费。

1）简化组织机构是精益再制造升级生产的先决条件。精益生产在再制造升级产品设计中可采用并行设计方法，包括再制造的物流设计、生产方式设计、性能设计等方面，都需要对再制造升级产品进行全面的设计，也满足当前市场环境对再制造升级后产品的需求。因此，在再制造升级产品开发一开始就由再制造升级产品设计、工艺和工业工程等方面的人员组成项目组。在产品开发设计过程中，由于集中了各方面的人员，处理大量的再制造升级信息可在组内完成，因而使信息的传递得到简化，系统反应十分灵活。即使遇到冲突和问题也可以在开始阶段得到解决，使重新设计的再制造升级产品不但满足工艺生产要求，还能最大程度地符合用户的功能和费用要求。这种并行开发方法简化了产品开发过程，使产品开发所需时间和力量都减少了一半，同时在整个产品制造过程中，工人以生产小组的形式参加全部生产活动，也使组织机构得到简化。

2）精益再制造升级生产模式要简化与协作单位的关系。再制造升级的协作单位包括提供老旧产品的逆向物流单位，提供替换零部件的生产单位，提供再制造升级产品使用的单位，以及提供技术和信息支撑的相关单位。再制造升级的生产要与这些协作单位之间不应再是委托和被委托关系，而是相互依赖，息息相通。在新的再制造升级产品开发阶段，再制造升级前段时间要根据以往的合作关系选定协作单位，并让协作单位参加新的再制造升级产品开发过程，提供相关升级信息和技术支持。再制造升级单位和协作单位采用一个确定成本、价格和利润的合理框架，通过共同的效益分析，研究如何共同获益。在再制造升级制造阶段，再制造升级单位仅把要再制造升级生产所需的替换或需再制造升级加工零部件的性能规格要求提供给协作单位，协作单位则负责具体的供应或再制造升级。再制造升级单位与协作单位之间的这种相互渗透、形似一体的协作形式，不仅简化了再制造升级单位的产品再制造升级设计工作，简化了再制造升级单位与协作单位的关系，也从组织上保证了再制造升级物流工作的完成，能够最大限度避免再制造升级中物流不确定性的问题。

3）简化再制造升级生产过程，减少非生产性资源浪费。在精益再制造升级生产中，凡是不直接使再制造升级产品增值的环节和工作都被看成是浪费，因此精益再制造升级生产采用准时制生产方式。应该提高预测的可靠性，即从老旧产品物流至再制造升级单位再到生产成再制造升级产品销售出动，基本采用没有中间存储（中间库）的、不停流动的、无阻力的再制造升级生产流程，与此同时，单位还需要适当撤销间接工作岗位和中间管理层，从而减少资金积压，减少了非生产性资源浪费。在再制造拆解、清洗、加工等工艺中尽量采用成组技术，实现高效再制造升级生产。

4）简化再制造升级产品检验环节，强调一体化的质量保证。相对产品制造来说，由于老旧产品来源及质量的不确定性，对再制造升级产品的质量更应该给予高度重视。精益再制造升级生产应采用一体化质量保证系统，以再制造升级工序的流水线生产方式划分相应的工作小组，如拆解组、清洗组、检测组、加工组等，以这些再制造升级生产小组为质量保证基础。小组成员对产品零部件的质量能够快速和直接处理，拥有一旦发现故障和问题，即能迅速查找到起因的检测系统。同时，由于每一个小组对自己所负责的工序零部件给予高度的质量检测保证，可相应取消专用的零部件检验场所，可只保留产品整体的检测区域。这不仅简化了再制造升级产品的检验程序，保证了再制造升级产品的高质量，而且可节省费用。

5）精益再制造升级生产把追求完美作为再制造升级生产的不懈目标。不断改进再制造升级生产中的拆解、清洗、加工、检测等技术工艺和再制造升级生产方式，不断降低再制造升级成本，力争无废品、零库存和再制造升级产品品种的多样化。

精益再制造升级生产中的以人为本、简化流程、追求完美，说明再制造升级的精益生产不仅是一种生产方式，而更主要的是一种适用于现代再制造升级企业的组织管理方法。在再制造升级生产中采用精益生产方式无须大量投资，是迅速提高再制造升级企业管理和技术水平的一种有效手段。随着它在再制造升级企业中不断得到重视及应用，实行及时生产、减少库存、看板管理等活动，确保工作效率和再制造升级产品质量，将能够推动再制造升级企业创造更加明显的经济和社会效益。

5.2.3 成组再制造升级管理方法

成组再制造升级是研究如何识别和发掘再制造升级活动中有关事务的相似性，并把相似的问题归类成组，寻求解决这一组问题相对统一的最优方案，以取得所期望的经济效益。它是改变多品种、小批量再制造升级生产资源利用落后情况的一种资源组织生产技术，是合理组织中小批量生产的系统方法。成组再制造升级可以利用计算机自动进行零件分类、分组，不仅应用到产品设计标准化、通用化、系列化及工艺规程的编制过程，而且在再制造升级生产作业计划和生产组织等方面也可实现较多应用。

1. 在产品再制造升级性设计中的应用

再制造升级性设计是指在产品设计阶段考虑如何提高产品末端时的再制造升级能力，主要包括提高产品的标准化程度，提高可拆解性、零部件的可检测性、失效零部件的可恢复性，加强产品的模块化结构等。在设计中大量采用成组技术指导设计，可以赋予各类零件更大的相似类，提高零部件的易分类性，最大限度地实现零件的拆装、检测、清洗、加工的批量化，提高产品易于再制造升级的能力。尤其在当前再制造升级生产量小，升级种类多的情况下，采用成组技术可以提高不同类产品零件间的相似性，实现不同品种产品进行再制造升级时零件加工的批量化，提高小批量产品的再制造升级效益。另外还由于再制造升级产品也具有继承性，使往年累积并经过考验的有关再制造升级的经验在生产中再次应用，这有利于保证再制造升级产品质量的稳定。

2. 在再制造升级生产工艺中的应用

（1）在再制造升级物流中的应用　进行分类成组运输，提高运输效率。可以根据老旧产品的种类、地点、质量、时间、距离、运送目的地、装卸方式等要素进行运输分类编码，实现不同品质老旧产品再制造升级的合理科学逆向物流输送，最大效率地满足生产中对毛坯的需求。

（2）在再制造升级拆解和装配中的应用　可根据老旧产品的连接件形式、拆装工具、拆装地点、拆装时间、技术要求、顺序要求、材料特性等要素进行拆装分类编码，有效安排拆装流程，提高拆解的规范化和科学化，另外对拆解后的零件按要求进行分类，也便于进行检测。

（3）在再制造升级清洗中的应用　清洗是再制造升级生产中的特有步骤，并且会占用大量的工作，传统的再制造升级清洗存在分类不科学、效率低下等缺点，按照成组技术的特点，根据零件形状、清洗要求、清洗方式、清洗地点、清洗阶段等要素进行分类编码，可以对清洗进行全程控制，实现批量化清洗，提高清洗效率，降低环境污染。

（4）在再制造升级检测中的应用　因再制造升级需要使用原有老旧产品的零部件作为毛坯进行生产，所以需要根据生产再制造升级产品的质量要求，在不同阶段，分批次地对老旧产品拆解后的零部件、清洗后的零部件，再制造升级加工后的零部件及装配中的零部件进行检测。可以根据成组技术的原理，按照检测阶段、检测设备、检测特征、对象特点、质量要求等要素进行分类编码，形成不同检测方法下的批量化和规范化检测，提高检测效率和可靠性。

（5）失效零件在再制造升级加工中的应用　再制造升级加工要求采用各类机床或表面工程等技术恢复或升级失效零件的性能，使其达到新品的标准，是再制造升级产品获得高附加值的主要方式，可大量采用成组技术来提高再制造升级加工效率。再制造升级加工中可以按照零件形状、失效形式、加工方法、安装方式、技术要求、生产阶段、生产批量、加工时间等要素进行分类编码，形成批量化加工，提高生产效率。

3. 在再制造升级生产组织管理方面的应用

成组生产系统要求按模块化原理组织生产，即采取成组生产单元的生产组织形式。在一个再制造升级生产单元内有一组工人操作一组设备，再制造升级加工一个或若干个相近的加工组，在此再制造升级生产单元内可完成失效零件全部或部分的恢复性生产加工。因此，成组生产单元是以加工组为生产对象的产品专业化或工艺专业化（如热处理等）的生产基层单位。成组技术是计算机辅助管理系统技术基础之一，运用成组技术基本原理将大量信息分类成组，并使之规格化、标准化，这将有助于建立结构合理的生产系统公用数据库，可大量压缩信息的储存量；由于不再是分别针对一个工程问题和任务设计程序，可使程序设计优化。此外采用编码技术是计算机辅助管理系统得以顺利实施的关键性基础技术工作，成组技术恰好能满足相似产品零件及分类的编码。

总之，成组技术是提高多品种、中小批量产品再制造升级生产效率和水平的有效方法，在多品种、中小批量再制造升级生产中实施成组技术，能够减少升级工艺过程设计所需的时间和费用，减少资源浪费，缩短工件在再制造升级生产过程中的运输路线，提高再制造升级加工效率，缩短再制造升级产品生产周期，提高设备利用率，节省再制造升级生产面积，降低废品率，减少人员需要量，简化生产管理工作，提高对再制造升级产品改型的适应能力，将会给再制造升级企业带来显著的技术经济效益。

5.2.4　柔性再制造升级及资源分配方法

1. 柔性再制造升级

柔性再制造是以先进的信息技术、再制造技术和管理技术为基础，通过再制造系统的柔性、可预测性和优化控制，最大限度地减少再制造产品的生产时间，优化物流，提高对市场的响应能力，保证产品的质量，实现对多品种、小批量、不同退役形式的末端产品进行个性化再制造[6,7]。

再制造升级采用柔性再制造系统来进行，对于提高再制造升级效益和升级后产品质量等具有重要意义。典型的柔性再制造升级系统一般由三个子系统组成，分别是再制造升级加工系统、物流系统和控制与管理系统，其构成框图及功能特征如图5-5所示。三个子系统的有机结合，构成了一个再制造升级系统的能量流（通过再制造升级工艺改变工件的形状和尺寸）、物料流（主要指工件流、刀具流、材料流）和信息流（再制造升级过程的信息和数据处理）。

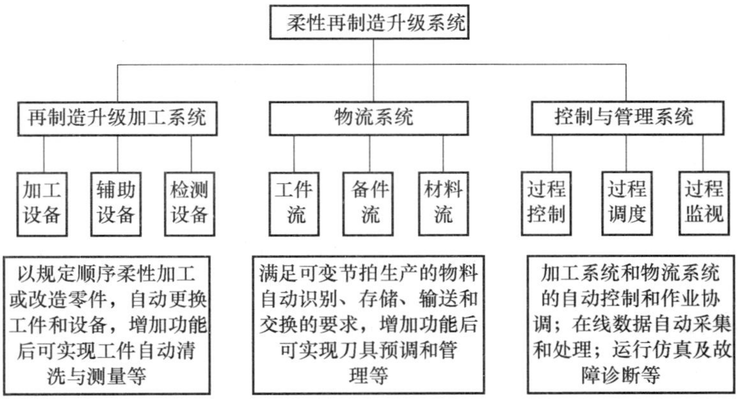

图5-5　柔性再制造升级系统的构成框图及功能特性

（1）再制造升级加工系统　实际执行老旧产品的结构升级改造或性能提升等工程加工工作，把工件从废旧毛坯升级为性能和功能先进的再制造升级产品的执行系统，主要有数控机床、表面加工等加工设备，系统中的加工设备在工件、刀具和控制三个方面都具有可与其他子系统相连接的标准接口。从柔性再制造升级系统的含义可知，加工系统的性能直接影响着柔性再制造升级系统的性能，且加工系统在柔性再制造升级系统中又是耗资最多的部分，因此恰当地选用加工系统是柔性再制造升级系统成功与否的关键。

（2）物流系统　用以实现毛坯件及加工设备的自动供给和装卸，以及完成工序间的自动传送、调运和存储工作，包括各种传送带、自动导引小车、工业机器人及专用起吊运送机等。

（3）控制与管理系统　包括计算机控制系统和系统软件。前者用以处理柔性再制造系统的各种信息，输出控制CNC机床和物料系统等自动操作所需的信息，通常采用三级（设备级、工作站级、单元级）分布式计算机控制系统，其中单元级控制系统（单元控制器）是柔性再制造系统的核心。后者用以确保柔性再制造系统有效地适应中小批量多品种生产的管理、控制及优化工作，包括根据使用要求和用户经验所发展的专门应用软件，大体上包括控制软件（控制机床、物料储运系统、检验装置和监视系统）、计划管理软件（调度管理、质量管理、库存管理、工装管理等）和数据管理软件（仿真、检索和各种数据库）等。

2. 柔性再制造升级系统的技术模块

根据再制造升级生产工艺步骤，可知柔性再制造升级系统主要包括以下技术模块。

（1）柔性再制造升级加工中心　再制造升级加工主要包括对缺损零件的再制造恢复及升级，所采用的表面工程技术是再制造升级中的主要技术和关键技术。再制造升级加工中心的柔性主要体现在加工设备可以通过操作指令的变化而变化，以对不同种类零部件的不同失效模式，都能进行自动化故障检测，并通过逆向建模，实现对失效件的科学自动化再制造升级加工恢复。

（2）柔性预处理中心　再制造升级毛坯到达再制造工厂后，首先要进行拆解、清洗和分类，这三步是再制造升级加工和装配的重要准备过程。对不同类型产品的拆解、不同污染情况零件的清洗以及零件的分类贮存，都具有非常强的个体性，也是再制造升级过程中劳动密集的步骤，对其采用柔性化设计，主要是增强设备的适应性及自动化程度，减少预处理时间，提高预处理质量，降低预处理费用。

（3）柔性物流系统　废旧产品由消费者运送到再制造升级工厂的过程称为逆向物流，其直接为再制造升级提供毛坯，是再制造升级的重要组成部分。但柔性再制造升级系统中的物流主要考虑废旧产品及零部件在再制造升级系统内部各单元间的流动，包括零部件再制造升级前后的储存、物料在各单元间的传输时间及方式、新零部件的需求及调用、零部件及产品的包装等，其中重要的是实现不同单元间及单元内部物流传输的柔性化，使相同的设备能够适应多类零部件的传输，以及经过重组后能够适应新类型产品再制造升级的物流需求。理想的柔性再制造升级物流系统具有传输多类物品、可调的传输速度、离线或实时控制能力、可快速重构、空间占用小等特点。

（4）柔性管理决策中心　柔性管理决策中心是柔性再制造升级系统的神经中枢，具有对各单元的控制能力，可通过数据传输动态、实时地收集各单元数据，形成决策，发布命令，实现对各单元操作的自动化控制。通过柔性管理决策中心，可以实现再制造升级企业的各要素，如人员、技术、管理、设备、过程等的实时协调，对生产过程中的个性化特点迅速响应，形成最优化决策。其主要是利用各单元与决策中心之间的数据线、监视设备来完成数据交换。

（5）柔性装配及检测中心　对再制造升级后所有零部件的组装及对再制造升级产品性能的检测，是保证再制造升级产品质量和市场竞争力的最后步骤。采用模块化设备，可以增加对不同类型产品装配及性能检测的适应性。

3. 柔性再制造升级系统的应用

在开发用于再制造升级的柔性生产系统时，不仅要考虑各单元操作功能的完善，而且要考虑到该单元或模块是否有助于提高整个生产系统的柔性；不仅要改善各单元设备的硬件功能，还要为这些设备配备相应的传感器、监控设备及驱动器，以便能通过决策中心对它们进行有效控制。同时，系统单元间还应具有较好的信息交换能力，实现系统的科学决策。通常柔性再制造升级系统的建立需要考虑两个因素：人力与自动化，而人是生产中最具有柔性的因素。如果在系统建立中单纯强调系统的自动化程度，而忽略人的因素，在条件不成熟的情况下实现自动化的柔性再制造升级系统，则可能所需设备非常复杂，并会使产品质量的可靠性降低。所以，在一定的条件下，采用自动化操作与人工相结合的方法建立该系统，可以保证再制造升级工厂的最大利润。

图5-6所示是再制造升级工厂内部应用柔性再制造升级系统的框架示意图。由图可知，当废旧产品进入到再制造升级厂后，首先进入物流系统，并自物流系统向柔性管理决策中心进行报告，并根据柔性管理中心的命令，进行仓储或者直接进入预处理中心；预处理中心根据决策中心的指令选定预处理方法，对物流系统运输进的废旧产品进行处理，并将处理结果上报决策中心，同时将处理后的产品由物流系统运输到仓库或者进入再制造升级加工中心；再制造升级加工中心根据决策中心的指令选定相应的再制造升级方法，并经过对缺损件的具体测量形成具体生产程序并上报决策中心，由决策中心确定零部件的自动化再制造升级恢复或改造方案，然后将恢复后的零部件根据决策中心的指令由物流系统运输到仓库或者装配检测中心；装配检测中心在接收到决策中心的指令后，将物流系统运输进的零部件进行装配和

产品检测，并将检测结果报告给决策中心，并由物流系统将合格成品运出并包装后进行仓储，不合格产品根据决策中心指令重新进入再制造升级相应环节。最后是物流系统根据决策中心指令及时从仓库中提取再制造升级产品投放到市场。柔性管理决策中心在整个柔性系统中的作用是中央处理器，不断地接受各单元的信息，并经过分析后向各单元发布决策指令。

柔性再制造升级的柔性化还体现在设备的可扩充、可重组等方面。实现柔性再制造升级系统的设备柔性化、技术柔性化、产品柔性化是一个复杂的系统工程，需要众多的先进信息技术及设备的支持和先进管理方法的运用。

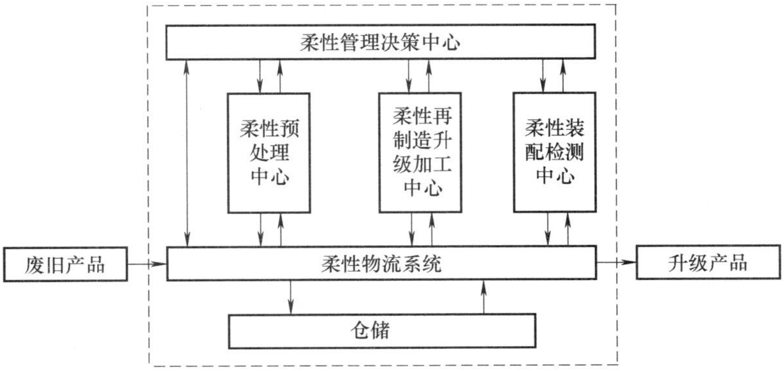

图 5-6　柔性再制造升级系统框架示意图[7]

4. 再制造升级保障资源的柔性分配

再制造升级保障资源消耗和再制造升级保障任务执行状态的关系可以用数学表达式 $f(S,T,R,Q)$ 表示，表明再制造升级保障执行任务状态 S 在持续时间 T 后，消耗 R 类产品保障资源的数量为 Q。在再制造升级保障管理控制系统中，再制造升级保障资源由资源 Agent 负责查询、管理和分配，如图 5-7。

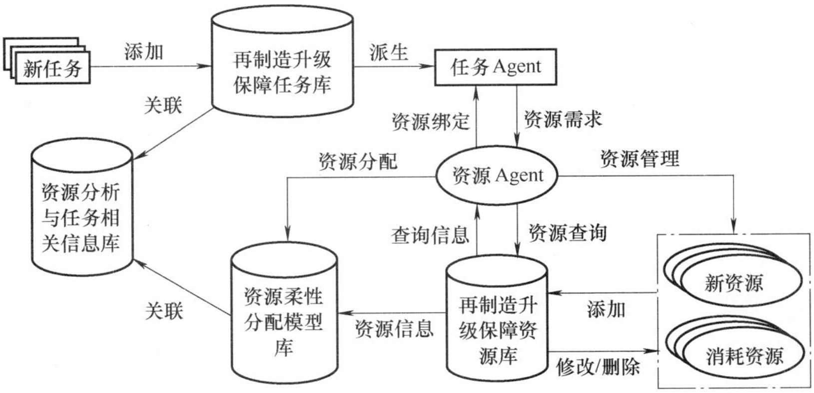

图 5-7　再制造升级保障资源柔性分配描述[8]

1）当有新升级任务添加到再制造升级保障任务库时，触发再制造升级保障管理控制系统派生任务 Agent。

2）任务 Agent 向与之相关联的资源 Agent 发送资源需求请求。资源需求是由再制造升级保障管理控制系统工作流引擎在实例化任务或在动态执行任务时发出的请求，描述了执行某种任务（或某个具体任务）需要具有何种能力的资源（或某个具体资源）来完成。

3）资源 Agent 负责管理资源的动态变化信息（新资源的添加、消耗资源的修改和删除），并将变化的结果更新到产品保障资源库中。

4）资源 Agent 根据任务 Agent 的资源需求请求，形成查询语句，在再制造升级保障资源库中进行资源查询。如果资源不能满足保障任务执行的要求，则通知保障管理控制系统申请补充资源；如果资源能满足升级保障任务执行的要求，则根据查询结果进行资源分配。

5）资源 Agent 根据资源柔性分配模型库中的分配模型来进行资源分配。资源柔性分配模型库是一个动态的数据库，描述了在某些约束条件下，哪些资源具有执行某种类型任务的资格，也描述了在某些情景下，限制哪些资源不具有被分配到某些任务的资格。

6）资源 Agent 将资源分配结果与任务 Agent 进行资源绑定，由再制造升级保障管理控制系统统一调度后，完成资源分配。

5. 再制造升级保障资源柔性分配建模[8]

在保障资源柔性分配过程中，需要首先建立资源分配模型。以再制造升级车间为例，建立其再制造升级保障资源柔性分配模型。一个车间的再制造升级保障系统有：①M 个再制造升级分队，每个再制造升级分队有一个容量为 $E_k(k \in [1,M])$ 的升级设备库，有 Q 种类型的再制造升级设备，每种设备有规定的工作时间 $T_q(q \in [1,Q])$；②一个集中的再制造升级工作区，其工位数 Y 有限；③N 个有时间要求的再制造升级任务，任务可以分解为一系列的子任务，任务 i 包含的子任务数为 S_i，令 $P = \sum_{i=1}^{N} S_i$，表示 N 个任务的所有子任务之和。

再制造升级保障资源的柔性分配问题是：科学配置 M 个再制造升级分队的设备资源，使得目标函数 Z 最优，即完成任务时间最短。目标函数 Z 的数学表达式如下

$$Z = \min\{\max_{k \in [1,m]}(TF_k) + \sum_{i=1}^{N}[\max(0,(T_i - TE_i)) + W_i\max(0,(TE_i - T_i))]\} \quad (5\text{-}8)$$

式中 TF_k——第 k 个再制造升级分队的设备资源开始空闲时刻；

T_i——任务 $i(i \in [1,N])$ 的最迟必须完成时刻；

TE_i——任务 i 的期望完成时刻；

W_i——任务 i 延迟完成的惩罚系数（表示任务延迟完成造成的利益损害）。

一些再制造升级保障任务有明确的劳动定额，可以由工作量通过计算确定其完成时间；另外一些再制造升级保障任务，虽没有劳动定额，根据以往的统计数据也可以基本确定其完成时间。但有些产品保障任务，由于存在难以准确估计的影响因素，完成时间只能视为随机变量，一般采用下述三点时间估计法确定这类不确定性任务的完成时间：①最乐观时间 a，指在特别顺利的情况下完成此项任务所需时间，它是根据经验判断的。这种特别顺利的情况一般假定为在所有可能出现的情况中约占1%，即完成此任务所有时间 ξ（随机变量）小于或等于 a 的概率满足 $P[\xi \leqslant a] = 1\%$。②最悲观时间 b，指在特别不顺利的情况下完成此项任务所需时间，通常亦假定 $P[\xi \geqslant a] = 1\%$。③最可能时间 c，指完成此任务最可能需要的时间。

许多任务完成时间近似服从 β 分布，这样，在三点时间估计情况下，任务期望完成时间 t 和标准偏差 σ 分别由式（5-9）、式（5-10）计算

$$\begin{cases} t=\frac{1}{6}(a+4c+b) & (5\text{-}9)\\ \frac{1}{6}(b-a) & (5\text{-}10)\end{cases}$$

假设 TS_{ij}和 t_{ij}分别表示任务 i 的第 j 个子任务 $J_{ij}(i\in[1,N],j\in[1,S_i])$ 的任务开始时间和任务持续时间，$T_{ijq}(q<Q)$表示完成 J_{ij}子任务使用第 q 种设备的时间；$C_{ijk}=1$ 表示 J_{ij}子任务分配在第 k 个修理分队上执行；$C_{ijk}=0$ 表示 J_{ij}子任务未分配在第 k 个修理分队上执行；$Y_i(t)=1$ 表示在时刻 t 任务 i 占用一个工位；$Y_i(t)=0$ 表示在时刻 t 任务 i 不占用一个工位。目标函数 Z 的约束条件描述为

$$\begin{cases} \sum_{k=1}^{N} C_{ijk}=1 & (5\text{-}11)\\ S_{i1}\geqslant 0,i\in[1,N] & (5\text{-}12)\\ \sum_{k=1}^{N} y_i(t)\leqslant Y & (5\text{-}13)\\ \sum_{q=1}^{Q}\text{int}\lfloor\frac{\sum_i\sum_j T_{ijh}C_{ijk}}{T_k}\leqslant E_k & (5\text{-}14)\\ TS_{ij}-TS_{pq}+t_{ij}\leqslant 0\ \text{或}\ TS_{pq}-TS_{ij}+t_{ij}\leqslant 0,\text{当}\ C_{ijk}=C_{pqk}=1\ \text{时} & (5\text{-}15)\\ TS_{ij}-TS_{ij}+1+t_{ij}\leqslant 0,i\in[1,N],j\in[1,S_i] & (5\text{-}16)\end{cases}$$

其中：式（5-11）表示任何一个子任务只能在一个再制造升级分队执行；式（5-12）表示所有任务的第一个子任务起始时间均大于0；式（5-13）称为工作区约束，表示在时刻 t 任务占有的工作区数不会大于再制造升级分队有限的工作区数 Y；式（5-14）称为设备约束，表示在再制造升级分队 k 上执行任务所需的设备总数不大于再制造升级设备库的容量 E_k，int 为大于参数的取整函数；式（5-15）中的两个子任务 S_{ij}和 S_{pq}是在同一个再制造升级分队执行，该式表示在一个再制造升级分队不会同时执行一个以上的任务；式（5-16）表示任何一个任务只能在完成上一个子任务后，才能执行下一个子任务。

参考文献

[1] 朱胜，姚巨坤．再制造设计理论及应用［M］．北京：机械工业出版社，2009.

[2] 姚巨坤，杨俊娥，朱胜．废旧产品再制造质量控制研究［J］．中国表面工程，2006，(Z1)：115-117.

[3] 姚巨坤，朱胜，时小军．再制造毛坯质量检测方法与技术［J］．新技术新工艺，2007（7）：72-74.

[4] 张世昌．先进制造技术［M］．天津：天津大学出版社，2004.

[5] Amezquita Tony, Bras Bert. Lean remanufacture of an automobile clutch［C］//Proceedings of 1st International Working Seminar on Reuse. Eindhoven，1996.

[6] 崔培枝，姚巨坤，向永华．柔性再制造体系及其工程应用［J］．工程机械，2004，35（2）：30-32.

[7] Yao Jukun，Zhu Sheng，Cui Peizhi. Study on flexible remanufacturing system and framework［C］//2010 International Conference on Intelligent Computation Technology and Automation. 2010，3：516-519.

[8] 夏良华，龚传信．装备保障资源柔性分配研究［J］．装备指挥技术学院学报，2004，15（3）：30-32.

第 6 章

再制造升级效益评价方法

6.1 基于综合效益的再制造升级技术方案评价

老旧产品的再制造升级根据实际需求，可能涉及产品的材料、机械结构、电子控制、信息功能等多个领域，实施过程十分复杂，技术、费用和产品自身结构等约束条件多，需要有一套完整的技术方案，下面将探讨再制造升级技术方案的决策方法。

再制造升级技术方案选择过程实际上是一个多目标的决策过程，即根据再制造升级实施目标、再制造升级费用以及老旧产品约束度，从再制造升级可行技术方案里面选取最合理的方案优先实施。参照相关文献，可以构建基于综合效益的再制造升级技术方案选择决策模型，具体如下[1,2]。

1. 模型建立

假定某老旧产品零件已实施的再制造升级技术项数为 m，可以用 0 – 1 变量表示为 $X_1=(x_1,x_2,\cdots,x_m)$，可选的再制造升级技术项数为 n，可以表示为 $X_2=(x_{m+1},x_{m+2},\cdots,x_{m+n})$，已经实施和备选的技术可以表示为 $X=(x_1,x_2,\cdots,x_{m+n})$，其中 $x_i=0$ 或 1，1 表示已经应用该技术，0 表示没有应用该技术。

在备选的再制造升级技术集合中选用具体的再制造升级技术时，要综合考虑其带来的技术效益、经济效益、环境效益和社会效益，要实现综合效益的最大化。此外，由于再制造升级技术所产生的产品使役性能，贯穿整个产品使用周期，各项技术是互相影响的，比如更换新模块会影响产品的功能结构，拆解技术可直接为加工技术提供参考，提高再制造升级旧件使用的效益，产品清洗技术，可直接为再制造升级检测提供便利，所以某项再制造升级技术产生的效益不仅包括实施后它本身会产生的效益，而且还要考虑该技术与其他技术之间的协同效益。

再制造升级实施的系统效益 U，可表示为

$$U=\sum_{i=1}^{m+n}x_iu_i(1+s_i) \tag{6-1}$$

式中 U——再制造升级实施的系统效益；

u_i——再制造升级技术 i 产生的效益；

s_i——由于技术影响而对再制造升级技术 i 的功能增强系数。

因此综合考虑实施费用的限制，可得数学模型如下。

$$\max U = \max \sum_{i=1}^{m+n} x_i u_i (1 + s_i)$$

$$\text{s. t.} \quad \sum_{i=1}^{m+n} x_i c_i \leqslant C \tag{6-2}$$

$$x_i (x_i - 1) = 0$$

式中　c_i——实施再制造升级技术方案 i 所需资金；

C——定时期内再制造升级实施的总资金。

2. u_i 的建模

（1）评价指标体系的建立　要对再制造升级技术产生的效益 u_i 进行建模，首先要建立衡量再制造升级效益评价指标体系，再制造升级效益包括时间、质量、成本、服务、环境影响和资源消耗六个一级指标，六个一级指标还可以进一步细分为二级指标。典型产品的再制造升级可以建立的参考指标体系如图 6-1 所示，可根据具体产品再制造升级要求对二级指标进行细化。

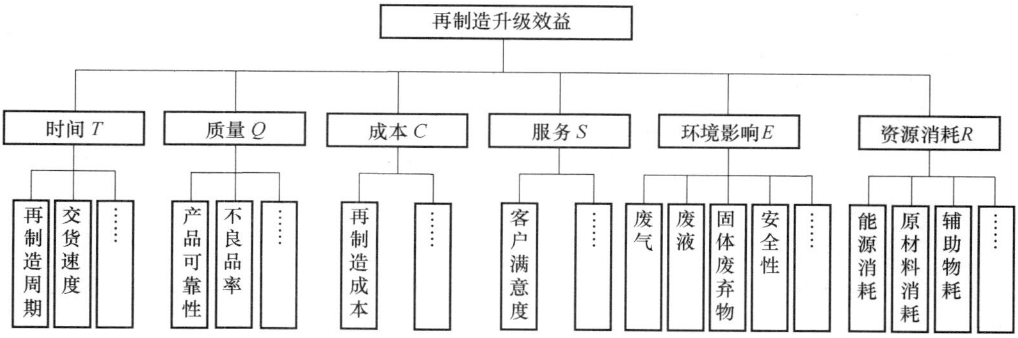

图 6-1　再制造升级效益评估的参考指标体系

（2）指标值的确定　由于存在隐性效益的识别与量化、数据难以收集，以及效益发挥的滞后性等问题，再制造升级技术效益的定量分析很困难。因此，可以采用定量与定性相结合的方法确定每个指标的值。对于难以定量的指标，可采用专家打分法确定该指标的相对值，例如可采用 5 级评分法进行量化处理，将之区分为不同的等级，等级的划分可根据实施该再制造升级技术对指标的影响程度来进行，见表 6-1。例如，当指标影响程度为“影响很好”时，评定其值为 9，以此类推；当指标影响程度介于两个等级之间时，评定值取这两个等级评定值之间的值。

表 6-1　评分等级

量化方式	影响很好	影响较好	影响不大	影响较差	影响很差
评分	9	7	5	3	1

采用以上评价方法，每个指标值都是 10 分制的无量纲值，可以直接加权叠加。对于可以量化的指标，由于各指标有不同的量纲，为了统一处理，需要对原始数据进行规范化处理，将其转换为［0，10］区间的无量纲数据。公式如下

$$u_{ijk} = 10 \times \frac{v_{ijk} - v_{ijk}^{\min}}{v_{ijk}^{\max} - v_{ijk}^{\min}} \quad 或 \quad u_{ijk} = 10 \times \frac{v_{ijk}^{\max} - v_{ijk}}{v_{ijk}^{\max} - v_{ijk}^{\min}} \tag{6-3}$$

u_{ijk}，v_{ijk}分别表示技术方案 x_i的指标 jk 的规范化数值和原始数值，$v_{ijk}^{\max} v_{ijk}^{\min}$分别表示指标 jk 在所有技术方案中的最大值和最小值。

（3）建模　各项再制造升级技术的效益可表示为

$$u_i = \sum_{j=1}^{6} a_j \sum_{k=1}^{m_i} b_{jk} u_{ijk}, i = 1,2,\cdots,m+n \tag{6-4}$$

式中　u_i——再制造技术 i 产生的效益，$0 \leqslant u_i \leqslant 10$；

a_j——评价指标体系中第 j 项一级指标的权重，$\sum_{j=1}^{6} a_j = 1$；

b_{jk}——评价指标体系中第 j 项一级指标下第 k 项二级指标的权重，并且满足 $\sum b_{jk} = 1$。

3. s_i 的建模

各项再制造升级技术之间是相互影响的，并且难以量化，因此功能增强系数 s_i 可以用网络分析法（Analytic Network Process，ANP）求解。

层次分析法（AHP）是常用的系统分析决策方法，但 AHP 的核心是将系统划分层次且只考虑上层元素对下层元素的支配作用，同一层次中的元素被认为是彼此独立的，这种递阶层次结构由于其静态特征，各要素之间是单向作用关系，没有反馈。ANP 是 AHP 的发展与完善。ANP 模型充分考虑了各层次之间以及同一层各元素之间的依赖与反馈关系，对各方案进行综合评价并得出最佳决策。因此采用 ANP 进行分析。其具体求解过程详见应用案例部分，可借助于软件 Super Decisions 来进行。ANP 具体步骤如下。

（1）对决策问题进行系统分析，构建层次网络分析模型　层次网络分析分为控制层和网络层，控制层包括问题目标及决策准则，所有的决策准则均被认为是彼此独立的，且只受目标元素支配；控制因素中可以没有决策准则，但至少有一个目标；网络层由所有受控制层支配的元素组成，其内部是相互影响的网络结构。

（2）构建两两判断矩阵，计算相对权重　按支配关系将各个元素组（cluster）和元素（element）聚类形成网状结构，确定元素组（cluster）之间和元素（element）之间的关系，主要判断元素层次是否内部独立，是否有依存和反馈关系存在。按照比例标度经过人们的判断，针对某一目标，对元素组（cluster）之间和元素（element）之间进行逐一比较，构成两两对比矩阵。

（3）计算超矩阵　由通式结构将子矩阵构成初始超矩阵，然后计算加权超矩阵、极限超矩阵，进行最佳方案选择。

综合上述内容，再制造升级技术实施顺序决策模型可表示为

$$\max U = \max \sum_{i=1}^{m+n} x_i \left(\sum_{j=1}^{6} a_j \sum_{k=1}^{m_i} b_{jk} u_{ijk} \right)(1+s_i) \tag{6-5}$$

$$\text{s. t.} \begin{cases} \sum_{i=1}^{m+n} x_i c_j \leqslant C \\ x_i(x_i - 1) = 0 \\ \sum_{j=1}^{6} a_j = 1 \\ \sum b_{jk} = 1 \\ 0 \leqslant u_{ijk} \leqslant 10 \end{cases}$$

（4）模型的求解 整个模型的求解须充分考虑再制造升级不同技术间的协同效益，按照系统效益 U 最大的原则进行求解。具体步骤如下[2]：

1）根据实施成本约束，确定可能实施的再制造升级技术集合。

2）分别对每个集合计算其系统效益，具体过程为：

步骤1：确定该集合的评价指标及其权重；

步骤2：对评价指标进行数据量化以及数据标准化处理；

步骤3：计算该集合中每个技术选项的 u_i；

步骤4：用ANP对该集合的技术选项进行建模；

步骤5：借助软件Super Decisions求解每个技术选项的 s_i；

步骤6：计算该集合的系统效益。

3）系统效益值最大者为可实施的再制造升级技术集合，其技术项数为 p。

4）从 p 项技术中选取 $p-1$ 项，按照步骤1~6分别对 C_p^{p-1} 种可能状态计算其系统效益，系统效益最大的为先实施的 $p-1$ 项再制造升级技术，余下一项为 p 项技术中最后实施的。

5）$p = p-1$。

6）若 $p = 1$ 则停止计算，否则，转向第4）步。

7）得到最终再制造升级技术方案。

6.2 基于工程估算法的再制造升级费用预测方法

6.2.1 基本概念

再制造升级费用主要是指在产品再制造升级生产周期过程中所需投入的全部费用。再制造费用是产品再制造升级性设计中的重要参数，它直接影响废旧产品的再制造升级经济性，决定再制造升级厂商和产品使用单位的经济效益。因此，对再制造升级周期费用进行预测及分析具有重要意义。常用的再制造升级费用参数包括平均再制造升级费用 $\overline{R}_{mc}$、最大再制造升级费用 R_{max}、再制造升级产品价值 V_{rp} 和再制造升级环保价值 V_{re} 等。

再制造升级费用预测的作用包括以下几点：

1）通过类似产品的再制造升级费用分析，可以为新产品再制造升级性指标的确定及设计提供依据。

2）通过再制造升级费用权衡分析，可以评价备选再制造升级方案、设备保障方案、设计方案，寻求费用与性能等参数间达到最佳平衡的方案。

3）确定再制造升级费用的相关因素，为产品的再制造升级设计、生产、管理与保障计划的修改及调整提供决策依据。

4）为制定新产品的全寿命周期费用分析提供相关再制造升级的信息和决策依据，以便能获得最佳费效比或以最低寿命周期费用实现产品的性能要求。

6.2.2 基于工程估算法的产品再制造升级费用分析流程

在产品再制造升级设计决策前，需要通过对产品再制造升级费用进行预测来提供依据。

基于工程估算法的再制造升级费用分析流程如图 6-2 所示[3]。

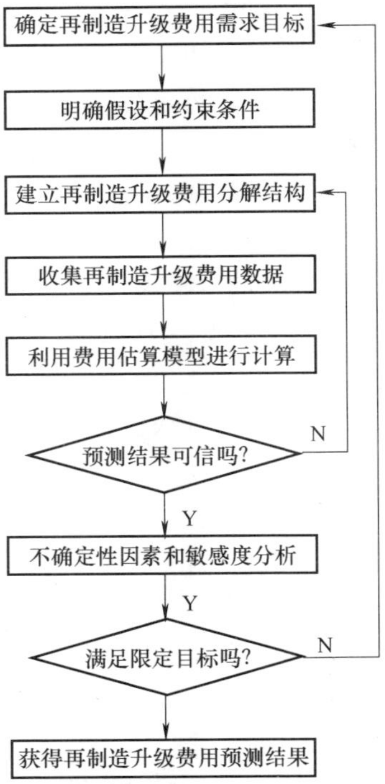

图 6-2　基于工程估算法的再制造升级费用分析流程

(1) 确定再制造升级费用需求目标　根据再制造升级费用所提出的再制造升级性量值，所处的阶段及具体任务，确定估算的目标，明确估算范围（再制造升级全过程、再制造升级主要单元或主要工艺的费用）及估算精度要求。

(2) 明确再制造升级生产假设和约束条件　估算再制造升级费用应明确假设和约束条件，一般包括再制造升级生产设备、数量、生产技术工艺、物流、再制造升级质量要求、时间、废旧产品性质等，对不能确定但估算中又必需的约束条件都要假设。随着再制造升级估算的进展，原有的假设和约束条件会发生变化，某些假设可能要置换为约束条件，应当及时予以修正。

(3) 建立再制造升级费用分解结构　根据再制造升级费用估算的目标、假设和约束条件，确定费用单元和建立费用分解结构。

(4) 收集和筛选数据　按费用分解结构收集各费用单元的数据，收集数据应力求准确可信；筛选所收集的数据，从中剔除及修正有明显误差的数据。

(5) 建立费用估算模型并计算　根据已确定的估算目标方法及已建立的费用分解结构，建立适用的升级费用估算模型，并输入数据进行计算。可以建立升级总费用估算模型，并根据需要进行不同层次的具体工程费用应用估算。

(6) 不确定性因素与敏感度分析　再制造升级费用预测中的不确定性因素包括与再制造升级费用有关的生产、设备、技术、时间等方面的假设，以及估算方法的误差等。对某些对再制造升级费用影响重大的不确定因素或主要因素，还要进行敏感度分析，以便估计决策风险和提高决策的准确性。

（7）获得再制造升级费用预测结果　整理估算结果，按要求编写再制造升级费用估算报告，并修订所考察的目标，或为决策提供依据。

6.2.3　再制造升级费用解析模型

工程估算法是产品再制造升级费用预测中最基本的方法。为了采用工程估算法进行再制造升级费用预测，首先需要建立再制造升级费用的分解结构。再制造升级费用分解结构是指按产品再制造升级过程中的作业项目，将再制造升级费用逐级分解，直至基本费用单元为止，所构成的按序分类排列的费用单元的体系。这里的费用单元是指构成再制造升级费用的作业项目，基本费用单元是指可以单独进行计算的费用单元。

再制造升级费用分解结构需要完整地描述再制造升级费用的组成及相互关系，它是进行费用元素定义、费用数据收集和估算的基础，可以为方案选择提供所需考虑和比较的费用内容。

产品典型再制造升级费用分解结构如图 6-3 所示，可知主要费用单元包括旧件获取费、再制造升级加工费、再制造升级材料费、环保处理费以及其他费用等。不同类型的产品再制造升级可以有不同的费用分解结构，其分解的详细程度，可以因估算的目的和估算所处再制造升级阶段的不同而异。图 6-3 所示结构，还可根据具体情况再继续细分[4]。

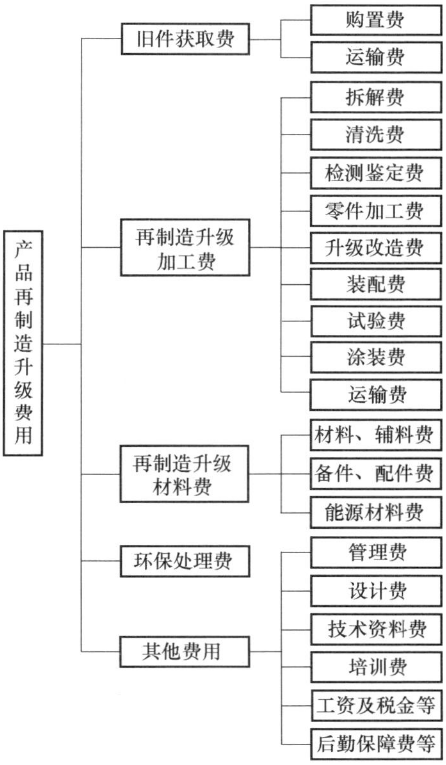

图 6-3　再制造升级费用分解结构

明确了再制造升级费用的分解结构和分析方法之后，可以通过公式计算出再制造升级费用的估计值，以便可以对再制造升级费用进行分析及预测，再制造升级费用可表示为：

1）再制造升级总费用

$$C_{\mathrm{rc}} = C_{\mathrm{m}} + C_{\mathrm{p}} + C_{\mathrm{e}} + C_{\mathrm{eq}} + C_{\mathrm{ma}} + C_{\mathrm{ot}} \tag{6-6}$$

式中　C_{rc}——再制造升级总费用；
C_{m}——再制造升级加工费；
C_{p}——再制造升级动力费；
C_{e}——再制造升级环境费；
C_{eq}——再制造升级设备费；
C_{ma}——再制造升级材料费；
C_{ot}——其他费用。

2）运输费

$$C_{\mathrm{tr}} = C_{\mathrm{rw}} S U_{\mathrm{i}} \tag{6-7}$$

式中　C_{tr}——运输费；
C_{rw}——运输量（体积或重量）；
S——运输距离；
U_{i}——运输单位（体积或重量）价格。

3）人工费

$$C_{\mathrm{pe}} = C_{\mathrm{ba}} + C_{\mathrm{w}} + C_{\mathrm{bo}} \tag{6-8}$$

式中　C_{pe}——人工费；
C_{ba}——基本工资；
C_{w}——福利；
C_{bo}——奖金。

4）再制造升级加工费

$$C_{\mathrm{m}} = C_{\mathrm{td}} + C_{\mathrm{cl}} + C_{\mathrm{ch}} + C_{\mathrm{ap}} + C_{\mathrm{rp}} + C_{\mathrm{ch}} + C_{\mathrm{ug}} + C_{\mathrm{as}} + C_{\mathrm{da}} \tag{6-9}$$

式中　C_{m}——再制造升级加工费；
C_{td}——拆解费；
C_{cl}——清洗费；
C_{ch}——检测费；
C_{ap}——鉴定费；
C_{rp}——零部件修复或强化费；
C_{ch}——改造升级模块费；
C_{ug}——再制造升级改造费；
C_{as}——装配费；
C_{da}——调试费。

5）拆解费用

$$C_{\mathrm{d}} = K_1 \sum C_{1i} t_i + K_2 \sum C_{2i} S_i \tag{6-10}$$

式中　C_{d}——总拆解费用；

K_1——劳动力成本系数；

K_2——工具费用系数；

i——拆解操作的序号；

C_{1i}——拆解操作 i 的当前劳动力成本；

t_i——拆解操作 i 所花费的时间；

C_{2i}——拆解操作 i 的当前工具成本；

S_i——拆解操作 i 的工具利用率。

6）对可修复的失效零部件，其修复强化的经济界限为

$$C_T / T_T \leqslant C_H / T_H \tag{6-11}$$

式中　C_T——修复强化失效零部件的费用；

T_T——修复强化后零部件的寿命；

C_H——新品零部件费用；

T_H——新品零部件寿命。

还可以根据不同的具体分析，对其中的再制造升级其他费用进一步进行具体工程分析，进行详细计算。

6.3　基于清单分析法的产品再制造升级环境影响评价

6.3.1　再制造升级环境效益预测

再制造升级环境效益预测，可以将产品再制造升级过程中对环境的影响和该产品原始制造过程中对环境的影响相比较来得到再制造升级的环境效益。评价指标反映产品对环境影响的大小。再制造升级环境效益评价方法采用清单分析方法，首先是对产品的制造和再制造升级过程中的能源或原材料的需求量与排放物进行分析。将清单分析所得出的结果进行转化，以一定的环境影响指数形式表现出来。

1. 产品制造过程中对环境的影响

1）原材料的生产。原材料生产过程中对环境的影响主要是评价原材料从自然界开采及冶炼过程中对环境的影响。确切了解所有原材料的环境影响是很困难的。然而，一个产品原材料的用量与其环境影响是正相关的，可以采用简化的指标。

2）生产。生产环节的环境影响评价目前已经较为成熟。目前采用的指标通常包括分摊到每个产品的能耗、分摊到每个产品的废弃物产生、分摊到每个产品的化学污染、分摊到每个产品的非化学污染等。

3）运输。一个产品的最终完成可能要借助不同地区的制造厂共同参与，同时产品的使用也分散在不同的地区，所以运输不论是在制造还是再制造升级过程中都是必需的。运输过程中产生的环境影响包括油耗、废气排放和噪声等。简化的环境影响评价指标可以是整个寿命周期中产品运输重量与运输距离的乘积。由于产品制造和再制造升级同样需要运输，在这里我们不考虑两者之间的差别。

4）在不进行再制造升级利用的情况下，产品在结束使用寿命后通常会被用户废弃，根据产品种类的不同，环境特征不同，环境影响也不同。

2. 再制造升级过程中对环境有影响的因素

1）运输。运输过程中的环境影响和制造过程中相同。

2）清洗。不同的清洗方式具有不同的环境影响。清洗的方法主要有吹、擦、烘焙和洗等。其中分别对应有对大气的污染、水质的污染、对能源的消耗。

3）修复和升级过程。噪声污染、大气污染、能量消耗。对产品的修复或升级还需要用到昂贵的设备，所以与制造过程相比较，再制造升级对应着不同的设备资源的消耗。

4）检测过程中。某些检测过程也会需要一些昂贵的检测设备，具有对设备资源的消耗，另外也会有电能等能源的消耗。

5）不可重用零件的回收。不可重用零件拆解后进行材料的回收，比如金属制品和纸制品等。这项活动会有能量的消耗、对大气和水质的污染。

6）不可利用零件的处理，即对固体废弃物的处理。

6.3.2 再制造升级周期环境评价指标体系

1. 评价指标框架

在对再制造升级周期影响评价时，首先应该建立起系统的评价指标体系，将清单分析所得到的输入输出数据与相应的评价指标相对应，完成数据到影响的转化。对再制造升级周期进行评价，不是简单的单目标决策问题，而是个多目标决策问题，包括各种环境和资源影响等，因此评价指标的建立不能只考虑其中的某一方面，而应该综合各方面影响进行全方位考虑。在此基础上，突出主要指标，去除某些不可行的指标，建立一个相对完整的评价指标体系，这对尽可能客观准确地评价再制造升级周期环境影响是一个重要的前提。再制造升级周期环境影响评价主要是对环境问题进行评价，但由于产品的经济性与环境资源问题也有许多紧密的联系，因此也应该将再制造升级周期的经济性作为重要的影响因素进行相应的考虑，图 6-4 描述了典型机械产品再制造升级周期环境评价需要考虑的指标内容[5]。

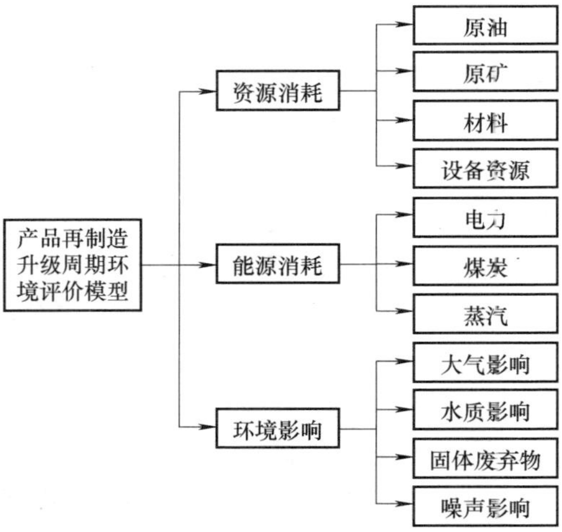

图 6-4 产品再制造升级周期环境评价模型

2. 评价指标内容描述

（1）资源消耗 再制造升级产品的原材料是废旧产品，传统制造的原材料主要是从矿产资源而来，因此从一开始它就与传统制造在节约资源上是不同的。资源消耗分为材料资源、设备资源和人力资源等。根据我国人口众多、人力资源丰富的国情，又由于试验条件的限制，我们在这里的资源消耗方面不考虑人力资源因素这项。废旧机械产品恢复性再制造升级中，最后可重新投入再使用的零部件一般由三个部分构成：①经过简单保养后的可直接再使用的零部件；②经过再制造升级修复强化后的再制造升级零部件；③报废不可再使用零部件后被替换的新品零部件。其中，第①部分基本上没有资源、能源消耗和污染物排放；第③部分的消耗和排放与原始制造过程相同；而第②部分的再制造升级零部件，根据其失效类型的不同，将会有不同的工艺流程，那么也会有不同的环境影响。再对产品可修复零件进行修复时，会使用一些表面处理技术和高科技手段，可能会消耗少量的能源和资源。另外由于在修复处理中，会用到一些高新的技术设备，相对于制造来说，会消耗相对较大的设备资源。我们可以根据②和③所占总零件的比例和价值，得到再制造升级该产品与新制造某产品的资源消耗系数 R_z[6]。

$$R_z = \frac{n_t v_t}{n_x v_x} K_x + \frac{n_t v_t}{n_f v_f} K_f \tag{6-12}$$

式中 n_t——产品零件总数；

v_t——产品零件总价值；

n_x——可修复零件数量；

v_x——可修复零件价值；

K_x——调整系数；

n_f——废弃产品数量；

v_f——废弃产品总价值；

K_f——调整系数。

不过对于资源消耗系数来说，应该是总大于1的，所以除非特殊情况，在环境影响值计算时取 K_x、K_f为调整系数。如果修复零件或废弃零件的材料相对珍贵或零件总体价值相对较大，则 K_x、K_f取稍大值，否则取稍小值，最小不能小于1。

（2）能源消耗[6] 再制造升级产品与原始制造产品的原料获取不同，原始制造的产品使用的是各种钢材、有色金属、塑料、橡胶等原材料，它们都要消耗大量的不可再生的自然资源，并在采矿、冶炼、合成等过程中消耗大量的能源；而再制造升级使用的原料（或称毛坯），是前期制造并经过使役的废旧产品及其零部件，其获取过程也就是废旧产品的回收过程，显然，此过程不需要消耗自然资源，消耗的能源也很少。产品在原始制造过程中工艺流程较长，经过的工艺处理步骤较多，所以会消耗大量的资源和能源；而对零件进行再制造升级时，只需要对零件的局部或表面进行修复或强化，相对于该零件的制造过程来讲，只消耗很少的能源。同样，在产品恢复性再制造升级中，零部件有三种情况：①经保养后合格的可再使用零部件；②经修复强化后的再制造升级零部件；③报废后被替换的新品零部件。对①来说，可以继续使用，既没有资源的消耗，也没有能源的消耗，可以继续投入使用；对于③来说，和制造新零件消耗同样的资源和能源；②在修复过程中消耗一定的能源，我们用下列公式来计算能源消耗系数。

各个模块能源总需求计算公式为

$$ZN_t = \sum_{i=1}^{n} N_i P_i \tag{6-13}$$

$$RN_t = \sum_{i=1}^{n} N_i P_i \tag{6-14}$$

式中 ZN_t——对产品中（$t-f$）个零件制造过程中各模块能源的总需求；

N_i——第 i 种能源的消耗量；

P_i——第 i 种能源折合标准能源系数，具体见表 6-2 和表 6-3；

RN_t——对零件再制造升级和对零件保养过程中各模块能源的总需求。

表 6-2 碳质能源的折合标准能源系数值

能源名称	冶金焦炭	石油焦炭	无烟焦炭	烟块	烟粉	柴油	汽油	煤气
单位	t	t	t	t	t	t	t	万 m^3
P_i	0.9714	1.1	0.7143	0.7143	0.7143	1.4571	1.4714	1.786

表 6-3 非碳质能源折合标准能源系数值[6]

能源名称	电	水	蒸气	压缩风	氧气
单位	万 kW·h	万 m^3	t	万 m^3	m^3
P_i	4.04	1.268	0.094	0.482	0.0009

利用下式表示能源评价指标系数

$$R_n = \frac{ZN_t}{RN_t} \tag{6-15}$$

（3）污染物排放指标[7] 产品在回收时对环境的破坏大致可以分为空气污染物、水体污染物和固体污染物，具体如下。

1）空气污染物。在产品的回收阶段，会有大量的气体污染物向环境中排放，如气体微尘、二氧化碳、一氧化碳、碳氢化合物、二氧化硫、氮氧化合物等气体污染物。许多的报废产品由大量的塑料构成，以现阶段的产品回收工艺水平，许多报废汽车中的塑料无法进行回收再利用，除了采取掩埋处理，有时也采取焚烧处理，而进行焚烧处理时，则不可避免地会有气体污染物向大气中排放。

2）水体污染物。产品在回收过程中，有个很重要的步骤就是清洗，在清洗时，便会有许多含油废水排出。废水中的油主要来源于产品零部件之间的润滑油、乳化油、清洗零部件所用的清洗剂。含油废水的大量排放，降低了水体的质量，造成了水体的富营养化。

3）固体污染物。废旧产品的大量固体污染物也会给环境带来很大的危害。废旧产品中的金属部分，是容易回收的材料，但除此之外的塑料、纤维、木质、橡胶、玻璃、陶瓷等，由于处置费用过高或再生材料的品质不及原材料，因此绝大部分被填埋处理。很多材料埋入地下时，经过长时间的生物分解或水体渗透，会使地下水或土壤的质量恶化，从而危害到生物链中生物体和人类的健康。另外某些重金属材料的废弃物，对环境的影响也不可忽视。

污染物排放的危害可以分为温室效应、臭氧破坏、光化学污染、富营养化、酸化、悬浮颗粒物、人体毒性和大宗废弃物。在这里我们只考虑温室效应、臭氧破坏、光化学污染、酸化这几种常见污染物的排放。温室效应主要由大气中的二氧化碳引起，但许多其他物质也可以在一定时间后转化为二氧化碳，所以他们也间接对温室效应有贡献，每种物质的贡献都化为等效的二氧化碳来计算，常见物质的温室效应等效因子见表 6-4。

表 6-4 常见物质的温室效应等效因子[6]

物质	等效因子（gCO_2/g）		
	20 年	100 年	500 年
CO_2	1	1	1
CH_4	64	25	8
N_2O	290	320	180
$CFCl_3$	5000	4000	1400
CCl_4	2000	1400	500
CO	2	2	2

破坏臭氧的主要物质是氟利昂，与温室效应例似，其他物质也直接或间接破坏臭氧层，常见物质的臭氧层破坏等效因子和光化学污染等效因子见表 6-5、表 6-6。

表 6-5 常见物质的臭氧层破坏等效因子

物质	等效因子（gCFCl/g）		
	5 年	20 年	100 年
$CFCl_3$	1	1	1
CCl_4	1.26	1.23	1.14
CF_2Cl_2	0.55	0.59	0.78
CH_3Cl	1.03	0.45	0.15
CHF_2C	0.19	0.14	0.07
CF_3Br	10.3	10.5	11.5
CF_2ClBr	11.3	9.0	4.9

表 6-6 常见物质的光化学污染等效因子

物质	等效因子（gC_2H_2/g）	
	高浓度 NO_x（体积分数 $>10^{-8}$）	低浓度 NO_x（$<0.02mg/m^3$）
C_2H_4	1.000	1.000
CH_4	0.007	0.007
C_2H_2	0.400	0.200
$CHCl_3$	0.004	0.003
CH_2Cl_2	0.020	0.010
CH_3CCl_3	0.002	0.001
C_6H_6	0.400	0.200

没有完全燃烧的柴油和汽油以及某些有机溶剂中挥发出的有机化合物，在有氮氧化合物存在和光照下，会分解成臭氧。臭氧会伤害动植物里的有机化合物和腐蚀暴露在空气中的材料。人如果吸入这些气体会引起人体呼吸道疾病，并且这种气体也会导致农作物减产，这就是所谓的光化学污染。表 6-7 为常见物质的酸化等效因子。

表 6-7　常见物质的酸化等效因子

物　质	等效因子（g SO_2/g）
SO_2	1
SO_3	0.80
NO_2	0.70
NO	1.07
HCl	0.88
H_2S	1.88
NH_3	1.88

在以上谈到了不同种类污染物的影响，可根据产品的具体数值进行量化，第 i 类污染物的排放量 E_i 的计算式为

$$E_i = \sum_{j=1}^{n} Q_j Eq_j \tag{6-16}$$

式中　n——产品排放的对第 i 类污染物污染环境有贡献的物质总类数；

Q_j——第 j 类物质的排放数量；

Eq_j——第 j 类物质的影响因子。

同样，在产品再制造升级中，零部件分为三种情况，①经保养后合格的再使用零部件；②经再制造升级加工强化后的再制造升级零部件；③报废后被替换的新品零部件。对于①来说，由于可能会进行擦洗等，有可能会对环境造成一定的污染；对于③来说，和制造新零件具有同样环境污染性；②在再制造升级加工过程中也可能会对环境造成一定的污染。

可直接重用零部件①对环境的影响

$$E_c^i = \sum_{j=1}^{n} Q_j Eq_j \tag{6-17}$$

可修复零部件②在修复过程中对环境造成的影响

$$E_x^i = \sum_{j=1}^{n} Q_j Eq_j \tag{6-18}$$

在重新制造①和②部分零部件时对环境造成的影响

$$E_{(t-f)}^i = \sum_{j=1}^{n} Q_j Eq_j \tag{6-19}$$

然后对比参照产品进行无量纲化，实现同一个产品的不同类的环境影响大小的比较，同时也可表明产品的环境性能的薄弱环节。可以利用以下公式来计算环境影响指数

$$R_h^i = \frac{E_{(t-f)}^i}{E_c^i + E_x^i} \tag{6-20}$$

那么污染物的影响综合指数 $R_h = \frac{1}{i}\sum_{i}^{t} R_h^i$，在本文中，共考虑了四项环境影响，则 i 取 4。如果 $R_h > 1$，取 1，如果 $R_h < 1$，则取 R_h。

3. 评价指标体系

在最终建立再制造升级周期环境影响系统的评价指标体系时，充分考虑了上述资源、能源、环境和经济方面的指标，同时由于再制造升级周期环境影响评价是用于对典型废旧机电

产品再制造升级进行的分析评估，因此也考虑了机电产品再制造升级的特征，如与再制造升级过程相关的输入输出数据的类型特征、再制造升级周期对环境的影响行为特征等。在此基础上，对指标进行了选择和体系类别的划分，把一些操作性较差，并且对最后评价结果影响不大的指标排除在外，从而在保证评价可靠性的前提下增强了再制造升级周期环境影响评价的可行性。由于经济性指标同环境、资源等指标相比，其评价方法有较大的差异，因此将经济性评价单独划分为一个模块。参考相关文献资料及实际再制造升级周期生产情况，最终制定了图 6-5 所示的评价指标体系。

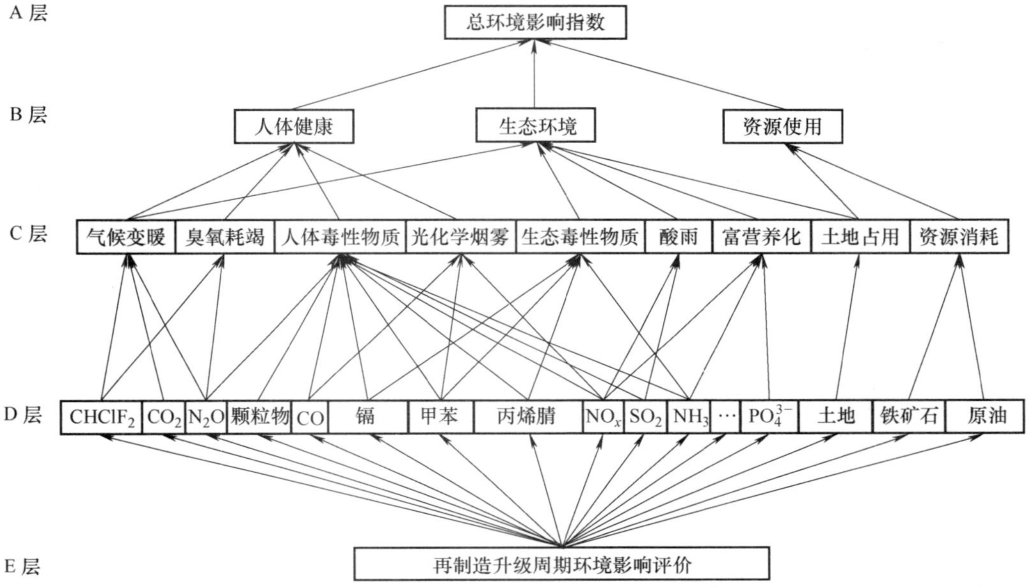

图 6-5　再制造升级周期环境评价指标体系

再制造升级周期的环境评价指标体系具有层次结构，最上层即 A 层为目标层，也即最后再制造升级周期对环境的评价可以合并为一个总环境影响指数，这里的环境影响包括资源、能源的使用，含义较广。B 层到 D 层均为指标层，D 层为直接经过清单分析后便能量化得到的指标，为一些具体指标，B 层与 C 层为环境影响指标，C 层由 D 层经过转化合并后得到，B 层则由 C 层经过标准化后采用一定的方法合并得到。最底层即 E 层为方案层，它表示待评价的产品或者要进行比较评价的不同产品方案。

6.3.3　再制造升级周期环境影响评价方法

再制造升级周期环境影响评价需要从人体健康、生态环境、资源使用等方面对再制造升级做一个综合评判，因此是一个多指标评价过程。常用的多指标评价方法有层次分析法（AHP）、综合指数法、模糊综合评判法和灰色聚类法等。由图 6-5 可以看出，再制造升级周期环境评价指标体系是一个递阶层次结构，因此利用 AHP 能够很好地实现再制造升级周期环境影响评价。AHP 是一种实用的多准则决策方法，这种分析方法把一个复杂问题表示为有序的递阶层次结构，通过人们的判断对决策方案的优劣进行排序。它能将决策中的定性和定量因素进行统一处理，具有简洁和系统等优点，很适合在复杂系统中使用。

再制造升级周期环境影响评价在针对其指标体系进行评价时，需要从指标体系中的 C 层（气候变暖、臭氧耗竭、…）开始逐层向上合并，直到最终得到一个总环境影响指数（A 层）。整个评价过程就需要利用 AHP 来实现指标合并过程，确定同一层几个不同指标相对上一层与之关联的某一指标的权重分配。下面为按照 AHP 的步骤进行指标逐层合并以及权重分配[6]。

1. 构造递阶层次结构模型

AHP 的递阶层次结构一般包括目标层、指标层、方案层等，在再制造升级周期系统的递阶层次结构模型，即图 6-6 所示的评价指标层次体系中，目标层为总环境影响指数，B 层到 D 层为指标层，E 层为方案层。

2. 构造相对重要度判断矩阵

在建立层次模型后，上下层次之间的元素隶属关系就已经确定下来了。对上一层的某个指标来讲，下一层与之关联的几个指标在向其合并的过程中，应当进行权重的分配。要确定权重，首先要构造相对重要度判断矩阵，以此来确定各因素之间的相对重要程度。AHP 是通过因素间的两两对比来描述因素之间相对重要程度的，即每次比较只有两个因素，而衡量相对重要程度的差别是使用 1 ~ 9 比率标度法，具体含义见表 6-8。

表 6-8 相对重要度的 1 ~ 9 比例标度值

标　度	含　义
1	同一准则下，因素 B_i 与 B_j 同样重要
3	同一准则下，因素 B_i 比 B_j 稍微重要
5	同一准则下，因素 B_i 比 B_j 明显重要
7	同一准则下，因素 B_i 比 B_j 非常重要
9	同一准则下，因素 B_i 比 B_j 绝对重要
2，4，6，8	界于相邻两个判断尺度之间的情况

通过上述的两两比较，就可得到进一步计算必需的判断矩阵。具体地说，假设 A 层因素 A_k 与下一层即 B 层的因素 B_1，B_2，…，B_n 有联系，判断矩阵见表 6-9。

表 6-9 判断矩阵

A_k	B_1	B_2	B_n
B_1	b_{11}	b_{12}	b_{1n}
B_2	b_{21}	b_{22}	b_{2n}
…	…	…	…

评价方法采用上述形式构造了再制造升级周期环境影响评价指标体系的各相对重要度判断矩阵。

1）B 层相对重要度判断矩阵见表 6-10。

表 6-10 总环境影响指数下层相关指标的相对重要度判断矩阵

总环境影响指数	人体健康	生态环境	资源使用
人体健康	1	3	6
生态环境	1/3	1	4
资源使用	1/6	1/4	1

2）C 层相对重要度判断矩阵见表 6-11 ~ 表 6-13。

表 6-11　人体健康下层相关指标的相对重要度判断矩阵

人体健康	气候变暖	臭氧耗竭	人体毒性物质	光化学烟雾
气候变暖	1	1/4	1/7	1/4
臭氧耗竭	4	1	1/5	1/2
人体毒性物质	7	5	1	4
光化学烟雾	4	2	1/4	1

表 6-12　生态环境下层相关指标的相对重要度判断矩阵

生态环境	光化学烟雾	气候变暖	臭氧耗竭	生态毒性物质	酸　雨	富营养化	土地占用
光化学烟雾	1	7	4	1/3	2	3	2
气候变暖	1/7	1	1/2	1/9	1/6	1/5	1/4
臭氧耗竭	1/4	2	1	1/5	1/4	1/3	1/2
生态毒性物质	3	9	5	1	2	3	4
酸雨	1/2	6	4	1/2	1	2	3
富营养化	1/3	5	3	1/3	1/2	1	2
土地占用	1/2	4	2	1/4	1/3	1/2	1

表 6-13　资源使用下层相关指标的相对重要度判断矩阵

资源使用	土地占用	资源消耗
土地占用	1	1/5
资源消耗	5	1

3. 确定权重

相对重要性判断矩阵实质上是将关于各因素重要程度差别的信息分散在矩阵的 $n \times n = n^2$ 个元素中。要将这些信息提取出来，以权重的方式给出，AHP 采用的是特征向量法。

首先计算出判断矩阵的特征向量，通过求解下面的方程可以得到特征向量 $\boldsymbol{P}$

$$\boldsymbol{AP} = \lambda_{\max}\boldsymbol{P} \tag{6-21}$$

式中　$\boldsymbol{A}$——相对重要性判断矩阵；

$\lambda_{\max}$——矩阵 $\boldsymbol{A}$ 的最大特征值。

可以利用式（6-22）求特征向量 $\boldsymbol{P}$ 的分量 P_i

$$P_i = \left(\prod_{j=1}^{n} b_{ij}\right)^{\frac{1}{n}}, i = 1 \sim n \tag{6-22}$$

式中　b_{ij}——矩阵 $\boldsymbol{A}$ 中的元素。

然后对特征向量 $\boldsymbol{P}$ 进行归一化，从而得到权重向量 $\boldsymbol{w}$。归一化的过程为首先得到

$$P_{\mathrm{A}} = \sum_{i=1}^{n} P_i \tag{6-23}$$

然后可以求得权重向量 $\boldsymbol{w}$ 的各分量

$$w_i = \frac{P_i}{P_A} \tag{6-24}$$

利用以上方法可以分别求得表 6-10 ~ 表 6-11 四个判断矩阵的权重向量，见表 6-14。

表 6-14　再制造升级周期环境影响评价的权重向量

判断矩阵	权重向量
总环境影响指数	(0.6442，0.2706，0.0852)
人体健康	(0.0536，0.1388，0.6001，0.2075)
生态环境	(0.2096，0.0270，0.0488，0.3389，0.1782，0.1149，0.0827)
资源使用	(0.1667，0.8333)

4. 一致性检验

在构造相对重要度判断矩阵时，评价者往往不可能精确确定各指标之间的相对重要性，因此判断矩阵通常都具有偏差。虽然并不要求判断矩阵具有一致性，但如果偏差过大时，利用 AHP 求得的权重将会出现某些问题。因此需要进行一致性检验，这是保证结论可靠的必要条件。

首先要求出判断矩阵的最大特征值 λ_{max}，可采用式（6-25）求得

$$\lambda_{max} = \sum_{i=1}^{n} \frac{(\boldsymbol{Aw})_i}{nw_i} \tag{6-25}$$

然后计算一致性指标 CI

$$CI = \frac{\lambda_{max} - n}{n - 1} \tag{6-26}$$

其中 n 为判断矩阵的阶数。接下来计算相对一致性指标 CR

$$CR = \frac{CI}{RI} \tag{6-27}$$

RI 为平均随机一致性指标，是足够多个根据随机发生的判断矩阵计算的一致性指标的平均值。1 ~ 10 阶矩阵的 RI 取值见表 6-15。

表 6-15　1 ~ 10 阶矩阵的 *RI* 取值

阶数	1	2	3	4	5	6	7	8	9	10
RI	0.00	0.00	0.58	0.90	1.12	1.24	1.32	1.41	1.45	1.49

一般而言，CR 越小，判断矩阵的一致性越好，通常认为 $CR \leqslant 0.1$ 时，判断矩阵具有满意的一致性。

按照上述步骤，可以对再制造升级周期环境影响评价体系的权重分配进行一致性检验，见表 6-16。

表 6-16　再制造升级周期环境影响评价体系权重分配一致性检验

判断矩阵	λ_{max}	*CI*	*RI*	*CR*
总环境影响指数	3.0536	0.0268	0.58	0.0462
人体健康	4.1576	0.0525	0.90	0.0584
生态环境	7.2505	0.0417	1.32	0.0316
资源使用	2.0000	0.00	0.00	0.00

从表中可以看出，各 CR 均小于 0.1，也就是说四个判断矩阵均具有满意的一致性。

6.4　基于多级模糊综合评价法的再制造升级效益评价

6.4.1　基本描述

产品再制造升级效益是指产品再制造升级活动过程中所取得的产品效益、经济效益和环境效益，它是衡量和评价产品再制造升级实现过程的重要内容。与产品再制造升级前进行的再制造升级方案评价不同，效益评价可发生在再制造升级活动结束之后，其主要目的在于衡量产品再制造升级管理的实际水平，发现再制造升级过程中存在的问题，分析再制造升级成败得失的原因，总结经验教训，为今后产品再制造升级的准备、决策、管理等工作提供依据，并为提高产品再制造升级效益提出相应的对策措施。

多级模糊综合评价法是模糊决策分析法的一种，用于多层次模糊准则参数的综合评价。产品再制造升级效益是具有模糊性的，如产品再制造升级质量、升级后产品效能等指标就很难直接运用统计学的方法确定其具体判断值；产品再制造升级效益又是具有层次性的，如质量效益又可分解为产品再制造升级质量、产品再制造升级及时性、再制造升级后产品效能等要素。由于产品再制造升级效益存在着模糊性和层次性，可借鉴参考相关文献[8]，使用多级模糊综合评价法构建产品再制造升级效益评价模型。

6.4.2　多级模糊综合评价法的数学原理

1. 模糊综合评判的三要素

（1）因素集　因素集 $U=(u_1,u_2,\cdots,u_n)$，且 $\sum_{i=1}^{n} u_i = U$，$u_i \cap u_j = \Phi(i \neq j)$，其中元素 u_i $(i=1,2,\cdots,n)$ 为各评判因素。先确定一级评判因素集 U，再将各评判因素分解为子因素集（二级评判因素集）$U_i=(u_{i1},u_{i2},\cdots,u_{in})$。

（2）评语集　评语集 $V=(v_1,v_2,\cdots,v_m)$，它是由评判因素可能做出的评判结果所组成的集合，其中各元素表示可能做出的评判结果。

（3）权重集　权重集 $A_i=(a_{i1},a_{i2},\cdots,a_{in})$，且 $\sum_{k=1}^{n} a_{ik} = 1$，$0 < a_{ik} \leqslant 1$，其中 a_{ik} 为因素 u_{ik} 相对于上一层次因素 u_i 的相对重要程度。

2. 评判矩阵

在评判因素集 U 和评语集 V 中存在着模糊关系 $\boldsymbol{R}$，它是根据隶属函数和隶属度确定的 $n \times m$ 阶矩阵。

$$\boldsymbol{R}=\begin{pmatrix} r_{11} & \cdots & r_{1m} \\ \vdots & \vdots & \vdots \\ r_{n1} & \cdots & r_{nm} \end{pmatrix},$$

式中　r_{ij}——评判指标 u_i 做出评判结果是 v_j 的隶属度，该矩阵构成了模糊综合评判的基础，称之为评判矩阵。

多级模糊评判中应逐级确定各级因素集的评判矩阵。

3. 评价函数

逐级确定各因素对于上一层次因素的权重集 A_i，逐级进行模糊评判，最后进行总体评判。以二级模糊综合评判为例，二级模糊评价函数为 $B_i = A_i \circ R_i = (b_{i1}, b_{i2}, \cdots, b_{im})$，这里的符号“∘”为模糊算子，通常有三种合成运算的算法供选择：

1）主因素决定型 $y_i = \bigvee_{i=1}^{n} (a_i \wedge r_{ij})$，模糊算子为 $M(\wedge, \vee)$；

2）主因素突出型 $y_i = \bigvee_{i=1}^{n} (a_i \cdot r_{ij})$，模糊算子为 $M(\cdot, \vee)$；

3）加权平均型 $y_i = \sum_{i=1}^{n} a_i r_{ij}$，模糊算子为 $M(\cdot, +)$。

运算符号的含义为：“∨”表示取大运算，“∧”表示取小运算，“·”表示乘法运算。由二级模糊评判的评判结果得到一级模糊评判矩阵 $\boldsymbol{R} = \begin{pmatrix} B_1 \\ \vdots \\ B_n \end{pmatrix}_{n \times m}$，最后得到一级模糊评价函数 $\boldsymbol{B}^* = \boldsymbol{A} \circ \boldsymbol{R}$，其中 $\boldsymbol{A}$ 为一级模糊评判因素的权重集。

6.4.3 产品再制造升级效益评价模型的构建

1. 效益评价的内容

产品再制造升级效益评价应以质量效益为主，进行包括质量效益、经济效益、环境效益在内的综合效益评价。质量效益是指再制造升级后产品效能、再制造升级质量、升级时间等再制造升级活动所产生的质量效益；经济效益是指再制造升级活动在产品全寿命费用管理中的效益；环境效益是指再制造升级活动对资源的节约度和环境保护效益。由于产品再制造升级的目的是使产品性能升级到设定状态，以便保障产品使用，所以这三个方面中质量效益居于主导地位，经济效益和环境效益处于次要和辅助地位。

2. 评价指标体系

本模型的评价指标体系分为两个层次，一级评价指标为产品再制造升级的质量效益、经济效益、环境效益，构成一级评判因素集 $U = (u_1, u_2, u_3)$；将质量效益、经济效益、环境效益分别进行细化，得到二级评价指标，构成二级评判因素集，分别为：$U_1 = (u_{11}, u_{12}, u_{13})$，$U_2(u_{21}, u_{22}, u_{23}, u_{24}, u_{25})$，$U_3 = (u_{31}, u_{32}, u_{33})$。这两级评价指标构成了产品再制造升级效益的评价指标体系（见图 6-6）。

3. 评价集的确定

评价集是对各层次评价指标的一种语言描述，它是对各评价指标所给出评语的集合。本模型的评语共 A、B、C、D、E 五个等级，$V = (\mathrm{A}, \mathrm{B}, \mathrm{C}, \mathrm{D}, \mathrm{E})$，其中 A 表示优秀，B 表示良好，C 表示一般，D 表示较差，E 表示极差。

4. 权重集的确定

在进行模糊综合评价时，权重对最终的评价结果会产生很大的影响，不同的权重有时会得到完全不同的结论，因此，权重选择的合适与否直接关系到模型运算的成败。确定权重的方法有德尔菲法（Delphi）、加权统计法、频数统计法、模糊协调决策法、AHP 等，可根据系统的复杂程度和实际需要进行选择。

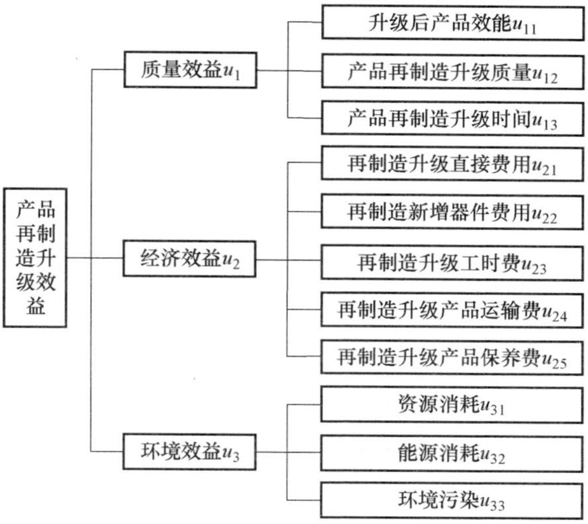

图 6-6　产品再制造升级效益评价指标体系

权重集的评价可采用 AHP 与 Delphi 相结合的方法来确定，具体方法如下：运用 AHP 法两两比较各评价指标相对于上一层次指标的相对重要性程度，然后使用 Delphi 法确定相对重要程度的取值（用 1 ~9 比例标度法表示）。若指标 i 与指标 j 比较的重要程度为 a_{ij}，则指标 j 比指标 i 的重要度为 $a_{ji}=1/a_{ij}$。对于不同的专家意见，采用几何平均法进行分类处理。设有 T 位专家接受调查，其中第 r 位专家认为指标 i 比指标 j 的重要度为 a'_{ij}，则综合值为 $c_{ij}=\left(\prod_{r=1}^{T}d'_{ij}\right)^{1/T}$，$c_{ij}$反映了 T 位专家认为指标 i 比指标 j 重要程度的倾向性意见。

对评价模型中每一层次的指标均按上述方法进行重要性比较，分别得出各级评价指标的判断矩阵 $\boldsymbol{A}(c_{ij})_{3\times3}$，即 $\boldsymbol{A}_1=(c_{ij})_{3\times3}$，$\boldsymbol{A}_2=(c_{ij})_{3\times3}$，$\boldsymbol{A}_3=(c_{ij})_{3\times3}$。然后，分别求出各判断矩阵的最大特征值对应的特征向量 $\boldsymbol{P}$，即 $\boldsymbol{P}_1$，$\boldsymbol{P}_2$，$\boldsymbol{P}_3$，表达式为 $\boldsymbol{A}_i\boldsymbol{P}_i=\lambda_{\max i}\boldsymbol{P}_i$（$i=1$，2，3），求出 $\lambda_{\max i}$和 $\boldsymbol{P}_i$后，要对 $\lambda_{\max i}$进行一致性检验，$CR=\dfrac{CI}{RI}$，其中 $CI=\dfrac{\lambda_{\max i}-m}{m-1}$，$RI$ 为平均随机一致性指标（取值见表 6-17）。

表 6-17　1 ~9 阶矩阵的 *RI* 值

阶　数	1	2	3	4	5	6	7	8	9
RI	0. 00	0. 00	0. 58	0. 90	1. 12	1. 24	1. 32	1. 41	1. 46

当 $CR\leqslant0.1$ 时，判断矩阵的一致性可以接受，否则，需重新使用 Delphi 法，进行重要性比较，构造判断矩阵，直至满足 $CR\leqslant0.1$ 为止。最终得出一级指标的权重集 A 和二级指标的权重集 A_1，A_2，A_3。

5. 评判矩阵的确定与模糊算子的选择

评价模型在运算时先进行二级模糊评判，运用 Delphi 法对产品再制造升级活动的各项指标进行评价，依据专家库对各指标值的模糊评判结果确定各评价指标的隶属度。具体方法是，若指标 u_{ik}有 N_1 个评语为 A 级，N_2 个评语为 B 级，…，有 N_5 个评语为 E 级，则对专家库对各指标的评判结果进行归一化处理，得到评价指标 u_{ik}的隶属度

$$\boldsymbol{r}_{ik} = \left(N_1/\sum_{j=1}^{5}N_j \quad N_2/\sum_{j=1}^{5}N_j \quad N_3/\sum_{j=1}^{5}N_j \quad N_4/\sum_{j=1}^{5}N_j \quad N_5/\sum_{j=1}^{5}N_j\right)$$

各评价指标的隶属度组成模糊评价矩阵，若质量效益、经济效益、环境效益的模糊评价矩阵为 $\boldsymbol{R}_1$，$\boldsymbol{R}_2$，$\boldsymbol{R}_3$，则$\boldsymbol{R}_i=(r_{ikj})_{n_i\times 5}(i=1,2,3;k=1,2,\cdots,n;\ j=1,2,3,4,5)$。

模型的二级模糊评价函数选用加权平均型运算，模糊算子为（·，+），二级模糊评价函数为

$$\boldsymbol{B}_i = \boldsymbol{A}_i \circ \boldsymbol{R}_i = (a_{i1} \cdots a_{in})_{1\times n}\begin{pmatrix} r_{i11} & \cdots & r_{i15} \\ \vdots & \vdots & \vdots \\ r_{in1} & \cdots & r_{in5} \end{pmatrix} = \left(\sum_{k=1}^{5} a_{ik}r_{ik1},\cdots,\ \sum_{k=1}^{5} a_{ik}r_{ik5}(i=1,2,3)\right)$$

其中 n 为一级评价指标所属的二级评价指标 $u_{ik}(i=1,2,\cdots,n)$的项数。

由二级模糊评价的结果得出一级模糊评判矩阵 $\boldsymbol{R}=\begin{pmatrix}\boldsymbol{B}_1\\ \boldsymbol{B}_2\\ \boldsymbol{B}_3\end{pmatrix}_{3\times 5}$。由于产品再制造升级的目的是使产品性能提升到设定状态、满足新的生产和质量要求，因此评价产品再制造升级效益时应突出生产效益这一主因素，故本模型的一级模糊评价函数选用主因素突出型运算，选用模糊算子 $M(\cdot,\vee)$，一级模糊评价函数为

$$\boldsymbol{B}^* = \boldsymbol{A} \circ \boldsymbol{R} = (a_1 \quad a_2 \quad a_3)_{1\times 3}\begin{pmatrix}\boldsymbol{B}_1\\ \boldsymbol{B}_2\\ \boldsymbol{B}_3\end{pmatrix}_{3\times 5} = (b_1\ b_2\ b_3\ b_4\ b_5)$$

若该式中 $\sum_{j=1}^{5} b_j \neq 1$，则必须进行归一化处理，令 $b_j = b_j/\sum_{j=1}^{5} b_j \neq 1$，得到归一化处理后的一级模糊评价向量$(b_1\ b_2 b_3\ b_4\ b_5)$。

6. 评判结果的量化处理

由一级模糊评价函数 $\boldsymbol{B}^* = \boldsymbol{A} \circ \boldsymbol{R}$ 计算得到的一级模糊评价向量（$b_1\ b_2 b_3\ b_4\ b_5$）可得出产品再制造升级效益的量化评价结果，具体方法是：对评语集进行赋值，A 级为 95 分，B 级为 80 分，C 级为 65 分，D 级为 50 分，E 级为 35 分，即 $Y=(y_1\ y_2\ y_3\ y_4\ y_5)=(95\ 80\ 65\ 50\ 35)$，则综合评价的量化评价结果为 $y^* = \sum_{i=1}^{5} b_i^2 y_i/\sum_{i=1}^{5} b_i^2$。

参考文献

[1] 李聪波．绿色制造运行模式及其实施方法研究［D］．重庆：重庆大学机械工程学院，2009.

[2] 李聪波，刘飞，谭显春，等．基于协同效益的绿色制造技术实施顺序决策模型［J］．系统工程与电子技术，2009，31（11）：2641-2644.

[3] 朱胜，姚巨坤．再制造设计理论及应用［M］．北京：机械工业出版社，2009.

[4] 何嘉武，姚巨坤．装备再制造费用预测估算方法［J］．装甲兵工程学院学报，2010，24（6）：89-91.

[5] 徐滨士，等．装备再制造工程［M］．北京：国防工业出版社，2013.

[6] 毛伟．机电产品生命周期评价系统的研究与开发［D］．北京：清华大学机械工程学院，2002.
[7] 刘钢．机电产品全生命周期环境经济性能评估理论与方法研究［D］．北京：清华大学机械工程学院，2003.
[8] 王跃进，孟宪颐．绿色产品多级模糊评价方法的研究［J］．中国机械工程，2000，11（9）：1016-1019.

第 7 章

典型再制造升级的实践与分析

再制造升级实施是一个由粗到精、由浅到深、由特殊到一般的过程，逐渐应用各种关键技术，按照“发现问题-分析问题-解决问题”的思路展开，构建产品再制造升级运行模式。典型再制造升级案例需要选取多个具有明显特性的产品进行研究，本章在再制造升级实施模式分析的基础上，选取机床和发动机这两个典型案例，分别进行基于功能和基于性能的再制造升级分析。

7.1　机床数控化再制造升级综合分析

7.1.1　机床数控化再制造升级概念

数控机床是一种高精度、高效率的自动化设备，是典型的机电一体化产品。它包括机床主体、数控系统、伺服驱动及检测等部分，每部分都有各自的特性，涉及机械、电气、液压、检测及计算机等多个领域的技术。

老旧机床数控化再制造升级是利用计算机数字控制技术和表面工程等技术，对老旧机床进行数控化改造，恢复或提高机床的机械精度，实现数控系统及伺服机构两方面的技术合成[1]。再制造升级后数控机床的加工精度高、生产效率高、产品质量稳定，并可改善生产条件，减轻工人劳动强度，有利于实现现代化生产管理的目标。机床数控化再制造升级可以充分利用原有资源，减少浪费，绿色环保，并可达到机床设备的更新换代和提高机床性能的目的，而资金投入要比从原材料起步进行制造的新数控机床少得多，对环境污染也少很多。

近年来，我国已积极开展了对机床数控化再制造升级技术的研究，如武汉华中数控股份有限公司先后完成了 50 多家企业数百台设备的数控化再制造升级，为国家节约了数亿元设备购置费。一般来说，数控化再制造升级一台普通机床的价格不到相同功能新数控机床的一半。因此，对旧机床进行数控化再制造升级具有重大意义，既能充分利用原有的旧设备资源，减少浪费，又能够以较小的代价获得性能先进的数控设备，满足现代化生产的要求，符合我国的产业政策。

7.1.2　机床再制造升级的总体设计及路线

1. 总体原则

在保证再制造升级机床工作精度及性能提升的同时，兼顾一定的经济性和环境性。具体来讲，就是先从技术和环境角度对老旧机床进行分析，考察能否对其进行再制造升级，其次要看这些老旧机床是否值得再制造升级，再制造升级的成本有多高，如果再制造升级成本太高的话，就不宜进行。如机床核心件已经发生严重破坏（如床身产生裂纹甚至发生断裂），这样的机床已不具备再制造升级的价值，必须回炉冶炼。再如机床主轴如果发生严重变形、主轴箱也已无法继续使用，则也不具备再制造升级的价值，虽然这类机床可通过现有的技术手段将其恢复，但再制造升级的成本较高。

机床零部件级再制造升级根据零部件的不同可以分为四个层次，即再利用、再修复、再资源化及废弃处理。床身、立柱、工作台、箱体等大中型铸件，由于时效性和稳定性好，再制造升级技术难度及成本低，而重用价值高，力求完全重用。主轴、导轨、蜗杆副、转台等机床功能部件，精度及可靠性要求高，新购成本也很高，因此通常需要对其进行无损检测及技术性检测，然后采用先进制造技术和表面工程技术对其进行再制造升级或恢复，达到或超过新制品性能要求而重用。废旧机床中还有一部分淘汰件和易损件，一般采用更换新件的方式以保证再制造升级机床的质量，这些废旧件的重用一般采取降低技术级别在其他产品中再使用的方式实现资源循环重用。此外密封件、电气部分通常会做报废弃用处理。

2. 升级内容

老旧机床数控化再制造升级技术是多种技术的综合集成创新，是表面工程技术、数控技术、机床改造及修理技术的综合集成，通过系统设计，可以实现多种集成技术在机床数控化再制造升级中的综合运用，主要包括以下内容。

1）运用高新表面工程技术和机床改造及修理技术高质量地恢复与提升机床机械结构性能。可采用纳米表面技术、复合表面技术等先进的表面工程技术，结合传统机床维修方法，实现机床导轨、溜板、尾架等典型零部件的磨损、划伤表面尺寸形状和位置精度恢复与性能强化，从整体上提升机床机械结构精度。

2）采用修复、强化与更换、调整传动部件等方法恢复与提高旧机床的传动精度。可采用修复、强化与更新、调整等方法恢复与提高旧机床的运动精度，如通过更换滚珠丝杠提高传动精度，通过自动换刀装置提高刀具定位精度，采用多种方法提高主轴回转精度。对机床的润滑系统及动配合部位采用纳米润滑减摩技术以提高机床的润滑、减摩性能，提升机床工作效率。

3）优选数控系统和机床的伺服驱动系统。通过在旧机床上安装计算机数字控制装置以及相应的伺服系统，整体提升机床的控制性能与控制精度，实现产品加工制配的自动化或半自动化操作。

4）采用计算机数控技术、以纳米表面技术和复合表面技术为代表的机床先进修复技术和以纳米润滑添加剂技术、纳米润滑脂技术为代表的先进润滑减摩技术的综合集成，形成一套完整的老旧机床数控化再制造升级综合集成技术。

7.1.3 机床数控化再制造升级实施技术方案

根据机床数控化再制造升级的需求目标要求和再制造升级的一般工艺技术方案，可将机床数控化再制造升级分为老旧机床数控化再制造升级准备阶段、数控化再制造升级预处理、数控化再制造升级加工、机床数控化再制造升级后处理四个主要阶段。其具体的实施技术方案如图 7-1 所示[2]。

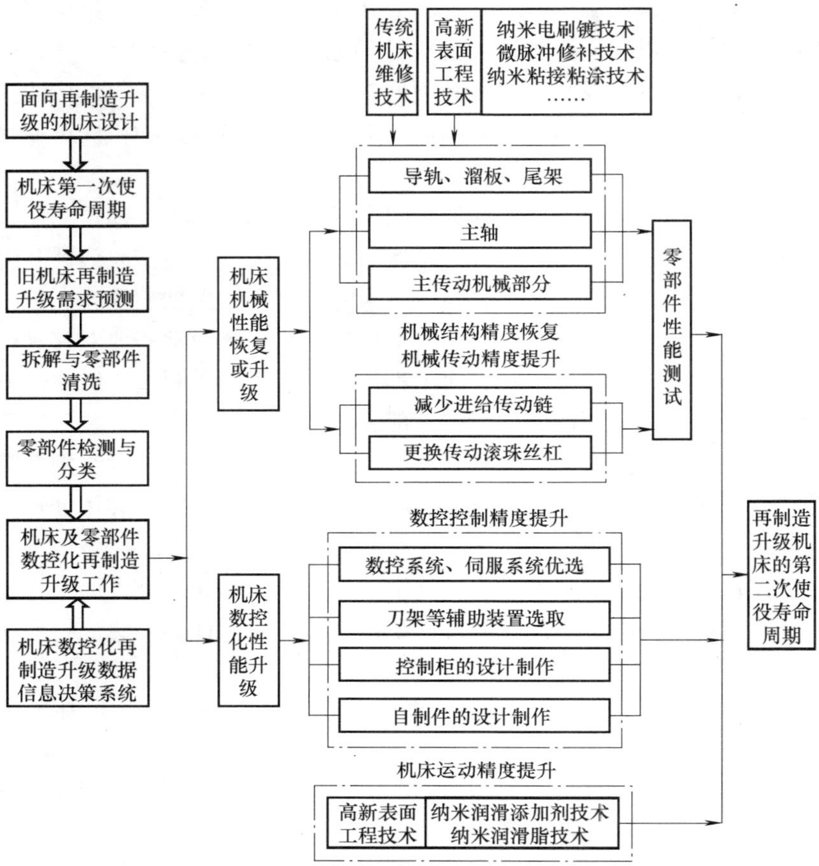

图 7-1　机床数控化再制造升级实施技术方案

1. 机床数控化再制造升级准备阶段

（1）待升级的老旧机床回收　再制造升级前，首先要确定进行数控化升级的老旧机床，并将选定的老旧机床通过一定的物流运送到再制造升级车间，或者针对大型不便移动的老旧机床，则可以在具备实施条件的情况下，在现场开展再制造升级工作。

（2）进行老旧机床品质的检测分析　针对待升级的老旧机床，通过查阅其使役资料，开展其技术性能的检测与分析，明确其技术状况和质量品质，了解其生产和使役历史资料，包括设备和关键零部件失效的原因，从零部件的材料、性能、受力情况、受损情况等方面进行升级可行性分析。

（3）机床数控化再制造升级的可行性评估　根据检测分析结果，从技术、经济、性能等角度对机床再制造升级可行性进行综合评估，考察是否具备再制造升级的可能性。例如，若机床的核心件发生了严重破坏，如床身裂纹甚至断裂、机床主轴严重变形、主轴箱损毁等，这样的机床就无法保证再制造升级后的质量，或者再制造升级所需要的费用过高，不具备再制造升级价值。

（4）再制造升级方案设计　按照用户需求重要度分析结果，确定机床再制造升级需要达到的性能指标，并优化形成明确的再制造升级方案，提前规划配置再制造升级所需要的保障资源，进行机床再制造升级技术设计和工艺设计，明确针对所需达到的数控化机床精度和自动控制目标，所需要的技术手段，采取的技术设备，准备的备件资源及生产的工艺规程等，详细进行总体实施方案设计。

2. 机床数控化再制造升级预处理阶段

老旧机床数控化再制造升级的预处理阶段主要是按照升级方案的设计内容，完成零部件升级加工前的拆解、清洗、检测及分类等预先处理内容，为再制造升级加工的核心处理步骤提供条件。主要包括：

（1）老旧机床的无损化拆解　根据无损拆解的原则，将老旧机床逐步拆解为模块或零件级水平，并在拆解过程中，对于明确的易损件（需新品替换的）、老化无法恢复或升级的零件、将被升级功能模块或零件替换的旧件，直接进行资源化材料回收，或者废弃后进行环保处理；对于可以利用的则进入清洗环节。在拆解过程中对旧机床中的废油等进行资源回收。旧机床的拆解要做到不同零件的层次化利用，即尽最大努力进行核心件或高附加值零件的恢复利用，对于确实无法利用的，可以回收材料，无法回收材料资源的，则进行环保处理，避免对环境造成危害，实现最大化的资源回收。

（2）老旧机床零部件清洗　根据拆解后的机床零件表面形状及污垢形态的要求，以满足废旧零件升级加工和装配要求为目标，采用物理或化学方法对零件进行清洗。为避免对环境的污染，应采用物理清洗方式，同时避免清洗过程对机床零部件的二次损坏，减少再制造升级的加工工作量。

（3）老旧机床零部件的检测与分类　根据再制造升级机床零部件的质量要求，为满足升级后机床的配合要求，需要对零部件的设计尺寸进行检测，尤其要保证配合件的配合间隙，对于结构没有变动的机床部位，要满足零件的设计质量要求，用设计标准来进行几何与性能参数检测。例如，可对老旧机床的主轴、导轨等关键部件开展无损检测分析。根据检测结果对机床零部件进行分类存储。

3. 机床数控化再制造升级加工阶段

老旧机床数控化再制造升级的加工阶段是实现老旧机床性能提升的核心阶段，该阶段不但要按照传统的再制造升级工艺进行损伤零部件的性能和尺寸恢复，还需要围绕机床数控控制系统及精度的升级、机床机械结构精度的恢复与提升、机床运动系统的精度恢复与提升三方面的内容开展工作。

（1）数控控制系统及精度的升级　目前，机床数控化再制造升级需要选择合适性价比的数控系统和对应的伺服系统。考虑再制造升级的费用要求，数控系统可以采用我国自行研制的经济型数控系统，可采用步进电动机伺服系统，其步进脉冲当量值大多为 0.010*mm*，实际加工后测得的零件综合误差不大于 0.050*mm*，升级后的控制精度要高于当前手工操作时获得的精度。升级主要完成下列工作：

1）选定再制造升级的数控系统和伺服系统。以满足升级后功能要求为目标，确保系统工作的可靠性质量要求，合理选择适当的数控系统；按所选数控系统的档次和进给伺服所要求的机床驱动转矩大小来选取伺服驱动系统，如低档经济型数控系统在满足驱动转矩的情况下，一般都选用步进电动机驱动方式，通常数控系统和伺服驱动系统都要由一家公司配套供应。

2）选取再制造升级的辅助装置。根据机床的控制功能要求来选取适当的机床辅助装置，包括刀架等。一般来说，为保证刀具的自动换刀，可选四工位或六工位的电动刀架；对于一般的数控机床辅助装置，通常可选国内的辅件生产商，在选择时可根据其产品说明书要求，升级过程中在机床上安装调试。

3）设计和制作强电控制柜。机床数控化升级通常要求对原有电气控制部分全部更换，升级中机床的强电控制部分线路设计主要根据数控系统输入输出接口的功能和控制要求进行，需要时可配置可编程逻辑控制器（*Programmable Logic Controller*，*PLC*）；升级中的有些控制功能，应尽量由弱电控制来完成，避免因强电控制造成的高故障率。

（2）机床机械结构精度的恢复与提升　老旧机床经过了长期使役，在升级前必然存在着一些损伤，例如机床导轨等摩擦副存在的不同程度磨损，需要进行尺寸精度恢复或性能强化，恢复其机械精度，确保零件加工精度要求。

1）再制造恢复机床导轨和溜板。传统的机床导轨维修主要通过导轨磨床重磨并刮研溜板的方法来恢复其精度，但传统工艺很难恢复淬火后机床导轨的精度。所以机床再制造升级中可以采用先进的表面工程技术来修复缺损导轨，达到较高的性价比。例如，可以采用纳米复合电刷镀技术来修复与强化老旧机床导轨（见图 7-2）、溜板、尾架等配合面的磨损超差量，恢复其原始设计尺寸、形状和位置精度要求。若机床床面局部小范围划伤和局部碰伤，一般可采用微脉冲冷焊技术再制造恢复（见图 7-3）。在有条件的地方可采用传统的导轨磨削修复损伤的机床导轨，采用刮研工艺修配溜板部分精度（见图 7-4）。

a)　b)　c)

图 7-2　老旧机床导轨磨损表面的电刷镀再制造

a）再制造前导轨　*b*）再制造过程　*c*）再制造后导轨

图 7-3　导轨划伤和碰伤的微脉冲冷焊加工恢复

图 7-4　溜板精度的手工刮研工艺修配

2）再制造恢复主轴旋转精度。主要采用更换主轴轴承、采用纳米电刷镀技术恢复轴承座孔磨损及调整圆锥螺纹松紧度等方式来达到恢复主轴旋转精度的要求。

3）升级主传动机械部分。若原主轴电动机满足原来的性能要求，则可以利用原来主轴交流电动机，再升级加装一定的变频器，实现交流变频调速；通过在主轴旋转的部位升级加装主轴旋转编码器，可以实现每转同步进给切削；需要采用电磁离合器换挡的，需改进主轴箱，通过改造采用无级变速来减少变换挡数。

（3）机床运动系统的精度恢复与提升　机械传动部分的再制造升级和精度恢复，需要根据机床的结构特点和要求，完成下列工作：

1）将普通机床的梯形螺纹丝杠更换为滚珠丝杠，保障运动精度，提高运动灵活性。

2）更换原进给箱，增加传动元件，使其成为仅一级减速的进给箱或同步带传动，减少传动链各级之间的误差传递，同时增加消除间隙装置，提高反向机械传递精度。

3）采用纳米润滑脂对传动部件减摩。对于具有相对运动的部分，可采用润滑减摩技术，提高运动部位的减摩性能，降低因摩擦对运动精度的干扰。例如滚珠丝杠上可添加纳米润滑脂（见图7-5），减少磨损，并实现及时的自修复。

4）添加纳米润滑添加剂。为提高升级后机床使役的原位自修复能力，在机床主轴箱等需要采用油润滑的部位，可以添加纳米润滑添加剂，进一步减小使役中的配合件摩擦，提高配合副的可靠性和质量。例如，在主轴箱内添加纳米润滑添加剂（见图7-6），可使齿轮之间的摩擦减小，有利于提高机械效率和齿轮的使用寿命。

图7-5　在滚珠丝杠上添加纳米润滑脂

图7-6　在主轴箱中添加纳米润滑添加剂

4. 机床数控化再制造升级后处理阶段

（1）数控化机床装配　按照技术要求对再制造零部件进行尺寸、形状、性能检验，将满足质量要求的零部件纳入装配环节，完成数控化机床组件、部件和整个机床的装配，保证整体配合件的公差配合精度。机床各个部件改装完毕后可进入总体性能调试阶段，通常先对机床的电气控制部分进行联机调试。由于机床数控化再制造升级可能有多种方案，随着机床类型及状态的差别，再制造升级的内容也不会完全相同，需要根据实际情况反复多次，直至达到要求为止。

（2）升级后机床性能检测　对升级后的机床按国家标准，与新出厂的产品一样进行整体性能检测，最后还要进行实际加工检验（见图7-7），包括各个部件自身的精度和零件加工精度，一般应按相应的国家标准进行。

（3）数控化再制造升级机床涂装　对满足质量要求的再制造升级机床进行涂装（见图7-8），准备相关的备件及说明书、保修单等附件资料。

图7-7　再制造升级车床加工精度检验

图7-8　涂装后的数控化再制造升级机床

（4）再制造升级机床的销售及售后服务　通过售后服务来保障数控化再制造升级机床的正常使役，适时进行人员培训、机床质量保证、备件供应以及长期技术支持等各种配套服务，提高数控化再制造升级机床的利用率。

7.1.4　机床数控化再制造升级方案评价

机床再制造升级方案的评价优选，对于机床资源最终再利用率的提高以及设备能力的提升具有重要意义。经过对影响机床再制造升级方案的各种因素进行分析，建立机床再制造升级方案评价优选指标体系为：技术性指标、经济性指标、资源性指标和环境性指标，如图7-9所示。

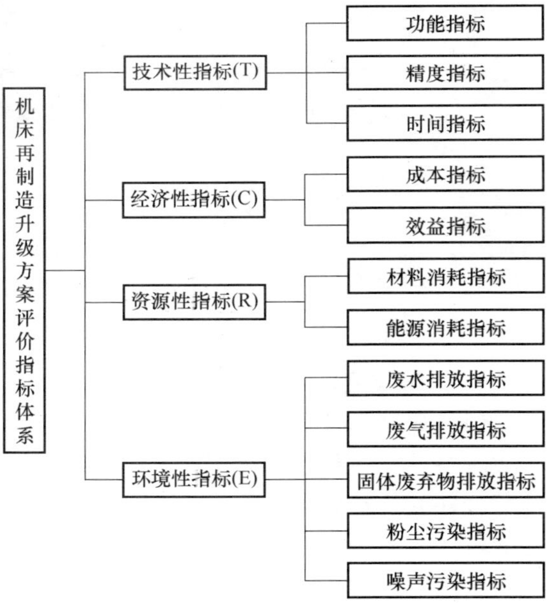

图7-9　机床再制造升级方案评价指标体系

机床再制造升级的技术性指标（*Technology*，*T*）是废旧机床再制造升级方案评价优选最关键的指标，经分析可知，功能指标、精度指标、时间指标是影响废旧机床再制造升级方案的主要技术指标。功能指标，即是通过该方案对废旧机床进行再制造升级后，再制造升级机床在功能提升方面的能力，如信息化功能等；精度指标，即是通过该方案，再制造升级新机床在加工精度和加工质量方面能达到的程度；时间指标，是指通过该方案，升级为再制造新机床所需要的时间。

机床再制造升级方案的经济性（*Cost*，*C*）主要从成本指标和效益指标两个方面进行体现，当废旧机床再制造升级的经济效益远远大于成本投入时，说明再制造升级在经济上是成功的，而且效益成本的比值越大，该再制造升级方案的经济性越好。

资源性指标（*Resource*，*R*）是指采用某种机床再制造升级方案，再制造升级过程中资源消耗的指标，主要包括钢铁等原材料的消耗以及能源（主要是电能）的消耗。

环境性指标（*Environment*，*E*）是指该再制造升级方案的环境友好性能，主要包括再制造升级过程中的废气排放、废液排放、固体废弃物产生、粉尘污染和噪声污染等几个方面。

结合机床再制造升级方案综合评价指标体系的特点，采用专家打分法结合加权叠加法对机床再制造升级方案进行综合评价优选。各指标评价须进行大量的调研和数据收集，由有关专家根据试验值和经验值对不同零部件针对不同指标进行评语评价。评价评语集取（优，良，中，及格，差），对应评语值为（95，85，75，65，55）。评价值的计算可以采用加权叠加法并归一化处理得到，其计算公式为

$$W_{kj} = \sum_{m=1}^{m_k} w_{mk}\lambda_m/100 \tag{7-1}$$

$$G_j = \sum_{k=1}^{4} W_{kj}\lambda_k \tag{7-2}$$

式中 W_{kj}——再制造升级方案 j 中指标 k 的综合评价值；

w_{mk}——指标 k 对应子指标 m 的评价值；

λ_m——子指标 m 的权重值；

m_k——指标 k 的子指标个数；

G_j——再制造升级方案的综合评价值；

λ_k——指标 k 的权重值。

7.1.5 机床数控化再制造升级辅助决策信息系统

机床数控化再制造升级是一项涉及再制造升级理论、维修、机械、自动控制、电气、液压等多方面技术的系统工程，需多方面的技术支持。而在每个技术方面都有大量不同的技术项目及相应的技术指标和性能参数，因此，开发建立一套机床数控化再制造升级辅助决策信息系统，可以很方便地查询到机床数控化再制造升级需要的各种信息，辅助决策形成科学的再制造升级方案，提高机床数控化再制造升级水平。再制造技术国家重点实验室在机床数控化再制造升级过程中，在充分调研国内外众多数控机床信息的基础上，设计了数据库结构，并初步开发了机床数控化再制造升级辅助决策信息系统。

1. 再制造升级数据库系统结构

机床数控化再制造升级是一个涉及数控系统、伺服系统、电动刀架、编码器、滚珠丝杠、维修方法、数控机床附件等很多方面信息的系统工程，这些信息之间既相互独立又有一定的关联，因此在设计库结构的时候，为了减少数据的重复性，避免不一致性，也考虑到强化数据的标准化和完整性，在设计表单时，将厂家情况、伺服系统、电动刀架、编码器、滚珠丝杠、维修方法、数控机床附件等创建为独立的表格，各个表格之间又通过相同字段关联起来，便于使用查询。机床数控化再制造升级数据库的总体结构如图 7-10 所示。

机床数控化再制造升级辅助决策信息系统是在 *Windows* 操作系统下的全中文界面，利用它可以了解国内外数控系统、伺服系统、电动刀架、编码器、滚珠丝杠、维修方法、数控机床附件等方面的信息，用户也可以在大量的信息中方便、快捷地查询到恰当的系统型号、性能指标、厂家情况等，这样不仅可提高工作效率，而且还节省了大量资金。

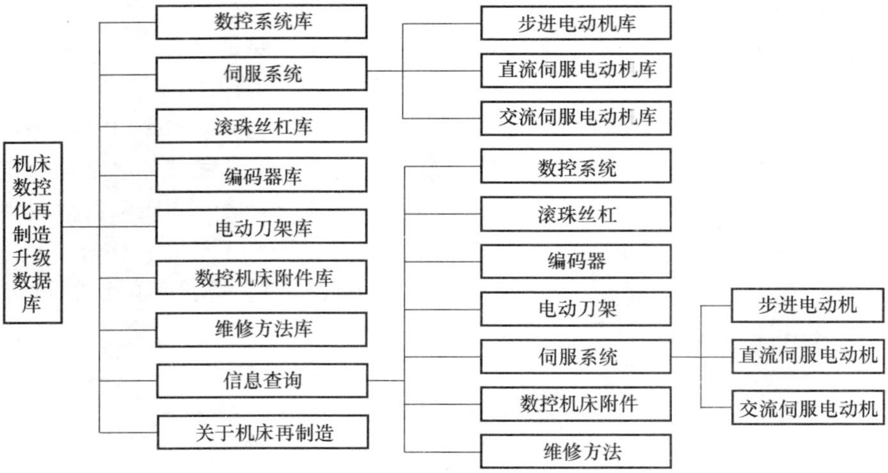

图 7-10　机床数控化再制造升级数据库的总体结构

2. 再制造升级数据库系统的基本特点

再制造技术国家重点实验室开发的机床数控化再制造信息系统采用 *VB*6.0 设计，界面友好，使用方便，数据量大，结构设计合理，功能容易扩展，数据库类型容易转换，查询方便等。在系统中，用户除了可以进行信息查询外，还可以在授权下，对数据库中的数据进行添加、修改、删除、打印等管理操作。该系统充分考虑了数据的安全性和完整性，采用口令登录的方式来保证数据的安全性，并且根据不同的安全级别，给用户分配不同的访问权限，保证了数据的完整性。

机床数控化再制造升级涉及很多方面的内容，信息繁杂，包括数控系统、伺服系统、电动刀架装置等内容，若能在废旧机床再制造升级时快捷、方便地查询到所需的零部件系统信息，则对进行机床数控化再制造升级设计具有重要的指导作用。本系统可快速查询到数控系统、伺服系统等多方面的内容及相应的生产厂家状况、系统精度等情况，方便地了解到不同零部件的生产厂家、技术指标、外观等，也可以根据技术指标很方便地查询到零部件型号等，供旧机床再制造升级决策时采用。

3. 数控系统查询功能

国内外数控系统生产厂家众多，每个厂家又有多种型号的数控系统，每种型号具有不同的性能指标。如果想了解这方面的信息，单击数控系统按钮，将会出现查询窗体。从下拉列表框可以了解该信息库收集的数控厂家，选定一个厂家名称，按下厂家情况按钮，即可了解该数控系统生产厂家的情况，按下厂家产品按钮，即可了解该厂生产的系列数控系统的名称、性能指标。选定某个具体的数控系统后，还可进一步了解该系统的操作面板等。随着技术的不断进步，数控厂家及数控系统还会不断发展，为了适应这种状况，系统还可以对这些数据进行添加、修改、删除等操作。但出于维护系统数据的安全性、完整性，数据编辑功能必须经过授权才能使用，否则编辑按钮不起作用。

通过该数控系统还可以查询滚珠丝杠、电动刀具、编码器、表面维修技术等各方面的信息。在机床再制造升级过程中，一般先确定机床再制造升级后想要达到的技术指标，那怎样来选取系统呢？这就是说已知系统的性能参数，如何决定采用什么系统的问题。本系统具有根据性能参数查询相应系统情况及生产厂家、价格等情况的功能。

7.1.6 机床数控化再制造升级效益分析

1. 机床数控化再制造升级总体效益分析

数控机床是将计算机技术、现代控制技术、传感检测技术、信息处理技术与传统的机械制造技术综合为一体的机械制造加工产品。数控机床的附加值较高，售价较贵。以数控车床再制造升级为例，来说明机床数控化再制造升级的综合效益，主要有以下四个方面：

1）从数控车床与普通车床的性能价格比的角度来看，采用数控车床非常必要。据有关研究资料评估，经济型数控车床与普通车床的价格比为3∶1，而同类数控车床与普通车床的性能价格比为15∶1。由于数控车床的自动化程度高，换刀、退刀等实现自动化，工作连续，减少了车床停车时间，显著提高了工作效率。

2）对旧车床进行数控化改造与购置新的数控车床进行分析比较，在相同的使用效果条件下，旧车床数控化改造的费用仅为购置同类型新数控车床费用的1/3～1/5，而且周期短，尤其是采用集成表面工程技术进行再制造升级的成本比常规方法降低费用约25%。

3）再制造升级机床性能得到很大提升。在加工零件时，只要程序正确，数控车床的成品率几乎可达100%，而普通车床的成品率与车工的操作水平、车工操作时的情绪、操作时的工作环境等有关，所以废品率比数控车床要高，因而加工成本增加。车床再制造升级前后加工精度见表7-1，表明再制造升级后生产零件精度得到极大提升。

表7-1 CA6140车床再制造升级前后加工精度检测[3]

检验项目	允许误差	实测误差	升级后误差
主轴轴线对溜板移动的平行度	$a=0.020/300$ $b=0.015/300$	$a=0.22/300$ $b=0.15/300$	$a=0.020/300$ $b=0.015/300$
溜板移动方向与尾架顶尖套伸出方向的平行度	$a=0.03/300$ $b=0.03/300$	$a=0.010/300$ $b=0.015/300$	$a=0.010/300$ $b=0.015/300$
主轴轴肩支撑面的轴向圆跳动	0.02	0.015	0.005
主轴定心轴颈的径向圆跳动	0.01	0.02	0.005
主轴锥孔轴线的径向圆跳动	$a=0.01$ $b=0.02/300$	$a=0.05$ $b=0.30/300$	$a=0.01$ $b=0.02/300$
溜板移动在垂直平面内的直线度	0.04	0.42	0.04

2. 基于清单的机床再制造升级环境性分析

（1）清单分析　根据实践调研，以C620-1型废旧车床再制造升级作为案例，进行再制造升级数据收集和环境评价研究。C620-1为卧式普通车床系列，适用于车削内外圆柱面、内锥面及其他旋转面，其再制造升级各阶段主要能源和原材料的消耗量见表7-2、表7-3。

表7-2 再制造升级各阶段能源消耗统计

阶段	内容	能耗类型	工　艺	耗电量/kW·h	耗油量/L
1	拆解	直接能耗	电动工具，天车起吊	80	—
		运输能耗	叉车运输，采购能耗	—	5
		其他能耗	辅助照明，风扇降温，暖气取暖	80	—

（续）

阶段	内容	能耗类型	工　艺	耗电量/kW·h	耗油量/L
2	清洗	直接能耗	机械清洗，煤油清洗	15	10
		运输能耗	起吊、转工序	15	4
		其他能耗	辅助照明、风扇降温、取暖、气泵风干配件	90	—
3	检测	直接能耗	吊运、试车	20	—
		运输能耗	送检测台检验	5	—
		其他能耗	辅助照明、风扇降温、取暖	80	—
4	升级加工	直接能耗	铸造、锻造、机械加工、热处理、表面氧化处理等	462	—
		运输能耗	原材料运输、转工序运输、叉车、天车吊运	26	15
		其他能耗	照明、降温、取暖等	180	—
5	装配	直接能耗	天车辅助、电动工具	80	—
		运输能耗	配件运输、标准件采购等	—	5
		其他能耗	照明、降温、取暖等	180	—
6	质量检查	直接能耗	机床起动、试车等	36	—
		运输能耗	机床起运	—	5
7	包装			0	

表 7-3　再制造升级各阶段原材料消耗统计

序　号	名　称	数　量	用　途
1	水	500kg	清洗剂、热处理、人机消耗等
2	钢	180kg	配件毛坯用料
3	铁	30kg	配件毛坯用料
4	铝	0.5kg	配件毛坯用料
5	铜	1.5kg	配件毛坯用料
6	橡胶	2kg	胶垫、切削液系统用胶管
7	石棉	0.2 kg	隔热
8	L-AN46 全损耗系统用油	45 kg	三箱用油及润滑
9	电导线	50m	配电箱布线
10	聚酰胺	1 kg	导轨补偿
11	空气	$10m^3$	压缩空气
12	油漆	6 kg	机床油漆
13	稀料	1 kg	油漆稀释

废旧 C620-1 车床的可再制造件、需要替换件、可直接再利用件和不可再制造件见表 7-4 ~ 表 7-7。

表 7-4　可再制造主要零部件（通过各种工艺手段加以修复后，可以继续使用）

序　号	零部件名称	材　质	重量/kg	工　艺
1	床身	HT250	475	配磨

（续）

序　号	零部件名称	材　质	重量/kg	工　艺
2	大托板	HT250	58.6	配磨、粘接
3	中托板	HT250	14.5	配磨
4	小托板	HT250	5.15	配磨
5	尾架	HT250	49	镗修孔
6	刀架座	45	6.07	刮研
7	上刀架底板	45	8	刮研
8	卡盘	45	21	磨修
9	丝杠	40Cr	12.8	车修

表7-5　需要替换的主要零部件

序　号	零部件名称	材　质	处理方式
1	轴承	Gr15	替换
2	螺栓	Q235A	替换
3	螺母	Q235A	替换
4	垫圈	Q235A（65Mn）	替换
5	轴用挡圈	65Mn	替换
6	孔用挡圈	65Mn	替换
7	销子	35	替换
8	弹簧	60Si2Mn	替换
9	摩擦片	T10	替换
10	油管	橡胶	替换

表7-6　可直接再利用主要零部件（经清洗、检验确认后可以使用）

序　号	零部件名称	材　质	重量/kg	序　号	零部件名称	材　质	重量/kg
1	手柄	HT250	0.8	10	制动拉杆	HT250	1.3
2	齿轮	40Cr	1	11	压板	45	0.74
3	光杆	45	11	12	变换齿轮	45	3.8
4	法兰盘	Q235A	0.8	13	止动杆	35	0.039
5	接合子	45	0.6	14	变向轴	45	8
6	定位套	45	0.059	15	管接头	35	0.056
7	叉子	HT250	2.2	16	带轮	HT250	14.5
8	轴承座	HT250	6.1	17	拨杆	HT250	0.16
9	摇臂	HT250	0.54				

表7-7　不可再制造零部件（原件经检验，确认报废）

序　号	名　称	材　质	重量/kg	失效形式
1	轴1	45	0.6	精度低
2	轴2	45	1.4	精度低
3	制动带	65Mn	0.25	磨损

（续）

序　号	名　称	材　质	重量/kg	失效形式
4	齿轮 1	45	1.9	点蚀
5	齿轮 2	40Cr	0.26	磨损
6	滑块	QT—H230	0.38	磨损
7	键	45	0.05	损坏
8	大螺母	青铜	0.3	磨损
9	顶尖套	45	7.7	修孔、换套
10	轧块	HT250	0.4	磨损
11	顶尖	T8A	1.86	精度低
12	夹条	HT250	0.8	配磨、更换
13	丝杠	45	1.38	磨损
14	进给丝杠	45	1.5	齿部磨尖
15	开合螺母	青铜	1.146	磨损
16	拉杆	45	0.55	变形
17	齿条	45	12.5	磨损
18	轴套	HT250	1.14	磨耗

（2）环境性评测　在对环境性的计算过程中遵循 ISO14040 标准，根据实际数据，运用寿命周期评价方法对再制造升级废旧 C620-1 车床整个周期的资源消耗、原材料损耗和环境排放进行定量分析，研究中能源数据来源于实际的统计；物料投入数据依据下料清单；辅料数据比较完备；排放数据在具体处理上依据工艺统计数据，同时参阅《工业污染物产生和排放系数手册》[4]。C620-1 车床总质量约为 2670kg，车床轮廓尺寸为 2418mm × 1000mm × 1267mm。研究数据来源于报废机床的再制造升级过程，研究系统范围包括从废旧机床的拆解到再制造升级机床的包装，其中还包括电能、汽油等能源生产阶段，再制造升级过程中输入和污染物的输出边界如图 7-11 所示。

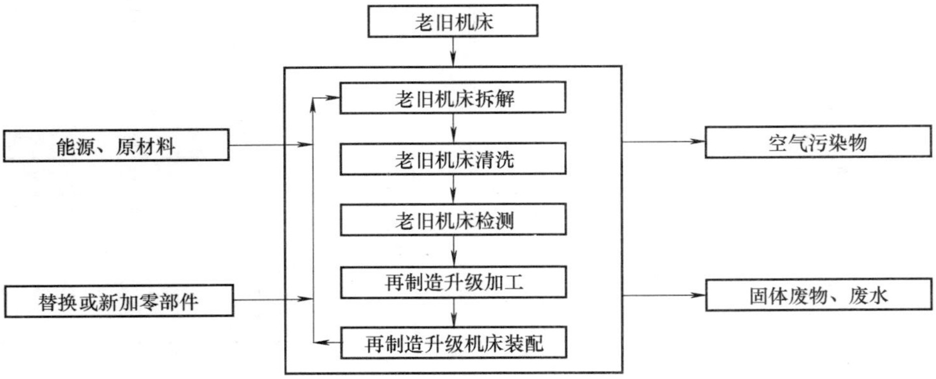

图 7-11　输入和污染物的输出边界

1）能源消耗清单分析。废旧 C620-1 车床在整个再制造升级阶段主要使用的能源为油类和电能，因此能源消耗评价因素也以油类和电能为主。我国的发电能源以煤为主，其次是水能，核电的比重很小，2014 年我国非化石能源发电装机比重为 32.7%，火电占比 63.7%。

在整个再制造升级过程中，需要消耗电能1349kW·h，当前每度电耗标准煤约357g，则该机床在再制造升级过程中总的耗煤量应为：1349×0.357kg=481.593kg。同时消耗各种油类44L，1L燃油可以释放4200kJ热量。由此，可以计算得出主要工艺过程的能源消耗量（见表7-8）。

表7-8　主要工艺过程的能源消耗量　（单位：kJ）

主要工序	直接消耗	运输能耗	其他能耗	总能耗	直接能耗比
拆解	288000	21000	288000	597000	48.24%
清洗	96000	70800	324000	490800	19.59%
检测	72000	18000	288000	378000	19.05%
再制造升级加工	1663200	156600	648000	2467800	67.41%
装配	288000	21000	648000	957000	30.09%
质检	129600	21000	0	150600	86.00%
包装	—				—

由表7-8可知，再制造升级一台废旧C620-1车床消耗总能量为5041 200kJ。

根据制造过程的资源消耗数据调研，可知：电能为：6700kW·h，油耗为：38kg，汽油密度约800kg/m³，为47.5L，计算总耗能为24319 500kJ。因此，取能源消耗总指标$u_R=1$。

2）环境排放清单分析。再制造升级废旧机床主要消耗电能和汽油，产生的废弃物为废气、废水以及固体废弃物，根据汽油生产、燃烧的排放系数以及火电厂每发1kW·h电能产生的排放物系数，另外生产1kW. h的电能产生的固体排放物为51.136g的煤灰和炉渣。应用实际采集数据计算得到整个再制造升级阶段的环境排放量见表7-9～表7-11。

表7-9　废气排放　（单位：kg）

污染物	CO_2	SO_2	CO	NO_2	PM
排放量	74.7743	0.3941	5.1032	0.1125	0.1254

表7-10　废水排放　（单位：kg）

污染物	BOD	COD	悬浮物	可溶固形物	重金属	碳氢化合物
排放量	0.0016	0.0077	0.0014	2.1412	0.0046	0.0275

表7-11　固体排放物　（单位：kg）

污染物	固体废弃物
排放量	1.7180

由表可以看出，在整个再制造升级过程中，总污染物排放量为84.4115kg，各类污染物的排放量符合国家固体污染物排放标准、大气污染物排放标准、水污染物排放标准。因此，取环境排放总指标$u_P=1$（与新品制造相比，符合要求则取1，代表满足要求）。

根据能量消耗清单和污染物排放清单计算的数据分析有如下结果：①再制造升级消耗的能源是制造同类车床能源消耗的五分之一；②再制造升级阶段的污染物排放量符合国家标准。

综上所述，废旧 C620-1 车床再制造升级环境性符合标准，环境资源总指标 $T_E = u_R u_P = 1$，并且具有显著的综合环境效益。

7.1.7 老旧机床再制造升级性评估

失效是废旧机床报废的主要原因，失效类型主要决定了机床再制造升级的技术可行性，技术升级性和主要零件的互换性决定了废旧机床再制造升级后能否恢复原有技术状况。本节对废旧 C620-1 车床的再制造升级数据进行了分析，可找出主要的再制造升级性影响因素，并进行了再制造升级性评价。

1. 废旧 C620-1 车床技术性、经济性模糊层次分析结构模型建立

根据废旧 C620-1 车床再制造升级性主要影响因素和废旧产品再制造升级性评价指标体系，并结合已有调研数据，建立结构模型，见表 7-12。

表 7-12 废旧 C620-1 车床再制造升级性评价指标体系结构模型

目标层	废旧 C620-1 车床再制造升级性													
指　标　层	技术性指标											经济性指标		
子指标层	耐用性	失效性	技术升级性	关键件的互换性	拆解性	再装配性	测试性	检测性	普通件的互换性	修复性	清洗性	回收性	回收价值性	修复价值性

2. 废旧 C620-1 车床各评价指标判断矩阵的建立

根据下层指标对上一层指标评价准则的影响重要度，可以建立权重判断矩阵，计算各级指标的相对重要度，并检验相容性指标 *RI* 是否在容许误差范围内。表 7-13 ~ 表 7-15 分别为得出的技术性、经济性、再制造升级性评价的判断矩阵及其相容性指标值和一致性。

（1）废旧 C620-1 车床再制造升级性　判断矩阵一致性比例：0.0000，见表 7-13。

表 7-13 再制造升级性判断矩阵

废旧 C620-1 车床再制造升级性	技　术　性	经　济　性	W_i
技术性	1	3	0.7500
经济性	1/3	1	0.2500

（2）技术性　判断矩阵一致性比例：0.0468，见表 7-14。

表 7-14 技术性判断矩阵

技　术　性	耐用性	失效性	技术升级性	关键件互换性	拆解性	再装配性	测试性	检测性	普通件的互换性	修复性	清洗性	W_i
耐用性	1	1/5	1/5	1/7	1/3	1/3	1/5	1/5	1/2	1/3	1/3	0.0230
失效性	5	1	3	1/3	3	3	3	3	3	3	3	0.1742
技术升级性	5	1/3	1	1	3	3	3	3	3	3	3	0.1577
关键件互换性	7	3	1	1	3	3	3	3	3	3	3	0.1985
拆解性	1/3	1/3	1/3	1/3	1	1	1	1/2	1/2	1/3	1/2	0.0459

（续）

技术性	耐用性	失效性	技术升级性	关键件互换性	拆解性	再装配性	测试性	检测性	普通件的互换性	修复性	清洗性	W_i
再装配性	3	1/3	1/3	1/3	1	1	1/2	1/2	1/2	1/3	1/2	0.0431
测试性	3	1/3	1/3	1/3	1	2	1	1	1/2	1/3	1/2	0.0521
检测性	5	1/3	1/3	1/3	2	2	1	1	1/2	1/2	1/2	0.0603
普通件互换性	2	1/3	1/3	1/3	2	2	2	2	1	1/2	1	0.0713
修复性	3	1/3	1/3	1/3	3	3	3	2	2	1	2	0.0999
清洗性	3	1/3	1/3	1/3	2	2	2	2	1	1/2	1	0.0740

（3）经济性　判断矩阵一致性比例：0.0176，见表 7-15。

表 7-15　经济性判断矩阵

经济性	回收性	回收价值性	修复价值性	W_i
回收性	1	1/3	1/4	0.1220
回收价值性	3	1	1/2	0.3196
修复价值性	4	2	1	0.5584

（4）综合重要度计算　再计算层次总排序，即子指标层指标相对于总目标的合成权重，见表 7-16。计算结果如下。

表 7-16　合成权重的计算

废旧 C620-1 车床再制造升级性		技术性	经济性	综合重要度
		0.7500	0.2500	
耐用性	0.0230	0.0230 ×0.7500	—	0.0173
失效性	0.1742	0.1742 ×0.7500	—	0.1307
技术升级性	0.1577	0.1577 ×0.7500	—	0.1183
关键件互换性	0.1985	0.1985 ×0.7500	—	0.1489
拆解性	0.0459	0.0459 ×0.7500	—	0.0344
再装配性	0.0431	0.0431 ×0.7500	—	0.0323
测试性	0.0521	0.0521 ×0.7500	—	0.0390
检测性	0.0603	0.0603 ×0.7500	—	0.0452
普通件的互换性	0.0713	0.0713 ×0.7500	—	0.0535
修复性	0.0999	0.0999 ×0.7500	—	0.0749
清洗性	0.0740	0.0740 ×0.7500	—	0.0555
回收性	0.1220	—	0.1220 ×0.2500	0.0305
回收价值性	0.3196	—	0.3196 ×0.2500	0.0799
修复价值性	0.5584	—	0.5584 ×0.2500	0.1396

由表 7-16 可得出各指标相对于总目标即废旧 C620-1 车床的合成权重，由数据清单可以计算出各权重值，由权重值和指标值的相对关系利用线性加权综合法

$$T = \sum_{i=1}^{16} w_i \mu_A(x_i) \tag{7-3}$$

可计算出废旧 C620-1 车床的评价结果为 0.5244，参照产品的评价结果为 0.4756。

由以上计算和分析，环境性符合国家标准，技术性和经济性各指标计算与对比产品的比值大于 1，满足再制造升级的各项条件，因此判定废旧车床数控化再制造升级具有较好的经济、性能和环境综合效益。

7.2 重载车辆发动机再制造升级延寿应用分析

7.2.1 发动机再制造升级延寿背景分析

目前，发动机作为重型车辆的动力源，对重型车辆的机动性起着关键作用，但由于发动机恶劣的工作条件，剧烈的载荷作用，致使其使用寿命较短。若采用常用的大修模式，会造成车体的大修与发动机大修期的不同步，给维修保障工作带来很多困难，因此，需要通过开展发动机再制造升级，达到延长其使用寿命的目的。

相对一般车辆发动机而言，重载履带车辆发动机强化程度高，运行环境最为复杂和恶劣，且大负荷工作时间相对较长，关键零部件机械负荷和热负荷较重，技术状况和综合性能下降较快，大修周期远远低于一般车辆。大量数据统计表明，多数重载履带车辆发动机工作小时接近大修期时会出现不同程度的性能显著劣化情况，例如功率下降，燃油比油耗和机油比油耗上升等，严重影响技术性能。

鉴于此，深入分析导致重载履带车辆发动机性能劣化的原因，结合材料与加工技术的最新发展，特别是再制造升级技术的应用，针对关键零部件采取强化措施，改善和提高零部件的性能，最终有效降低发动机性能劣化速度，延长其大修周期，对提升维修保障和使用质量具有重要意义。

采用再制造升级技术，不断提高产品的效能，延长产品的使用寿命，可以在较短时间内，迅速提升产品性能。例如，通过发动机再制造升级延寿，可以减少装备维修周期和工作量，在平时保持装备较高的完好性和可用度，在使用时可以快速恢复车辆的性能，以最少的经济消耗保持车辆长期正常使用。同时通过发动机再制造升级过程，可以使再制造升级发动机超过原发动机的性能，而再制造升级费用不足新发动机的一半，可有效减少新发动机的购置费用[5]。

发动机再制造升级是直接利用老旧发动机零部件进行生产，所以原发动机第一次制造中约 85% ~95% 的材料和约 85% 的能源得到了保存，减少了因产品零件生产所需材料和能源而对原生矿的开采，减少了资源消耗和污染排放，为建设资源节约型社会提供了重要的技术支撑和实现手段。

7.2.2 发动机再制造升级延寿技术可行性分析

目前，普通发动机由于广泛采用新技术、新材料和新的表面处理方法，其使用寿命已经达到了 8000 ~10000h。如德国生产的道依茨发动机，其使用寿命已经超过了 10000h，其摩擦副的使用寿命与发动机机体实现了等寿命设计。目前采用现代的产品再制造升级工程理念、先进的表面工程技术以及润滑油纳米自修复添加剂技术，为重载车辆发动机大修寿命的延长提供了良好的机遇。发动机再制造升级延寿技术可行性的基础有三个方面。

一是该发动机的强度设计仍有一定裕度。经过多年的积累数据和维修单位保障经验可以得出，疲劳断裂、变形等失效形式不是该发动机失效的主体，这为再制造升级延寿提供了良好的物质基础。

二是到达大修期的发动机所表现出的使用性能劣化主要表现为功率下降、燃油比油耗和机油比油耗的上升，主要是由发动机内一些关键摩擦副的磨损造成的，零件的寿命设计不均衡性也为再制造升级提供了理论依据。

三是出现的大量新技术、新材料和新工艺，尤其逐渐形成的表面工程先进技术，通过各种表面强化和改性工艺，能够使零件表面得到充分的强化，获得整体材料无法达到的耐磨损、耐腐蚀和耐高温性能，为材料表面强化和改性提供了有效的技术手段。

因此，对重载履带车辆发动机进行再制造升级延寿，在理论、技术和实践上是可行的。

7.2.3　面向性能升级的再制造升级方案设计

1. 发动机失效形式分析

某型重载履带车辆发动机的失效主要表现为：功率下降、燃油比油耗上升、机油比油耗上升和故障率上升等。通过调研该型发动机零部件失效原因及表现形式，发现磨损、腐蚀、变形、断裂是发动机失效的主要原因，但磨损是其中最主要的因素。表7-17为其发动机典型零部件失效形式，可以看出，这些零部件的失效主要是由磨损而引起的[6]。

表7-17　发动机典型零部件失效形式

序　号	名　称	失效形式
1	曲轴箱	各轴承孔磨损、瓦座孔烧伤变形
2	气缸盖	气门座圈、气门导管内孔磨损、变形
3	连杆	上衬套孔磨损变形，疲劳断裂
4	气缸套	内孔磨损，外壁穴蚀
5	活塞	外径、环槽、销孔磨损
6	活塞环	外径磨损、厚度磨损
7	曲轴	轴颈磨损、弯曲变形
8	进、排气门	密封面磨损、杆部磨损、气门调整盘磨损
9	活塞销、副连杆销	外径磨损
10	柱塞、出油阀偶件	外径磨损
11	凸轮轴	轴颈凸轮磨损，弯曲变形

对发动机大修厂多年积累数据进行故障概率统计分析表明，因磨损而影响发动机寿命的零部件主要有47项，其中严重影响发动机性能的零部件主要包括：活塞环/气缸套、曲轴轴颈/轴瓦、气门挺杆/气门导管、气门调整盘/凸轮轴、气门/气门座、喷油泵三大偶件和活塞销/铜衬套等。针对这些摩擦副，开展再制造升级延寿技术应用，就可以提升发动机寿命。

2. 发动机再制造升级延寿的总体设计原则和方案

（1）总体设计原则　在对发动机工况及失效形式系统考虑的基础上，应用多种复合的表面工程技术对关键零部件进行表面强化，改善发动机内摩擦副的摩擦磨损状态，寻找最佳的材料及表面改性匹配以最大限度地减少摩擦副之间的磨损，采用纳米润滑添加剂技术改善发动机内摩擦副的润滑条件，发挥再制造技术的后发优势，实现再制造升级发动机寿命延长一倍。

（2）工作思路　以系统的观点，对发动机的全部零部件进行考虑，并分成四类：直接利用件、再制造件、新品件、新品强化件，按照新品制造的标准来进行再制造，并综合采用多种复合的表面工程技术对关键零部件进行重点强化处理，采用的关键再制造技术包括：激光淬火、离子注入、低温离子渗硫、磁控溅射、超音速等离子弧喷涂、纳米电刷镀、渗氮、渗硼、纳米添加剂、智能化渗油润滑处理、等离子浸没注入等技术。同时在台架试验时，采用纳米润滑添加剂技术改善发动机内摩擦副的润滑条件，使再制造升级后的发动机大修期超过1000h。

（3）实施方案　抓住影响发动机寿命的主要零件（如缸套与活塞环、曲轴与轴瓦、凸轮与气门调整盘、气门导管与气门挺杆、三大精密偶件等），同时对发动机附属配件（水泵、电动机、机油泵、低压柴油泵和涡轮增压器等）进行强化处理，并兼顾延长寿命后可能出现的其他情况（如水垢、积炭、老化以及疲劳等现象）。即首先确定影响发动机寿命的主要零部件，如缸套与活塞环、曲轴轴颈与主轴瓦和连杆轴瓦等，针对其工作条件、材料、制造工艺、一般破坏失效形式等进行深入分析，结合新材料、新工艺，特别是先进的表面工程技术，试验设计并优化技术方案。对于发动机其他的摩擦副，如凸轮轴与轴承、气门挺杆与气门导管、传动齿轮轴与轴承等，根据其使役工况和磨损形式，采取适宜的表面技术处理；对于附属配件（水泵、机油泵、低压柴油泵和涡轮增压器等）进行局部强化处理，以保证其能够满足延长整机寿命的要求。延长发动机使用寿命后可能出现的其他情况，如水垢、积炭、密封件老化等也采取有针对性的措施。发动机再制造升级延寿基本流程如图7-12所示。

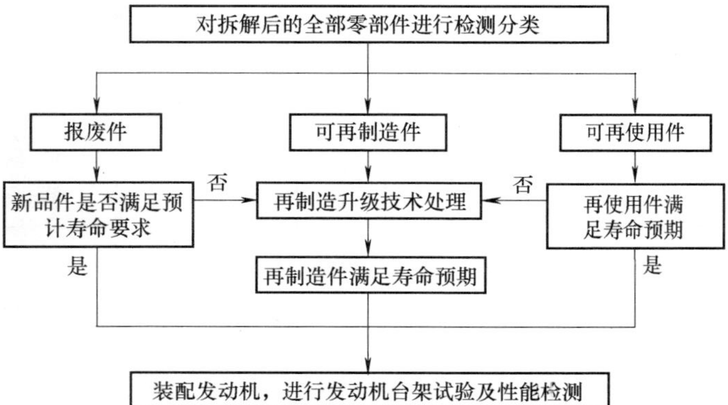

图7-12　发动机再制造升级延寿基本流程[7]

7.2.4　发动机再制造升级延寿关键技术工艺

1. 曲轴颈及轴瓦纳米电刷镀工艺

曲轴是发动机最重要的机件之一，它与连杆配合将作用在活塞上的气体压力转变为旋转的动力，传给底盘的传动机构。曲轴由主轴颈、连杆轴颈、曲柄、前端和后端等组成。曲轴轴颈与铅青铜轴瓦相配合，正常情况下机油从曲轴内部的油路通过油孔到达二者之间的表面，使接触面保持良好的润滑状态。磨损主要发生在起动初期，润滑油未布满整个接触面，曲轴轴颈与轴瓦发生干摩擦进而造成轴颈和轴瓦的磨损。对达到1个大修期的发动机曲轴的检查表明，曲轴的失效形式主要为曲轴主轴颈和连杆轴颈的磨损，磨损程度较轻，磨损量在0.01～0.03mm。其磨损状态如图7-13。与曲轴主轴颈和连杆轴颈相配合的主轴瓦和连杆瓦也发生了一定的磨损，其磨损状态如图7-14。

图7-13 发动机曲轴的磨损状态

图7-14 主轴瓦的磨损状态

根据曲轴轴颈与轴瓦的失效特点和性能要求，选择了对曲轴主轴颈与轴瓦进行尺寸恢复和减摩强化的技术方案。

（1）曲轴轴颈的再制造升级工艺 由于曲轴轴颈经碳氮共渗，在修复时不允许磨削加工，加上曲轴轴颈的尺寸恢复量小，修复过程中的变形要求高，从工艺的可行性来看，电刷镀是一项较为适合的技术方法。但是，就常规电刷镀工艺而言，很难获得高硬度的刷镀层，以达到曲轴轴颈碳氮共渗后的硬度要求。为此选用了脉冲换向电刷镀纳米复合镀层的技术方法来恢复曲轴磨损尺寸，以接近或达到曲轴轴颈的技术要求。

（2）轴瓦表面的再制造升级减摩工艺 曲轴主轴瓦和连杆瓦的材料为铅青铜，其本身就具有较好的减摩性能，要进一步提高其减摩性能，必须应用减摩性能更好，尤其是在冷起动条件下有自润滑作用的材料，如软金属铟就是一种较为合适的材料。考虑再制造是在轴瓦的旧件上进行，选用了电刷镀铟镀层的技术方法，在轴瓦表面获得减摩镀层。

2. 活塞环再制造升级工艺

活塞环是发动机中非常重要的摩擦零件，其运行工况最为苛刻，须在高温、高压、化学腐蚀和边界润滑等恶劣的条件下工作，磨损极为严重，直接影响着发动机的功率输出、使用寿命、燃油和润滑油的消耗以及排放等重要指标。活塞环镀铬工艺一直是重载履带车辆发动机活塞环的主要表面处理工艺，但就缸套/活塞环摩擦副而言，活塞环镀铬/缸套中频感应淬火或渗氮的摩擦副匹配已难有潜力可挖，成为制约重载履带车辆发动机寿命提高的一个瓶颈。

目前，采用物理气相沉积（Physical Vappor Deposition，PVD）技术在发动机活塞环表面制备各种氮化物薄膜，代替镀铬，是表面工程领域研究热点之一。与镀铬相比，CrN薄膜具有更高的硬度、更好的热稳定性、耐腐蚀性和抗高温黏着磨损性能，更适用于活塞环使役的高温腐蚀磨损环境。活塞环气环摩擦表面喷涂钼润滑涂层，减小与气缸套的摩擦因数，减轻磨损。油环摩擦表面制备$TiN-MoS_2/Ti$固体自润滑膜层。

分别对缸套与活塞环采取了多种表面处理工艺，通过试验，从中筛选出表面中频感应淬

火 + 激光网格化淬火 + 低温渗硫复合处理缸套内表面，获得自润滑涂层，比 CrN-C 活塞环匹配性能相对较优。活塞顶部采用防积炭涂层 + 热障涂层复合处理，减少经活塞传出的热量，改善活塞环与活塞环槽尤其是第一道环槽的工作条件。裙部采用等离子弧喷涂铝合金进行尺寸恢复和强化。缸套外壁采用超音速等离子弧喷涂技术喷涂防腐功能涂层，减轻气缸套的穴蚀[8]。

3. 其他典型性能升级工艺

（1）活塞裙部再制造升级工艺　在活塞裙部表面制备耐磨合金涂层的方法主要是等离子弧喷涂。涂层材料主要有 Ni-Al 合金、Ni 基自熔合金等。这种方法简便，涂层与基体的结合好，涂层的耐磨性好，且硬度低于缸套内表面硬度，对缸套能起到较好的保护作用。

（2）气门激光熔覆技术　采用激光熔覆技术对锥面磨损的气门进行再制造升级。要保持激光熔覆层的宏观和微观质量，激光熔覆工艺参数是否合适至关重要。根据气门工作条件和密封锥面上磨损的宽度，在气门激光熔覆过程中，选取了固定光斑直径。

（3）三大偶件的等离子浸没注入　柱塞偶件、出油阀偶件、针阀偶件对表面粗糙度、几何形状、配合关系等都有严格的要求，同时还要求硬度高，耐磨性好，尺寸稳定性好。为了提高发动机三大精密偶件的抗磨损性能和改善摩擦副的匹配性能，对偶件表面进行处理，前提条件是保证零件的尺寸精度不变，以保证零件不会在处理过程中发生变形。经过大量的试验，选择等离子体浸没离子注入强化技术来强化三大精密偶件。

（4）气门调整盘、活塞销、副连杆销等部件的低温渗硫　渗硫处理在低温离子渗硫炉中进行，反应气体为固体硫蒸气。将待处理的零件放在阴极板上，炉壁接阳极。渗硫层的厚度与浓度随参数变化可调，渗硫不会影响气门调整盘与活塞销的整体硬度。

（5）配气机构　凸轮轴轴颈表面渗硫，减少摩擦磨损。气门挺杆采用低温离子渗硫处理，改善其与气门导管的摩擦因数，采用纳米添加剂在导管表面形成自润滑层。排气门座圈激光堆焊，进气门座圈激光淬火强化处理。

（6）机体　发动机箱体、轴承座孔、上下箱体结合面采用喷涂技术进行尺寸恢复并强化。

4. 再制造升级技术评估方案

为全面、科学地对重载履带车辆发动机再制造升级工艺方案和所采用技术措施的实际效果做出评判，须进行发动机台架试验来验证，考核发动机性能稳定性、零部件运转的可靠性和耐磨性。

评判标准为发动机性能和主要零部件的技术状况，即发动机按保险期试验大纲在试验台架上运转一定时间后发动机性能是否下降，主要零部件磨损是否超标。具体试验方案主要依据相关标准的柴油机台架试验方法来制订。

台架试验的内容主要有发动机外特性试验、标定转速下负荷特性试验、机油消耗率检测、机油油样铁谱分析、可靠性试验、发动机振动检测、喷油提前角及喷油压力检测等。台架试验的外特性试验中，除了相关标准规定的测试项目外，增加机油循环流量和冷却液循环流量的测量，用以间接判断机油泵和水泵的工作状况；增加气缸体和上曲轴箱振动测试，主要目的是监测活塞与气缸套间隙、主轴承和连杆轴承间隙的变化情况；增加喷油系统不解体检测，主要目的是监测喷油压力、喷油泵与喷油器技术状况、喷油提前角等的变化情况。

对于发动机性能，首先按国家标准规定将实际测试发动机数据换算为标准状况下的性能参数。然后对发动机的功率、燃油比油耗、排气烟度、机油比油耗等反映柴油机技术状况的参数变化趋势进行分析。在广泛调研车辆发动机有关标准的基础上，结合重载履带车辆发动机的实际工作状况，初步考虑以下判别标准：发动机台架耐久性试验时间达到规定小时后，与耐久试验开始时相比较，发动机功率下降不超过4%，标定功率燃油消耗率增加值不大于2%，机油消耗率增加值不大于25%，排气温度增加值不大于10%，即认为符合性能要求，满足发动机台架考核要求[6]。

对于发动机零部件表面磨损状况，发动机台架可靠性试验达到规定时间后，对进行再制造升级工艺处理的零件如活塞、气缸套、曲轴、气门、凸轮轴等进行金相分析和形位尺寸检测，检查零件的技术状况。如果发动机关键零部件的尺寸，如主轴颈、连杆轴颈、连杆小头衬套、活塞、活塞环、气缸套等尺寸没有超过限值，主轴瓦和连杆轴瓦表面没有有剥落，轴瓦磨损没有超过限值，则确定所采用的再制造升级延寿工艺是成功的。

台架试验后的发动机性能检测与拆检分析结果表明，应用再制造升级技术提高影响发动机大修期关键零部件的表面性能，改善重要摩擦副工作条件与状况，并对辅助系统进行配套改进（包括应用再制造升级技术）以提高其可靠性，可以大幅度延长重载履带车辆发动机的大修期。

在重载车辆中应用发动机再制造升级延寿技术，可以显著提高保障效率，节约保障费用，并为现场条件下车辆快速保障提供技术储备。因此，开展车辆发动机再制造升级延寿的研究应用，研究不同车辆发动机的再制造升级延寿特点及不同条件下再制造升级的方案，制订不同的再制造升级工艺，可快速生产出高性能的再制造升级发动机，并能保证可靠性能，满足多变柔性需要等，应用范围十分广阔，并具有良好的经济和社会效益。因此，在重载车辆发动机大修中引进再制造升级延寿的理念和相应的再制造升级延寿关键技术，非常适合于提升重载车辆发动机性能，可进一步提升整车的可靠性和完好性。

7.3 废旧工业泵的再制造升级

7.3.1 概述

工业泵再制造升级是指将退役的老旧泵经过批量拆解、清洗、检测、加工、装配等再制造升级过程，生产成性能不低于新品泵标准的再制造升级泵的全部工程活动。泵再制造升级可以最大化地回收退役泵所蕴含的再制造过程中注入的附加值，并以最小的费用和技术投入来获得等同于新品的再制造升级泵。而且泵在社会上的巨大保有量，也为这个产业提供了较好的发展基础。

国外已经有公司从1985年开始从事泵的再制造升级生产，能够对各种型号的泵进行再制造升级，对再制造升级泵提供6~12个月的质量保证期。我国每年也有大量的泵超期使役或退役，退役后多进行材料的再循环，造成了环境污染和资源浪费，这也为开展泵的再制造升级提供了良好的工业基础。

7.3.2 工业泵再制造升级的可行性分析

1）工业泵的社会保有量巨大，每年退役数量大，为进行批量再制造升级生产提供了可能。

2）工业泵的技术发展相对稳定，设备更新换代较慢，所以技术淘汰类报废较少，这为再制造泵提供了广阔的市场及技术基础。

3）工业泵结构相对简单，报废退役产品的零部件失效原因主要包括腐蚀、磨损、变形等，而这些大多数的泵零件都可以通过再制造升级中的表面技术等方法进行性能和尺寸恢复，而且往往经过表面强化后，会提高零件的耐磨性能，进而提高再制造升级产品质量。

4）工业泵使用过程中性能劣化后会因漏油、噪声等对环境及工作场所人员造成危害，而且对工业泵进行再制造升级具有明显的环境效益，再制造升级泵的价格相对较低，经济效益显著，促进了工业泵再制造升级的开展。

7.3.3 工业泵的再制造升级工艺

工业泵的再制造升级过程要求工艺合理、经济性好、效率高和生产可行，根据生产企业的实际设备条件和技术水平、保障资源，择优确定出最合适的再制造升级工艺方案。工业泵退役后可采用的再制造升级工艺如图 7-15。另外还可以根据需要在再制造升级过程中进行泵的再制造升级，通过优化改造来提升泵本身的工作效率和性能。

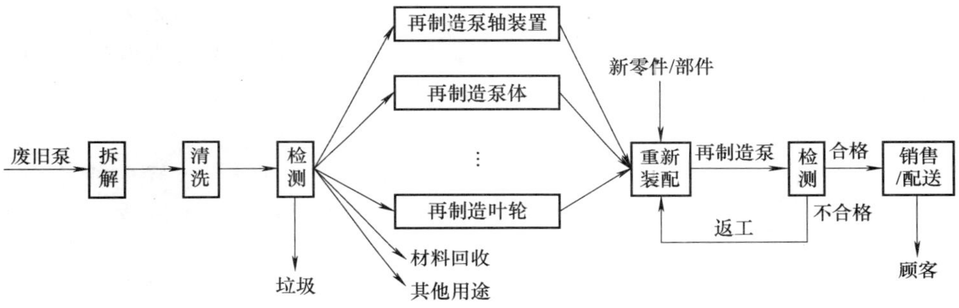

图 7-15　废旧泵再制造升级的主要工艺流程

1. 废旧泵初步分析

当批量的废旧泵到达再制造升级生产企业后，按工作计划进行总体退役情况的分析，了解使役经历、退役原因，是因性能劣化还是因故障而退役，初步确定其再制造升级方案。

2. 废旧泵拆解

进行拆解，将废旧泵拆解为全部的零件。拆解过程中进行初步判断，对于明显无法再制造升级或再利用的产品，直接抛弃进行材料的再循环或环保处理，避免进入清洗等再制造升级环节，减少工艺费用。这类明显无法再制造升级的零件主要包括老化的高分子材料、严重变形的零件以及一次性的密封元件等。对于高附加值的零件判断要谨慎，一般要通过后续工艺中专用的仪器设备来检测判断。

3. 废旧零部件清洗

全面清洗拆解后的零部件。例如离心泵的清洗：刷洗或刮去叶轮内外表面及密封环和轴承等处所积存的水垢及铁锈等物，再用水或压缩空气清洗、吹净；清洗壳体各接合表面上积存的油垢和铁锈；清洗水封管并检查管内是否畅通；清洗轴瓦及轴承，除去油垢，再清洗油圈及油面计等，滚动轴承应用汽油清洗等。

4. 零件尺寸及性能检测

严格按照零件制造时的尺寸要求，对清洗后的所有零件进行检测。检测后如果其尺寸及性能符合制造时的标准要求，不用再制造升级就可直接在装配工艺中使用，如暂时不进入再制造升级泵的装配工序，要将其涂油后保存，防止锈蚀或碰伤。零件检测中主要检测件有口环、叶轮、平衡装置、轴封装置、泵轴、轴承及泵体等。

5. 失效零件的再制造升级加工

再制造升级加工主要是对废旧泵的核心件进行再制造升级修复，恢复其几何尺寸及性能，满足再制造升级装配质量要求。核心件是指附加值高、对产品价格影响大的零件。对产品核心零件的再制造升级加工修复，是获取再制造升级最大利润的关键，也是产品能够再制造升级的基础。下面对泵轴类件、壳体件、叶轮、平衡装置等核心件的再制造升级方法进行说明。

（1）泵轴的再制造升级　泵轴是转子的主要部件，轴上装有叶轮、轴套等零件，借助轴承支撑在泵体中做高速旋转，以传递转矩。泵轴一般选用性能不低于35钢的材料，大多用45钢或40Cr钢等经热处理制成，附加值高，对再制造升级泵的价格影响较大。泵轴的主要失效形式有磨损和弯曲等。在清洗后，要进行裂纹、表面缺陷、轴颈尺寸及弯曲度的检查。对磨损常用的再制造升级方法有电刷镀、热喷涂、堆焊、镀铬等，弯曲失效可通过热校直法和冷压法进行加工，但一般只对弯曲程度较小的泵轴进行再制造升级。如对弯曲较大无法校直的、产生裂纹的以及影响轴强度而无法修复的损伤时，需要进行更换。

例如，循环水泵的轴承部位会发生磨损及烧伤，单边磨损量一般为0.05～0.50mm，若发生轴承烧伤事故，则深度可达1.0mm。若更换新轴，则费用较高，会增加再制造升级泵的费用投入，减少再制造升级利润。而如果根据轴颈的磨损量分别采用电刷镀或热喷涂方法进行再制造升级，则可以恢复原来的尺寸要求，保证泵轴满足再制造升级质量要求。假如轴与轴承相配的轴颈在使用过程中磨损量为0.01～0.06mm，则对其进行电刷镀再制造升级恢复的工艺过程如下：

1）水泵轴安装。将水泵轴支承于两个支架上，使之能方便转动。

2）表面预加工。用细 Al_2O_3 砂布打磨轴颈被镀表面，除去表面氧化膜和疲劳层至基本光整，表面粗糙度 *Ra* 小于2.5μm。

3）清洗、除油、除锈。用丙酮清洗待镀表面及附近区域，之后用自来水冲洗。

4）表面保护。对不需刷镀的完好部位用涤纶胶带粘牢，达到保护目的。

5）电净处理。待刷镀及附近表面须用电净液进一步除油。镀笔接电源正极，工件接电源负极，工作电压12V，镀笔与工件的相对运动速度10m/min。在电净处理中依靠机械作用、析氢作用、皂化作用和乳化作用把轴颈表面的油清除干净，电净后用自来水冲洗残留电净液。

6）活化处理。先采用1号活化液活化。镀笔接电源负极，工件接电源正极，镀笔与工件相对运动速度10m/min，工作电压12V，活化时间约30s。自来水冲洗后选用3号活化液活化，工作电压取15V。处理后的被镀表面应洁净，无花斑，呈银白色，随后用自来水冲洗，彻底除去残余活化液。

7）镀起镀层。选用特殊镍为起镀层镀液。镀笔接电源正极，工件接电源负极，工作电压为14V，镀笔与工件相对运动速度为12m/min，刷镀0.001～0.002mm厚的特殊镍。

8）镀工作层。选用快速镍为工作镀层。镀笔接电源正极，工件接电源负极，镀笔与工件相对运动速度13m/min，工作电压15V，刷镀到要求尺寸为止。

9）镀层清洗。用自来水彻底清洗已镀表面和邻近部位，吹干工件后涂上防锈油。

（2）壳体件的再制造升级　水泵泵壳一般都是用灰铸铁铸造，其主要失效形式为锈蚀、汽蚀、磨损、裂纹或局部损坏等，主要再制造升级修复方法有热补焊法、冷补焊法、环氧树脂玻璃丝布粘贴法及柔软陶瓷复合材料修复法等。

例如水泵件经常会造成严重的汽蚀，叶轮外壳处出现蜂窝形带状圆周形汽蚀沟。对此缺陷，可采用柔软陶瓷复合材料对汽蚀部位进行再制造升级修复，方法简便、修复速度快、工作效率高且费用低。

柔软陶瓷复合材料是高分子聚合物、陶瓷粉末和弹性材料等的复合物。高分子聚合物与金属表面经物理与化学键的结合，表现为粘接强度高，收缩力小，并可常温完全固化，小收缩，线胀系数受温度变化影响很小，因此粘接尺寸稳定性好。高分子聚合物分子排列紧密，耐溶剂、耐水、耐腐蚀，特别耐碱性，混合性、涂刷性、浸润性好，渗透力强，无毒、无味，对人体无害。因复合材料含有陶瓷粉末，所以既有很高的耐磨性，又有很高的冲击韧性。

用柔软陶瓷复合材料再制造升级修复汽蚀部位前，首先用气动磨料喷射叶轮外壳汽蚀蜂窝状表面，进行除锈处理，使金属表面全部露出灰白色光泽。然后根据汽蚀部位的深度及面积确定柔软陶瓷复合材料的用量，充分拌匀后用刮板涂抹在汽蚀部位，使其充分进入汽蚀蜂窝孔中。待柔软陶瓷复合材料初步固化后（4h），再对其进行第二遍涂抹，使复合材料涂层厚度高于该部位的基础表面。待其完全固化后（24h），用靠模（原基础球形表面模型）测量并确定加工余量，然后用电动砂轮机进行修整，也可用车床对修复后的表面进行车削加工，使其达到设计要求。

采用柔软陶瓷复合材料对水泵机组叶轮外壳汽蚀修复后的机组，经4000h的输水运行后进行局部检查，未发现汽蚀现象，表明再制造升级修复后的叶轮外壳具有良好的抗汽蚀能力。

（3）叶轮叶片再制造升级　离心泵能输送液体，主要是靠装在泵体内叶轮的作用。退役后的泵叶轮可能的失效形式有腐蚀、汽蚀、冲蚀磨损等，常采用补焊等表面技术来进行再制造升级修复。当叶轮产生裂纹或影响强度的缺陷时，无修复价值，则可以进行更换。以下为采用环氧树脂高分子复合涂料来再制造升级修复水泵叶片表面由汽蚀引起的蚀坑的案例。

采用环氧树脂高分子复合涂料进行再制造升级修复分为工件母材的表面处理，配料、涂刷，工件固化及涂层的表面整修三个阶段。

1）母材表面处理。工件母材表面处理对涂层的粘接强度影响很大，不允许有铁锈、油污、水迹及粉尘，要完全露出新鲜的金属母材表面。采用人工除锈和压缩空气喷砂除锈（风压0.3～0.35MPa）相结合的办法进行除锈。经喷砂处理后的工件尽快放进烘房，加温至150℃左右后取出，再进行快速喷砂，除去因加温过程中产生的氧化物，最后放入工作间，用丙酮擦洗工件表面，工作间温度应保持在45℃左右，相对湿度控制在75%以下，工件温度保持在50～60℃。温度过高会造成涂料的早期固化，降低涂料的机械强度，过低则不利于涂护。

2）配料及涂刷工艺。环氧涂料的配方很多，基本上大同小异，表7-18中的配方，在实际应用中较多，且使用效果较好。

表 7-18 环氧涂料配方（质量比）[8]

材料类别	材料	底层	中层	面层
环氧基液	环氧树脂 6101	100	100	100
增韧剂	丁腈橡胶－40	15	15	15
固化剂	二乙烯三氨	9～15	9～15	9～15
填充剂	铁红粉	30	—	—
	氧化铝粉	15	—	—
	金刚砂	—	300～450	—
	二硫化钼	—	—	25

实际涂护中，往往是同样的配方，由于施工工艺不同，其结果也大不一样。因此首先要正确配料，精确计量，按“环氧树脂→增韧剂→填料→固化剂→施涂”的工艺流程操作。注意每个环节都要充分搅拌，并在 30min 内用完配料，否则将影响粘接强度。其次要控制好温度，配料时，除固化剂外，其他材料亦需预热，填料必须烘干。

施涂时，要使用专用涂刷工具，分底、中、面三层进行。底层涂料用毛刷涂匀，凹凸不平的破损处不应有遗漏和积液。呈胶化（不粘手）时，将中层涂料涂刷至水泵零部件的轮廓线，中层是抗磨层，工作量大，要保持涂料的密实和尺寸精度。涂护叶轮时，不能破坏其静平衡。中层涂护后，经 1～2h 固化，用毛刷涂面层，使涂层表面光洁平顺，减少汽蚀源，提高抗汽蚀磨损性能。

3）工件固化及涂层的表面修整。叶片涂护工艺流程如图 7-16 所示。涂护结束后，工件要充分固化，加温至 60～80℃，固化 5～6h。然后对轮廓线及面层上少量凸起的遗漏砂粒和涂层进行少许修整，再缓慢冷却至室温，视气温情况再自然固化 2～6 天，充分固化有利于涂料分子间进一步交联，提高机械强度。采用该方法再制造升级后的叶轮，工作 5 年后检查发现，叶片完好无损，清除污垢后，光亮如初[9]。

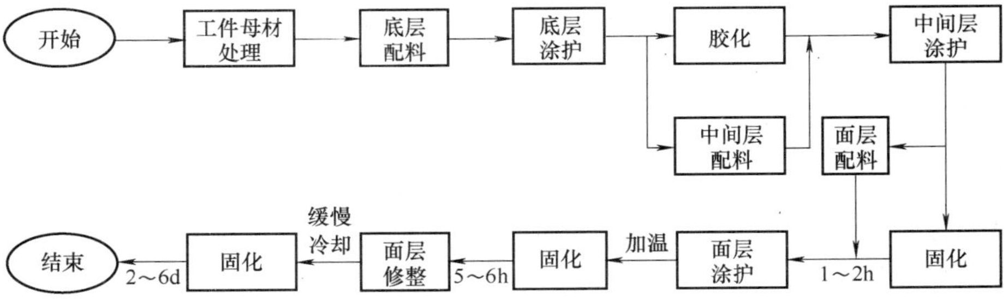

图 7-16 叶片涂护工艺流程

（4）平衡装置的再制造升级 泵在运转过程中往往会造成平衡盘与平衡板之间、平衡盘轮毂与均衡套之间的磨损，磨损后可用着色法进行检查，主要采用表面技术进行再制造升级修复，磨损较严重而无修复价值的，应更换新件。例如可以采用金属喷涂技术来再制造升级修复螺杆轴及平衡套。

1）螺杆轴填料密封处修复。可将需要修理部位拉毛后进行金属喷涂，而后进行磨削加工，其加工尺寸公差应以未磨损前轴径为基准。

2）平衡活塞与壳体固定盘的配合修复。由于在实际使用过程中，平衡活塞与壳体固定盘相互作用，均有不同程度的磨损，在修理过程中可采用扩大固定盘内孔，并作为配合基准，对平衡活塞外圆进行金属喷涂处理后加工，加工尺寸公差配合可采用 H8/d7。

3）从动杆轴端处与衬套的配合修复。从动杆轴端与衬套配合间隙的磨损程度是螺杆泵使用寿命的关键，其配合间隙超过 0.5mm 时，应及时进行修复，以延长设备寿命。当泵衬套与从动杆轴端的材质、硬度均一样时，不宜更换新衬套以确保配合间隙，可使用金属喷涂技术修复，比较快速经济。在修复时可采用扩大衬套内孔，喷涂轴端后进行机械加工，公差配合可采用 H7/d8。

6. 再制造升级泵的装配

将质量检测合格的再制造升级修复零件与可直接利用的零件和更换的新件，严格按照新品制造的装配要求进行装配，保证各配合面的安装要求。因泵主要用来输送液体，所以一定要注意装配过程中的密封性要求，保证寿命周期内正常使役情况下的无泄漏。

7. 再制造升级泵的检测

对装配后的再制造升级泵进行整体性能测试，性能符合要求的，再进入包装工序，性能不合格的，则分析原因后重新进入再制造升级工序。

8. 再制造升级泵的包装及销售

主要对再制造升级泵进行喷漆、印刷质保书及说明书等相关资料，完成包装后进入销售环节，并提供再制造升级泵质保期的售后服务。再制造升级泵的包装要体现绿色产品的理念，体现再制造升级泵的环保价值，采用绿色营销理念。

7.3.4 轴流泵的再制造升级案例

1. 基本情况

某灌溉工程安装了某厂生产的 16CJ-80 型全调节轴流泵 7 台（泵的性能见表 7-19）、某厂生产的 362LB-70 型轴流泵 2 台，累计运行 91223 台时，抽水 $19.72\times10^8\ m^3$。

表 7-19 16CJ-80 型轴流泵性能

流量 $Q/(m^3/s)$	扬程 H/m	叶片安装角 $\alpha/(°)$	转轮直径 D_1/mm	比转速 n_1	轴功率 P/kW
4.33 ~ 10.25	3.21 ~ 9.56	−10 ~ 2	1540	500	670

16CJ-80 型轴流泵是按清水介质设计的，但该灌溉工程要抽送含沙量高的黄河水，该泵在运行过程中出现了诸多问题，主要表现为以下方面：

1）技术供水装置设计不合理，泥沙水流侵入橡胶导轴承，使泵主轴轴颈过快偏磨，机组运行中出现振动，噪声超过 90dB，大修周期平均仅 368.92h。以致泵站难以形成生产能力，严重影响灌区正常灌溉。

2）水泵转轮叶片为普通碳素钢制造，且表面加工粗糙，型线不准，一般运行 2000 ~ 2500h 就磨蚀报废。

3）水泵转轮采用国外 20 世纪 40 年代的水力模型，机组装置效率低。

4）技术供水耗量大。经测试，每台机组运行需水量 45t/h，是设计要求 10t/h 的 4.5 倍。

2. 泵再制造升级改造方案的确定[10]

(1) 泵再制造升级试验研究目标 16CJ-80型泵运行20余年，泵体老化，各项技术性能指标严重下降，已无法满足灌区要求。1996～2002年，对7台16CJ-80型泵进行了全面的再制造技术升级。在装置扬程为5m左右时，泵改的目标是：水泵单机流量8.0～8.5m^3/s，机组装置效率≥65%，水泵大修周期500h。

(2) 泵再制造升级的关键环节和主要部位 该项再制造升级保留原电动机、原水泵60°弯管，其他埋入件、混凝土结构不变，只对原水泵的技术供水装置、转轮、转轮室、导叶体、主轴连接方式等部件的水力性能和结构进行改造，重新进行设计和制造。

1) 加设主轴套管，改造下水导轴承技术供水装置，在水泵主轴上水导轴承与下水导轴承之间加装一密封套管，技术供水由下水导轴承进入，经过套管，在下水导轴承底部排出。供水压力在0.20～0.25MPa，从而使含沙水流完全隔绝在套管之外，防止泥沙进入轴承内部，确保了主轴不过早偏磨。

2) 采用性能优良的水力模型来设计和制造水泵转轮和新型导叶。

3) 改全调节式转轮为定桨式转轮，将球形转轮室改为圆柱形转轮室。

4) 用0Crl3Ni5Mo不锈钢替代普通碳素钢制作叶轮叶片，用Q235钢板替代铸铁材质制作导叶和转轮室。

3. 再制造升级泵零部件的加工与质量控制

对各件的几何尺寸、型线误差、静平衡度、表面粗糙度提出了比较严格的质量标准，并要求按照国际电工委员会（IEC）水轮机制造标准对改造泵零部件进行再制造升级加工。

(1) 泵改部件加工采用的技术标准

1) 水轮机基本技术条件。

2) 小型水轮机通流部件技术条件。

3) 水轮发电机组安装技术规范。

4) 组焊件结构焊接规范。

(2) 质量控制及验收

1) 叶片型线按坐标尺寸加工，叶型误差±1.0mm。叶片成形后与转轮体组焊。转轮直径在ϕ1560mm时静平衡不大于25g。

2) 主轴与转轮连接结构由原法兰连接改为锥度轴连接。要求主轴与转轮连接段的配合面，其研合接触面积在85%以上。

3) 导叶叶片采用型线压模两次热压成形，进出水边用型线样板修正合格后和导叶体组焊成整体，以保证流道的匀称性和进出水边的形位尺寸。

4) 分半转轮室采用大型分半电机壳体工艺制作，先整圆成形，退火后采用等离子弧切割分面；再精加工，确保转轮室的加工精度。经过验收，加工质量符合IEC的标准，可以出厂交付安装。

4. 再制造升级改造后泵的特点

再制造升级改造泵组运行后和原泵组相比较，具有以下特点。

1) 水泵运行平稳，噪声小，基本无振动。在河床水位变动、泵站扬程变幅较大时泵运行工况没有明显变化。

2) 通过技术供水装置的改造，使黄河水与水泵下导轴承彻底隔绝，泥沙无法进入下导轴承。水泵累计运行6000余小时，水泵主轴轴颈检查光滑无偏磨，运行6年无大修。

3）技术供水量明显降低，原泵过去耗水量45m^3/h，而改造泵保持在10m^3/h，仅为原泵的22.2%。

4）改造泵运行中流量大，功率反而小，原泵抽水7.04m^3/s时，轴功率710～720kW；而改造泵流量8.0～8.37m^3/s时，轴功率只有602～642kW。

5）原泵轮毂和叶片之间有3～6mm的间隙，杂草缠绕叶轮后，难以除掉，水泵运行振动剧烈，影响水泵效率和正常运行。改造泵抗草能力明显好于原泵。

6）由于改造泵叶轮具有良好的水力特性，运行6000余小时，叶型仍然保持完好，较原泵只能运行2000～2500h叶片即报废，使用寿命提高1～2倍。

7.4 产品零部件性能的再制造升级应用

7.4.1 油田储罐的再制造升级延寿

据统计，全世界发达国家每年因腐蚀造成的损失约占这些国家国民生产总值的1%～4%。在石油化工行业中，腐蚀介质对生产储罐的破坏很大。由于储存的油品中含有机酸、无机盐、硫化物及微生物等杂质，使油罐因腐蚀而缩短了使用寿命，严重者1年左右就报废，如某油田579座油罐仅1986年1年就有215座出现穿孔现象。这种腐蚀穿孔不仅会泄漏油品，造成能源浪费和环境污染，甚至可酿成火灾爆炸等事故。因此，必须采取有效的防护措施对储油罐加强防腐处理，确保油田安全生产。与此同时，也需要将很多失效报废储罐进行再制造升级处理以恢复其性能，做到不破坏生态环境，减少资源浪费，减少停产，同时又能对使役期满的储罐进行再制造升级利用。

采用金属罐薄壁不锈钢衬里技术对油田储罐进行再制造升级修复延寿，增强了耐腐性能，延长了使用寿命，通过近几年在油田中的实际应用，取得了良好的经济和社会效益。薄壁不锈钢衬里技术是根据储罐存储介质的腐蚀性、承受的压力温度和储罐的容积，选择衬里的不锈钢型号与规格，针对不同储罐的结构附件及储罐壁材质，通过设计与计算，确定储罐内壁上特殊接头的形式与分布位置，利用特殊接头将衬里固定在储罐的内壁上形成不锈钢防腐层[11]。

1. 储罐不锈钢衬里结构

金属罐与非金属罐衬里是采用厚度为0.21～1mm的不锈钢板，用焊接工艺方法将其周边固定在罐体内壁预先布置的特殊接头上，由特殊接头将各部分衬里连成一个全封闭的、非紧贴式的、长效的薄壁不锈钢防腐空间，使储罐防腐层的附着力、物理力学性能和施工性能得到提高。其结构如图7-17。

图7-17 储罐不锈钢衬里结构

2. 薄壁不锈钢衬里特点

利用金属防腐材料防腐，其寿命长，价格适宜，性能价格比高，维护费用低，属于对介质无环境污染的绿色防腐工程。

用焊接工艺技术完成防腐工程施工。直接把不锈钢焊接到罐体上，不老化、不脱落，防腐寿命长达20～30年。

防腐质量可靠，防腐层厚度易检验，薄壁不锈钢厚度规范（0.2～0.4 mm）均匀一致。只要焊缝严密就防腐，焊接工艺可靠，防腐质量有保证。

防腐性能价格比高，经济上合理。衬里罐比纯不锈钢罐的价格低70%，节约基建投资。比涂料防腐一次性投资大，但长期运行费用低。

金属罐不锈钢衬里适用于油、气、水储罐的内衬防腐。用于油田三元复合介质储罐可节约70%建罐投资；用于水罐可防止水质污染，提供无二次污染的水；用于旧罐维修可节约投资50%，只要在用罐报废前，就可用不锈钢衬里修复，比厚碳素钢罐还耐用。

3. 薄壁不锈钢衬里技术的应用

金属罐与非金属罐不锈钢衬里技术是一种新型储罐再制造升级技术。通过对旧储罐实施薄壁不锈钢衬里技术，可提高原储罐的表面工程标准和再制造升级产品质量，提高储罐防腐等级。因此，它使旧储罐恢复原有功能，并延长了使用寿命，从而形成再制造升级产品。在对新、旧储罐进行衬里的施工及存储介质时，对环境和介质均达到几乎零污染的程度，优化了资源配置，提高了资源利用率，做到投入少（50%左右），产出高（新罐的水平和利用价值）。

7.4.2 发酵罐内壁再制造升级延寿

某葡萄酒厂低温发酵车间的16个发酵罐是采用一般不锈钢板焊接而成的，使用后发现发酵罐内壁出现点状腐蚀，并导致酒中铁离子超标，影响了产品的质量，只能存放中、低档葡萄酒。为了解决内壁防腐蚀问题，该厂曾采用过环氧树脂涂料涂刷工艺，但使用一年后，涂层大片脱落，尤其是罐底部，涂层几乎全部脱落。在该车间进行技术改造时，为了防止酒罐内壁继续腐蚀及铁离子渗出问题，采用现场火焰喷涂塑料涂层对葡萄酒罐进行保护，取得了良好的效果。

葡萄酒罐要求内壁涂层材料无毒、无味，不影响葡萄酒质量，具有一定的耐酸性和耐碱性，涂层与罐壁结合良好，使用中不得脱落。涂层最好与酒石酸不粘或粘后易于清除，表面光滑，具有一定的耐磨性。根据以上工况要求，特做以下材料及工艺再制造升级延寿设计。

1. 涂层材料的选择

根据低温发酵罐工作情况及厂方的要求，可选择白色聚乙烯粉末作葡萄酒罐内壁涂层材料。

2. 火焰喷塑工艺

（1）喷涂设备及工艺流程　聚乙烯粉末火焰喷涂使用塑料喷涂装置，包括喷枪、送粉装置等。工艺流程为：喷砂→预热→喷涂→加热塑化→检查。

（2）喷砂预处理　在喷涂塑料前，采用压力式喷砂设备，使用刚玉砂处理。

（3）表面预热　基体表面预热的目的是除去表面潮气，使熔融塑料完全浸润基体表面，从而得到与基体的最佳结合。通常将基体预热至接近粉末材料的熔融温度。

（4）喷涂　葡萄酒罐内壁火焰喷塑施工采用由上到下的顺序进行，即顶部—柱面—底部。在经预热使基体表面温度达到要求后，即可送粉喷涂。喷涂时，应保持喷枪移动速度均匀、一致，时刻注意涂层表面状态，使喷涂涂层出现类似于火焰喷熔时出现的镜面反光现象，与基体表面浸润并保持完全熔融状态。火焰喷涂聚乙烯涂层的喷涂参数见表 7-20[12]。

表 7-20　葡萄酒发酵罐内壁喷涂参数

喷涂材料	氧气压力/MPa	乙炔压力/MPa	空气压力/MPa	距离/mm
聚乙烯	1～2	0.5～0.8	1	150～250

(5) 加热塑化　喷涂聚乙烯涂层，由于聚乙烯熔融缓慢，涂层流平性略差，因此在喷涂后，需用喷枪重新加热处理或者喷涂后停止送粉使涂层完全熔融，流平后再继续喷涂。加热时，应防止涂层过热变黄。

(6) 涂层检查　在喷涂过程中及喷涂完一个罐后，对全部涂层进行检查，主要检查有否漏喷，表面是否平整光滑和有无机械损伤等可见缺陷，然后进行修补。葡萄酒罐装酒前经酸液和碱液消毒清洗，再进行检查。对查出结合不良的部位进行修补。

7.4.3　绞吸挖泥船绞刀片再制造升级应用

1. 基本情况

绞吸挖泥船是我国河道疏浚作业的主要船型，绞刀片是其主要的易损部件之一。绞吸式挖泥船绞刀片通常焊接于刀架上使用，分为前、中、后三段，材质为 ZG35SiMn，质量 104kg。由于焊接性的要求，其耐磨性能受到限制。调研表明，前、中、后三段绞刀片磨损程度基本上为 3∶2∶1，前段绞刀片磨损最为严重，在某工地土质主要为粗砂、板结黏土工况下，ZG35SiMn 前段绞刀片磨损至刀齿根部（剩余质量 17kg 左右），其疏浚方量为 119631m^3（全寿命为 266.15h）。更换绞刀片一般需 2～3 天时间，且安装过程危险性高，劳动强度大，其间挖泥船主机处于空耗状态。可见，绞刀片在疏浚挖泥时受到严重的泥沙磨粒磨损作用，寿命短，更换频率高，工作效率低，严重制约了挖泥船整体效益的发挥。

绞刀片再制造升级技术是采用新设计、新材料、新工艺的特殊制造技术，解决原绞刀片耐磨性与焊接性的矛盾，在延长绞刀片寿命的同时，又利于绞刀片的再制造升级，可充分发挥资源效益。绞刀片的再制造升级过程从绞刀片的全寿命周期费用最小、具有可再制造升级性、再制造升级的成本、环境及资源负荷最小等易损件再制造升级的基本原则出发，对位于绞吸挖泥船绞刀架前端、工作时首先接触泥沙、吃泥深度及工作负荷最大、磨损最为严重的前段绞刀片进行了再制造升级研究。

2. 绞刀片再制造升级设计

提高绞刀片刀齿的耐磨性和使用寿命是绞刀片再制造升级技术的关键。再制造升级设计时既要考虑绞刀片所用材料的耐磨性等使用性能，还要考虑其再制造升级工艺性。根据绞刀片不同的工况条件及性能要求，可对绞刀片的刀齿与刀体采用不同材料和工艺分别设计和制造，通过焊接的方法将刀齿和刀体连接成一体。刀齿磨完后仅更换新刀齿而无须更换整个绞刀片，使其再制造升级性能得以改善。

(1) 刀齿再制造升级设计　综合绞刀片的工作环境、再制造升级性、耐磨性、工作效率及制造成本费用等因素，刀齿基体选用 ZG35SiMn 材料铸造成形，该材料可满足对刀齿焊接性和力学性能及制造工艺性能的要求。在刀齿基体上采用焊接的方法制备特种耐磨层，提高其抗磨粒磨损能力和使用寿命。刀齿可设计成图 7-18 所示的不同结构形式。它由基体和耐磨层组成，按刀齿基体形状特征可划分为四种基本结构形式（图7-18），每种结构形式各有其特点。

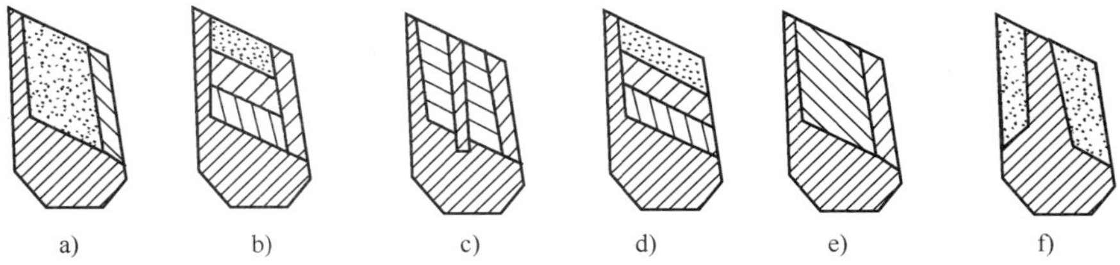

图7-18　再制造绞刀刀齿头部结构[13]

a）金属基陶瓷复合材料U形结构　b）梯度耐磨堆焊U形结构　c）金属基陶瓷复合材料E形结构　d）梯度耐磨堆焊L形结构　e）均匀耐磨堆焊U形结构　f）金属基陶瓷复合材料T形结构

针对1750m^3/h绞吸挖泥船工地工况特点，选用U形结构采用梯度耐磨堆焊的再制造升级方法。刀齿部位的成分和性能具有一定的梯度变化，大大降低了刀体和刀齿间的成分和性能突变产生的焊接应力和相变应力，同时保证了刀齿兼有强韧性和高耐磨性及刀齿工作的可靠性。采用梯度堆焊的再制造升级方法工艺简单，成本低，刀体与刀齿整体性强，刀齿性能易于保证，使传统绞刀片整体更换转化为局部刀齿更换，节约了资源，并且刀齿的更换过程更加快捷、方便、安全。刀齿设计（见图7-19）采用了适当的耐磨层厚度以提高刀齿的使用寿命及抗折断能力。刀齿前端耐磨堆焊层总厚度设计为50mm，采用三种成分和性能不同的耐磨堆焊材料进行梯度化堆焊，即过渡耐磨堆焊层（厚度为10mm）、高耐磨堆焊层（厚度为20mm）和陶瓷复合耐磨堆焊层（厚度为20mm）。

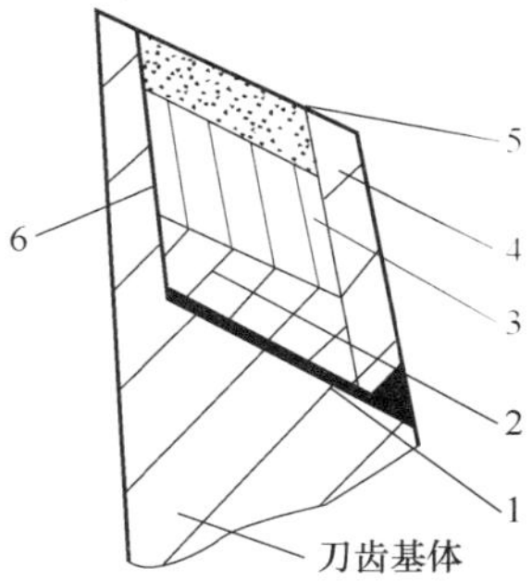

图7-19　再制造绞刀片刀齿

1、6—打底层焊缝　2—过渡耐磨堆焊层　3—高耐磨堆焊层　4—成形板　5—陶瓷复合耐磨堆焊层

（2）绞刀片刀体设计　绞刀片刀体是焊接在刀架上使用的，绞刀挖泥时，刀体受到较大应力作用，且在泥流中运行，因此要求刀体材料具有良好的焊接性、强度和韧性，又具有一定的耐磨性。综合对刀体的性能要求以及刀体不规则曲面难以机加工的特点，选用ZG35SiMn作为绞刀片的刀体材料，铸造成形。该材料综合力学性能良好，具有良好的铸造工艺性能且成本低廉。

3. 绞刀片再制造升级工艺及组织性能

刀齿耐磨层堆焊时考虑到稀释率的影响，采用小规范多层多道堆焊以减小焊缝的熔合比和焊接应力。绞刀片刀齿再制造升级工艺过程如图7-20。

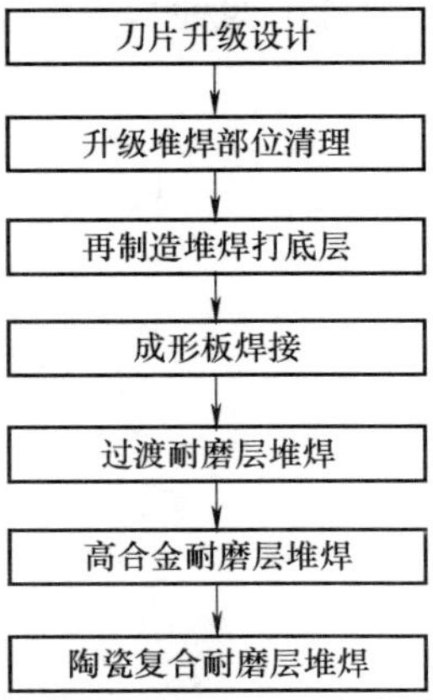

图 7-20　绞刀片刀齿再制造升级工艺流程

待再制造升级刀齿基本磨完时，清理其残余部分，更换新的再制造升级刀齿。

4. 再制造升级绞刀片的工程应用效果

目前国内普遍采用的是 ZG35SiMn 刀片，正火态使用，硬度为 170～220HBS。根据某挖泥船提供的 ZG35SiMn 绞刀片使用数据和研制的再制造升级绞刀片同一工地应用实测数据，得出表 7-21 所列对比分析结果。

表 7-21 表明，再制造升级绞刀片重量减轻 24.4%，疏浚效率提高 54%；ZG35SiMn 绞刀片刀齿平均质量磨损率是再制造升级绞刀片刀齿的 13.6 倍；再制造升级绞刀片平均单位刀齿质量疏浚方量是原 ZG35SiMn 绞刀片的 20.6 倍。

表 7-21　再制造升级后刀片与原 ZG35SiMn 绞刀片性能对比[14]

性能指标	再制造升级后绞刀刀片	原 ZG35SiMn 绞刀片
刀片质量/kg	78.6	104
平均疏浚效率/(m^3/h)	691.9	449.5
质量磨损率/(kg/h)	0.024	0.327
单位方量质量磨损率/(kg/m^3)	0.35×10^{-4}	7.27×10^{-4}
平均刀齿单位质量疏浚方量/(m^3/kg)	28307	1375
刀齿比磨损质量/[kg/(h·m^3)]	0.352×10^{-4}	7.725×10^{-4}

刀齿的比磨损质量是反映绞刀片耐磨性与疏浚效率综合性能的重要指标，刀齿的比磨损质量越小其综合性能越优异。再制造升级绞刀片刀齿的比磨损质量是 ZG35SiMn 绞刀片的 4.56%，具有优异的综合性能，能够显著延长使用寿命。

参考文献

[1] 胡仲翔，张甲英，时小军，等．机床数控化再制造技术研究［J］．新技术新工艺，2004（8）：17-19.

[2] 姚巨坤，朱胜，崔培枝，等．面向多寿命周期的全域再制造升级系统［J］．中国表面工程，2015，28（5）：129-135.

[3] 姚巨坤，时小军．废旧机电装备信息化再制造升级研究［J］．机械制造，2007，45（4）：1-4.
[4] 国家环境保护局科技标准司．工业污染物产生和排放系数手册［M］．北京：中国环境科学出版社，1996.
[5] 梁志杰，徐滨士，张平，等．军用装甲装备发动机再制造技术初探与可行性分析［J］．中国表面工程，2006（Z1）：89-91.
[6] 韩树，梁志杰，张平，等．再制造技术用于延长军用履带车辆发动机大修期的研究［J］．内燃机，2010（5）：14-17.
[7] 梁志杰，蔡志海．装甲装备发动机再制造研究现状及其应用前景［J］．装甲兵工程学院学报，2007，21（5）：9-11.
[8] 韩树，蔡志海，张平，等．军用履带车辆发动机再制造技术探讨［J］．内燃机，2007（4）：27-29.
[9] 郑小松．利用环氧树脂复合涂料修复水泵过流部件汽蚀麻面［J］．排灌机械，2006，24（3）：39-41.
[10] 张世伟，高和平，张允达．16CJ-80 型轴流泵技改试验研究［J］．水泵技术，2004（3）：40-45.
[11] 袁周，黄志坚．工业泵常见故障及维修技巧［M］．北京：化学工业出版社，2008.
[12] 罗震，单平，易小林，等．油田储罐再制造技术的研究与应用［J］．中国表面工程，2001，14（2）：40-42.
[13] 徐滨士，朱绍华，等．表面工程的理论与技术［M］．北京：国防工业出版社，1999.
[14] 杜学铭，施雨湘，李爱农，等．绞吸挖泥船绞刀片再制造技术及应用研究［J］．武汉理工大学学报：交通科学与工程版，2002，26（1）：4-7.